KB261779

한국 경제의
진실

한국 경제의 진실

이의춘 지음

1판 3쇄 발행 | 2013. 11. 11.

발행처 | **Human & Books**
발행인 | 하응백
출판등록 | 2002년 6월 5일 제2002-113호
서울특별시 종로구 경운동 88 수운회관 1009호
기획 홍보부 | 02-6327-3535, 편집부 | 02-6327-3537, 팩시밀리 | 02-6327-5353
이메일 | hbooks@empal.com

값은 뒤표지에 있습니다.
ISBN 978-89-6078-164-1 03320

한국 경제의 진실

이의춘 지음

Human & Books

한국 경제의 진실을 찾아서

"요(堯)임금과 순(舜)임금이 천하를 다스릴 때는 천하의 이익을 사사로이 하지 않고, 천하를 위해 천하를 다스렸다. 지금 혼란스런 세상의 군주와 신하들은 득의양양하게 국가의 이익을 독차지하고 관직의 중대한 권력을 장악하여 그들의 사리사욕을 채우고자 하니, 이것이 곧 국가가 위태로워지는 이유이다. 그러므로 공과 사의 변경이 곧 국가 존속과 멸망의 근본인 것이다."

중국 전국시대 상앙(商鞅)이 강조한 말이다. 상앙은 진(秦)나라 효공을 도와 강력한 법치주의와 개혁정책으로 진나라를 최대 강국으로 만들었다. 그가 최고의 성군으로 추앙하는 군주는 요·순임금이었다. 그가 요순을 평가할 때 강조하는 키워드는 천하위공(天下爲公)이다. 천하는 천하를 위해서 다스려야 한다는 것이다.

상군의 천하위공 정신을 음미하면서 우리 사회에 불어닥치고 있는 반기업적 경제민주화 열풍과 복지 포퓰리즘의 폐해를 우려하게 된다.

정부와 정치권은 당리당략과 정파적 이해관계에 따라 나라 경제와 대기업을 난도질하기 바쁘다. 천하를 고민하는 것은 찾아보기 어렵다. 상앙이 개탄한 것처럼 국가의 이익을 독차지하고, 행정부 및 의회 권력을 장악하여 당파적 이익을 채우는 데 급급하고 있다. 표를 얻은 데 도움이 된다면 천하를 파는 데 여념이 없다.

천하의 이익을 사사로이 하고 있는 대표적인 슬로건이 경제민주화다. 정부와 정치권은 동반성장과 상생의 미명하에 대기업을 손보는 데 에너지를 낭비하고 있다. 투자와 일자리 창출의 주역인 대기업들의 손톱 밑 가시를 뽑아 주기는커녕, 더욱 깊숙이 박고 있다. 대못을 빼주지는 않고, 오히려 더 큰 대못을 박는 데 헛심을 쓰고 있다.

나라 곳간도 당장 빼먹기 바쁘다. 미래의 주역인 후세를 생각하는 마음이 희박해지고 있다. 곳간을 다 헐어서 모든 국민들의 삶을 책임져 주겠다는 사탕발림만 난무하고 있기 때문이다. 무상급식·보육·건강·반 값등록금 등……. 기초노령연금 파문도 마찬가지다. 그토록 신뢰를 중시하는 박근혜 대통령은 대선 당시 노인들에게 매달 20만 원을 생활비로 주겠다고 공약했다가 취임 7개월 만에 재정 문제로 이를 하위 70%로 제한키로 했다. 신뢰와 약속으로 대권을 잡은 지도자가 먹튀 공약, 공약 사기 등의 맹비난을 받으며 신뢰의 위기를 맞고 있다. 박근혜 대통령보다 더욱 심한 무상 보편복지 공약과 반기업적 경제민주화를 내세운 야당의 사리사욕 행태는 더 말할 것도 없다.

박근혜 정부의 대기업 정책은 여전히 혼란스럽다. 박 대통령은 경제민주화 공약은 반드시 추진하겠다고 공언하고 있다. 신규 순환출자를 금지시키고, 수직계열화 차원에서 이루어지는 내부거래에 대해 총수 지분이 조금만 있어도 부당 내부거래로 단죄해서 과징금과 세금을 부과하기로 했다. 법무부는 우량 대기업들을 해외 투기자본에 갖다 바치려는 듯이 집행임원과 이사진의 분리, 감사위원 선임 분리, 집중 투표제 등을 골자로 하는 상법개정안을 내놓아 재계를 공포로 몰아넣고 있다. 법무부마저 반기업적 경제민주화를 찬성하는 좌파단체들과 학자들의 포로가 돼 있는 느낌이다.

박근혜 정부는 다른 한편으론 이건희 삼성 회장, 정몽구 현대차 회장 등 10대 그룹 총수들을 청와대로 불러 투자를 독려하고, 일자리 창출을 많이 해달라고 요구했다. 한국 경제의 글로벌 대표선수들에게 잔뜩 겁을 주고는 본연의 역할에 충실하라는 모순된 행태를 보이고 있다. 오죽했으면 중견기업연합회 회장마저 경제민주화는 이제 그만 하자고 제안했을까?

한국 산업을 세계적인 수준으로 육성한 대기업과 총수들은 독식과 탐욕의 화신으로 비난받고 있다. 중소기업은 선이요, 대기업은 악이라는 부당한 등식이 마치 진실인 것처럼 횡행하고 있다. 대권을 꿈꾸는 무소속 안철수 의원이나 박근혜 정부 초대 중기청장으로 내정됐다가 낙마한 황철주 주성엔지니어링 대표의 대기업관은 이 같은 기류를 대변한다. 이들은 삼성·현대차·LG 등 대기업집단에 대해 약육강식의 정글에서 중소기업을 못살게 구는 악독한 짐승으로 폄하하고 있다. 그들은 삼성·현대차·LG·SK 등이 협력업체를 세계 최고수준으로 키워서 전략지역에 동반 진출하는 것을 애써 보려 하지 않고 있다.

야당은 좌파시민단체 등과 연합해서 대기업 죽이기에 혈안이 돼 있다. 재계의 보편적인 지배구조인 순환출자를 아예 못하게 하고, 대주주에 대한 적격성 심사를 강화한다는 명분하에 삼성전자와 삼성생명을 분리시키려는 책략을 노골화하고 있다. 지금 이 순간에도 야당은 기업 규제 완화에 대해선 무조건 재벌 특혜라며 반대를 일삼고 있다. 오히려 법인세를 올려서 복지재원으로 만들자며 정치 공세를 벌이고 있다. 어안이 벙벙할 정도다.

미국·일본·유럽 등 전 세계 어느 국가나 재정난에 시달리지만, 법인세를 올리는 나라는 없다. 국가 부도위기를 겪고 있는 그리스와 스페인마저 법인세를 내리고 있다. 기업들은 부가가치를 창출하는 주체이기 때문이다. 우리 정치권만 대기업을 혼내주고, 뜯어먹을 대상으로 간주하고 있다. 한국 경제를 무력화시키고, 기업경쟁력을 죽이는 청개구리 집단이다.

검찰과 사법부도 포퓰리즘적 행태를 보이고 있는 것은 아닌지 우려스럽다. 외환위기 당시 부실 계열사를 지원해서 살려낸 그룹 총수가 뒤늦게 배임 및 횡령혐의로 기소당해 실형을 살고 있다. 사법부도 유전중죄의 엄혹한 판결을 내리고 있다. 일부 검사나 판사들의 배임 및 횡령죄 기소를 보면 대기업들의 일반적 지배구조인 그룹 경영을 부정하는 듯한 행태를 보이고 있다. 배임죄 기소와 중형 선고가 남발되면 기업인들은 매일 형무소 담벼락 위를 걷고 있는 것 같은 중압감을 느낄 것이다.

모택동과 함께 중국 공산당을 주도했던 유사오치. 그는 중국에 공산국가를 수립한 후에도 자본가의 착취유공론(搾取有功論)을 폈다. 장개석 정권을 무너뜨린 후 상해를 방문한 유사오치는 잔뜩 긴장한 기업가들을 대상으로 한 강연에서 "자본가들이 착취를 더 많이 해야 인민들의 일자리가 더 생기고, 경제도 활성화될 것"이라고 강조했다.

중국 공산주의자조차도 자본가들의 역할을 긍정적으로 평가했는데, 시장경제와 자유주의를 국체로 하는 21세기 대한민국에선 기업과 기업인에 대한 마녀사냥이 판을 치고 있다.

한국 경제가 한 단계 더 도약하려면 한국 경제 성공 요인의 불씨를 되살려야 한다. 열심히 일해서 성공한 개인과 기업인에 대해 정당한 보상이 이뤄져야 한다. 성공한 기업과 기업인을 억지로 끌어내리려는 것은 지양해야 한다. 부단한 혁신과 땀을 흘려 글로벌 기업으로 성장한 대기업들에게 아낌없이 박수쳐 주는 분위기가 필요하다. 삼성전자 갤럭시 스마트폰은 한국 경제의 경쟁력을 상징한다. 미국의 자존심 애플 아이폰과 글로벌 대전을 치르고 있다. 여기서 잠시 주춤하거나 밀리면 삼성을 넘어 한국 산업이 휘청거릴 것이다. 현대차도 마찬가지다. 현대차가 세계 시장에서 일본의 도요타와 미국의 GM 등에게 밀리게 되면 자동차산업 전체가 휘청거리게 된다.

나라의 미래를 고민하는 정부나 정치권이라면 삼성과 현대차 등 대기업들이 현재의 경쟁력을 더욱 높여서 한국 경제의 번영과 성장을 견인하라고 독려할 것이다. 대기업에 대한 규제를 마구 덧씌우기보다는 각종 족쇄를 풀어줘야 한다. 노동시장 유연성도 높여줘 대기업들이 글로벌 시장을 마음껏 누비도록 해야 한다.

경제민주화 놀음에 잔뜩 취해 형평과 분배만 중시하고, 성장과 효율을 내팽개치면 게도 구럭도 다 놓친다. 한국 경제의 규모는 수년째 세계 15위권에 머물고 있다. 10위권까지 올라갔다가 후발주자에게 점차 밀리고 있다. 이대로 가면 중진국 함정에 빠질 개연성이 높다.

경제민주화 열풍은 이제 접어야 한다. 이제 경제활성화로 전환해야 한다. 지금처럼 정부, 정치권, 검찰 및 사법부, 좌파시민단체가 총동원돼 대기업 손보기에 나선다면 한국 경제의 역동성과 글로벌 경쟁력은 점차 사라질 것이다.

졸고가 나오기까지 자유주의 시장경제를 확산시키기 위해 노력해 온 분들의 도움을 많이 받았다. 바른사회시민회의 조동근 대표, 현진권 한국경제연구원 사회통합센터 소장 겸 한국재정학회 회장, 김정호 프리덤팩토리 대표(연세대 경제대학원 교수), 전국경제인연합회 이승철 부회장 및 배상근 상무, 김이석 시장경제도연구소 소장, 박경귀 한국정책평가연구원장 등께 진심 어린 감사의 마음을 전하고 싶다.

집안일을 내팽개친 못난 남편을 묵묵히 응원해 온 집사람(정재연)과 대학생으로 훌쩍 자란 동재, 동은이에게도 고마움을 표하고 싶다.

이 책이 출간될 수 있도록 기회를 주신 휴먼앤북스 하응백 대표와 편집부 직원들에게도 감사의 말씀을 드린다.

2013년 10월
이의춘

CONTENTS

한국 경제를 대하는
행정·입법·사법의 진실

관료 공화국의 부활
─육정(六正)보다 육사(六邪)가 판친다

거대한 관료 공화국이 부활하는가? 대기업들에 대한 과잉 입법과 손보기가 결국 관료들의 자의적 권한만 확대하는 길로 가는가? 관료 공화국이 기승을 부리면서 규제 왕국의 오명을 뒤집어 쓸 것인가? 현직 관료와, 고액 연봉을 받는 전직 관료들이 둥지를 틀고 있는 로펌 간의 거대한 공생 관계를 부채질할 것인가? 기업과 기업인을 공정위의 포로로 삼을 것인가?

반시장적인 경제민주화 법안이 홍수를 이루면서 관료들만 살맛 나게 생겼다. 내부거래와 하도급법 규제 법안 등에서 바뀐 조문들이 워낙 애매모호해졌다. 새로운 조문 해석을 둘러싸고 관료들의 입맛에 따라 각종 규제나 과징금, 세금 징수 등이 달라질 가능성이 높아졌다. 이현령비현령(耳懸鈴鼻懸鈴)식의 조문이 확대되면 기업들은 정상적으로 사업하기가 어려워진다. 공무원들이 멋대로 규제를 가하면 기업은 예측 가능한 경영을 하기가 무척 힘들다.

경제 활성화를 강조하는 박근혜 정부로서는 엄청난 악재다. 박 대통령이 아무리 청와대에서 기업들의 손톱 밑 가시를 빼주겠다고 한들, 공무원들이 애매한 법조문을 근거로 기업을 혼내거나 새로운 규제를 가하면 도루묵이 될 수밖에 없다.

공무원들은 기본적으로 규제 기관이다. 기업인이나 일반인들이 뭔가 일을 하려 하면 관청에 버티고 있는 공무원에게 인허가를 받는 데 골머리를 앓을 수밖에 없다. 공장 하나 짓는 데 수백 개의 도장이 필요하다.

다소 민감한 사업은 공무원들 특유의 지연작전으로 차일피일 미뤄지기 일쑤다. 어느 골프장 사장은 골프장 하나 짓는 데 1,000개의 도장이 필요하다고 절규한 바 있다. 오죽했으면 이건희 삼성전자 회장이 1990년대 "한국의 관료들은 3류"라고 한탄했을까.

관료 공화국을 부추기는 경제민주화 법안들은 공정법과 하도급이 대표적이다. 2013년 7월 임시국회에서 통과된 공정법 23조 1항을 보자. 이 조항에선 대기업집단의 내부거래 부당지원 행위 요건을 종전의 '현저히 유리한 조건'에서 '상당히 유리한 조건'으로 바꿨다. 공정위와 여야가 대기업 총수 일가의 부당 일감 몰아주기를 차단하겠다며 만든 법조문이다. 그런데 너무나 추상적이다. '현저히'나 '상당히'에 대한 기준이 없다.

이렇게 막연한 조문은 상황에 따라 공정위 관료들로 하여금 대기업들에 막대한 과징금 등의 제재를 가하고, 국세청으로 하여금 세금을 징수할 가능성을 높여주고 있다. 검찰도 이 조문을 근거 삼아 배임 혐의로 기업인들을 옥죌 수 있다. 사정 바람이 불 때마다 한건 해보려는 출세지향 관료들이나 검사들의 장사를 북돋을 수 있다. 실로 무시무시한 애매모호 법조문이다. 기업들은 날벼락을 맞을 수도 있다.

공정법 23조 2항에서 규정한 내용도 기업을 괴롭힐 가능성이 크다.

이 조항에선 부당 행위에 대해 "회사가 직접 또는 자신이 지배하는 회사를 통해 수행할 경우 회사에 상당한 이익이 될 사업 기회를 제공하는 행위'로 규정했다. 사업 기회라는 조문이 두고두고 분쟁을 유발할 것이다. 이 조항은 오너 일가의 사익 편취나 편법 증여를 막고, 오너가 다른 계열사를 통해 특정 사업을 수주하도록 하는 소위 터널링을 방지하자는 차원에서 마련됐다. 이 조항대로라면 총수들은 앞으로 자신이 대주주로 있는 계열사를 통해서 내부거래를 하는 것이 사실상 원천 봉쇄되거나 상당량의 증여세를 물어야 한다. 대중의 질시와 증오를 반영한 악법이다. 대주주인 총수 일가가 재산이나 부를 형성해서는 안 된다는 사회주의적 법 같기 때문이다. 새로운 공정법이 대주주 지분이 있는 계열사에 사업 기회를 부당하게 제공해선 안 된다고 추상적으로 규정함으로써, 기업인들이 열심히 경영해서 축적한 자금으로 신규 사업에 투자하는 일은 줄어들 것이다.

한국은 사실상 사회민주주의 국가로 변질됐다. 성공한 경영자를 깎아내리고, 이들이 재산이나 경영권을 자식들에게 물려줘서는 안 된다는 데 정부, 정치권, 여론이 야합하고 있기 때문이다. 대기업 상속세율은 세계 최고 수준이다. 상속세율은 50%이지만, 경영권 프리미엄을 감안하면 65%로 올라간다. 세계 90여 개 국가가 상속세를 폐지한 것과는 달리 한국의 상속세율은 가혹하기 그지없다. 이런 고세율이면 정상적으로 2세들이 재산이나 기업을 상속받아 경영권을 행사하는 것이 거의 불가능하다.

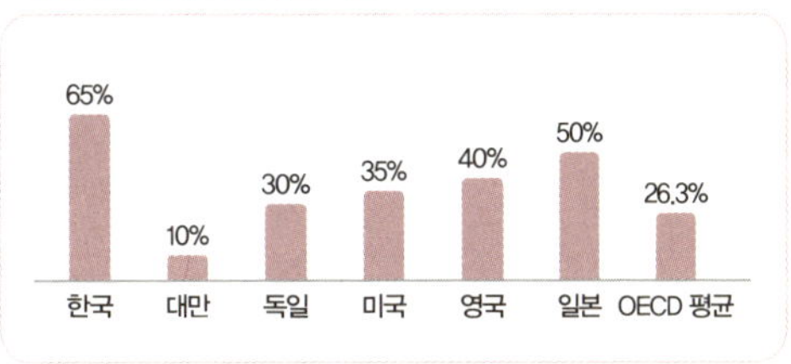

출처: 한국경제연구소 칼럼 '가업 상속세제 개선과 중견기업 활성화'(2012.6.10)

사업 기회 유용 문제는 한국 산업의 활력을 좌우할 수 있는 사안이다. 그동안 우리 기업들의 성장사(成長史)를 보면 초기 적자를 무릅쓰고 대주주들이 사재를 출연해서 신사업을 벌여온 것이 많았다. 기존 법인을 통해서 할 경우 부지 매입과 인허가 등에서 번거롭고, 비용도 많이 들었기 때문이다. 하지만 새로운 공정법에서는 이 같은 총수의 사재 출연을 통한 신규 사업 진출이 심각하게 제약을 받을 가능성이 높아졌다.

화학물질관리법 12조도 마찬가지다. 이 법은 과격 노동 투사들이 우글거리는 환노위에서 여야가 서둘러 뚝딱 처리한 대표적인 경제 악법이다. 12조는 '공공복리에 현저한 지장을 초래할 경우에는 기업들이 환경부 조사 결과를 공개하지 않아도 된다'고 규정했다. 명확성, 구체성을 생명으로 해야 할 법조문에 '현저한'이라는 막연한 말이 들어갔다. 기업들로 하여금 어찌하라는 것인지……

이 법은 유해 물질을 배출한 기업의 경우 해당 사업장 매출의 최대 5%에 해당하는 과징금을 부과하도록 했다. 대기업의 정유 및 화학 공장이나 조선 공장, 반도체 및 철강, LCD 공장 등은 사업장당 수조 원대의 매출을 올린다. 만약 이들 대형 사업장에서 불의의 폭발 및 불산 누출 등의 사고가 나면 수백억 원에서 수천억 원의 과징금을 내야 한다. 중소·중견기업들은 하루아침에 공장 문을 닫아야 할 수준의 가혹한 과징금이다. 삼성전자 같은 경우 수조에서 수십조 원을 내야 하는 극한 상황에 처할 수 있다. 경영에 대해 문외한인 노동 투사, 환경 투사들이 경제민주화라는 미명 아래 기업을 위축시키는 극도의 규제 법안들을 양산하고 있는 것이다.

을(乙)의 눈물을 닦아 주겠다는 하도급법도 커다란 문제다. 하도급법 16조 2항을 보면 '부당하게 경쟁을 제한하지 말 것'을 규정했다. 하지만 부당 행위가 어떤 경우에 해당하는지 등에 대한 해석이나 설명이 없다. 지난 4월에 통과된 하도급법은 앞으로 대기업과 중소기업 간에 법정 소송 등을 빈발하게 만들 것이다. 납품단가 부당 인하나 납품 물량 조정 등을 둘러싸고 원청업체와 납품업체 간에 분쟁이 일어날 개연성이 높고, 이는 결국 법정 소송으로 이어질 것이기 때문이다. 소송이 많아지면 대기업들은 납품업체를 아예 해외에서 구하려 할 것이다. 이 조항은 역설적으로 국내 하청업체의 일감을 빼앗을 수 있다.

이렇게 경제민주화 법조문들이 추상적이거나 거칠다 보니 관료들의 입김이 더욱 거세졌다. 때문에 관료 공화국이 부활할 것이 확실시된다. 그동안 역대 정부는 정부의 역할을 줄이고, 민간의 자율 기능을 확대해 왔다. 작은 정부를 지향하면서 규제완화에 힘써 왔다. 그러나 경제민주화 광풍으로 대기업 혼내주기를 겨냥한 법조문들이 창궐하면서 작은 정부가 다시금 큰 정부로 돌아서고 있다. 시곗바늘이 거꾸로 돌고 있는 것이다. 공무원들이 기업인들의 입에 재갈을 물리기 쉬워졌다.

공무원들의 권한 확대는 관료 집단의 부패를 부추길 수 있다. 인허가권과 규제권을 갖고 횡포를 부리면 기업들의 준조세가 늘어날 수밖에 없기 때문이다. 사업을 해야 하는 기업들 입장에선 관료들의 해석에 목줄을 맬 수밖에 없다. 검은돈의 거래나 밀실 거래를 다시금 확대시킬 수 있다.

관료와 로펌 간의 거대한 공생 관계를 부채질할 수 있는 것도 심각한 문제다. 법조문의 해석을 둘러싸고 기업이나 금융회사들은 부득불 로펌에 있는 변호사나 전직 경제 관료들에게 자문이나 해석을 의뢰할 수밖에 없다. 이는 전·현직 관료들 사이의 거대한 유착 관계를 확대시킬 것이다. 로펌은 법조문 해석을 둘러싸고 대형 특수를 누릴 것이다. 이는 기업들에게 추가적인 부담을 가져올 것이다. 김앤장이나 태평양, 율촌 등 유수의 법무법인에는 전직 장·차관 등 고위 관료와 검찰 및 판사 출신의 변호사, 정치인, 국회의원 보좌관들이 수두룩하게 진을 치고 있다. 이들은 규제 기관인 정부와 국회 등의 로비스트로 활약하고, 거액의 수임료를 받아 챙기고 있다.

경제 검찰과 공정위 퇴직 관료들의 몸값은 상한가를 치고 있다. 현직 공정위 관료는 대기업들을 마구 혼내주고, 공정위 OB들은 대기업 규제가 강해질수록 대기업들로부터 일감을 많이 따내서 엄청난 액수의 돈을 벌 수 있게 됐다. 공정위 주변에선 OB들이 현직 후배들에게 기업 규제를 더 세게 하라고 부채질한다는 이야기까지 들리고 있다. 경제민주화법이 대부분 공정법과 관련이 있기 때문이다. 부당 내부거래규제법, 금융회사 적격성심사 강화, 하도급법, 프랜차이즈법, 일감몰아주기 규제법 등이 공정위와 국회 정무위 소관사항이다.

2013년 새누리당 소속 의원이 개최한 출판기념회에 1,000여 명이 몰려 성황을 이룬 것은 예삿일이 아니다. 경제민주화 법안을 다루는 실세 의원의 출판기념회에 기업인들이 눈도장을 찍기 위해 대거 몰린 탓이다. 기업 관계자들은 별 영양가 없는 정치인의 책 한 권 구입하는 데 수십만 원에서 수백만 원을 지불했다고 한다. 합법적인 정치후원금 모금 행사이지만, 사실상 준조세 걷는 행사나 다름없다.

정부나 여야는 이제라도 관료들의 자의적인 해석을 부채질할 수 있는 법안을 점검해서 보완해야 한다. 공정위 등 정부도 시행령에서 규제 법규에 대한 상세한 설명이나 기준을 마련해서, 관료와 로펌 간의 검은 유착이 확대되지 않도록 해야 한다. 법조문이 애매하면 기업들의 경영 리스크가 더욱 커진다.

한화 그룹 김승연 회장이 대표적인 케이스다. 외환위기 직후 부실 자회사를 계열사들이 지원하여 뒤늦게 배임 혐의로 구속 수감됐기 때문이다. 성공한 구조조정에 대해 검찰이 배임죄로 처벌한 사례다.

새로운 경제민주화 법안들에 대한 보완이 이뤄지지 않으면 기업인들의 배임죄 처벌이 기승을 부릴 수 있다. '상당히', '유리한', '부당하게' 경쟁 제한하지 말라 등의 조문은 기업인들의 왕성한 공격 경영이나 투자 의욕, 기업심을 위축시키는 악법으로 작용할 수 있다.

중국 최고의 황제로 추앙받는 당 태종. 그는 《정관정요》에서 "법을 집행할 때는 반드시 관대하고도 간략해야 한다"고 강조했다. 법을 남용해서 기업과 기업인들을 위축시키는 것은 바람직하지 않다. 법 규정이 애매해지면 기업들은 관료들의 포로가 될 것이다. 슈퍼 갑의 관료들이 을인 기업들에게 엄청난 횡포를 부릴 것이다.

당 태종을 보필했던 위징은 신하의 유형을 육정(六正)과 육사(六邪)로 구별했다. 이 중 최고의 신하는 나라의 존망과 득실의 요령을 미리 헤아려 군주를 보필하는 성신(聖臣)이다. 국사를 전심전력으로 처리하고 군주에게 직언도 하는 양신(良臣), 열심히 일하고 군주로 하여금 고대 현군을 따르도록 권유하는 충신(忠臣), 군주로 하여금 근심이 없게 하는 지신(智臣)과 봉록을 탐하지 않고 검약하는 정신(貞臣), 직신(直臣) 등도 올바른 신하로 평가했다.

나쁜 관료인 육사는 어떤 신하들인가? 관직에 안주하고 봉록을 탐하며 공사에 힘쓰지 않으며 숫자만 채우는 구신(具臣), 도리에 어긋난 사심을 품은 사신(邪臣), 군주에게 무조건 아첨만 하는 유신(諛臣), 간사하고 사악하며 군주의 눈과 귀를 가리는 간신(奸臣), 변명하고 궤변을 일삼는 참신(讒臣), 권력을 농단하는 적신(賊臣) 등이 옳지 못한 신하로 꼽

했다.

법조문이 추상적이고 관료들의 권한만 강해지면, 육정의 신하보다는 육사의 신하만 늘 가능성이 높다. 관직에 안주하며 탐욕을 추구하는 구신과 인허가권과 규제권을 무기로 기업인을 괴롭히는 적신이 급증할 수 있다.

큰 정부, 관료 권한이 강한 나라는 그래서 미래가 없다. 규제 왕국을 혁파하기 위해선 작은 정부로 가야 한다. 양신과 충신, 직신 등 육정이 대거 배출되도록 규제를 과감히 풀어야 한다.

박근혜 대통령이 강조하는 손톱 밑 가시를 뽑기 위해서도 작은 정부, 관료의 권한이 작은 것이 좋다. 경제 활성화는 관료들이 치어리더가 돼야 가능하다. 투자가 살아나고, 일자리가 늘어나기 위해서는 육정의 관료가 많아져야 한다.

세풍(稅風)·공풍(公風)·검풍(檢風)·사풍(司風)

　　박근혜 정부 들어 대기업 세무조사가 부쩍 급증하고 있다. 삼성·LG·SK·한화·효성·CJ·OCI 등이 줄줄이 특별 세무조사, 정기 세무조사 등의 형식으로 집중 조사를 받았다. 특별 세무조사도 기업들을 바짝 긴장케 하지만, 정기 세무조사 역시 예년보다 앞당겨 이루어지고 있다. 재계가 전전긍긍할 수밖에 없다. 중견·중소기업들, 심지어 자영업자들도 현 정부 들어 세무조사가 부쩍 강화됐다며 볼멘소리를 전하고 있다.

　　일감 몰아주기 대상으로 지목된 현대차와 삼성 등 1만여 기업도 증여세를 내라는 고지서를 받았다. 재계 5위 롯데 그룹도 무풍지대는 아니었다. 7월 16일 특별 세무조사를 받기 시작한 것. 롯데에 투입된 요원들은 재계에서 저승사자로 잘 알려져 있다. 서울지방국세청 조사4국 직원들이 대거 나왔기 때문이다. 타깃은 롯데의 사실상 지주회사 역할을 하는 롯데쇼핑.

　　롯데쇼핑은 그룹 내 순환출자의 최대 고리를 형성하면서 신동빈 회장의 그룹 경영권 장악을 가능케 하는 주력 사다. 조사4국 요원들이 투입된 것을 보면 단순한 탈세 조사 외에 경영권 상속 등 모종의 오너를 겨냥한 것이 아니냐는 해석이 나오고 있다. 롯데는 롯데쇼핑 등 주력 계열사들이 지난 2월부터 4개월간 세무조사를 받은 바 있다. 이번이 2번째라는 점에서 국세청이 뭔가 작심하고 조사 중인 것 아니냐는 이야기가 나돌고 있다. 롯데에 이어 효성도 조석래 회장이 거액의 탈세혐의로 세무조사를 받은 데 이어 검찰에 고발됐다. 조 회장은 이명박 전 대통령의 사돈이라는 점에서 전 정권 손보기 차원에서 희생양이 됐다는 분석도 나오고 있다.

세풍(稅風)만이 아니다. 공풍(公風, 공정위 조사), 검풍(檢風, 검찰의 대기업 총수 비리 수사), 사풍(司風, 사법부의 대기업 총수 구속 등 양형 강화)도 거세게 불고 있다. SK·한화·태광산업·CJ 총수는 검풍과 사풍의 회오리 속에서 구속되고, 투자 유보 등 그룹 경영이 큰 차질을 빚고 있다.

공정위도 주요 그룹에 대해 부당 내부거래 조사를 강도 높게 벌이고 있다. 검찰·국세청·공정위 등 권력 기관들이 재계 손보기를 본격화하는 양상이다. 롯데가 세풍의 타깃이 된 데는 이명박 정부 시절 각종 특혜를 받은 것이 주된 이유로 거론된다. 이 전 대통령이 롯데호텔을 대선 선거 본부로 활용했고, 신격호 총괄회장의 20년 숙원 사업인 롯데월드타워도 사업 허가를 내줬다는 것이다. 여기에 국내 최대 가전 양판점인 하이마트를 인수하고, 맥주시장 진출을 허가받아 청주에 공장을 짓고 있는 것도 이유 중 하나다.

롯데의 이 사업들은 특혜로 볼 수 없다. 롯데월드타워의 경우 노태우 정부 시절부터 추진했다가 번번히 유보됐다. 그러다 이 전 대통령이 집권 초기 비즈니스 프렌들리를 내세우며 기업들의 투자 확대를 적극 유도하면서 이 사업은 마침내 허가를 받아냈다. 물론 공군은 그동안 서울 공항의 비행기 안전상의 문제를 들어 사업 허가에 반대해 왔다. 하지만 미국의 권위 있는 항공기관에서 활주로 각도를 바꾸면 비행기 안전 문제는 해결된다는 컨설팅 보고서를 제출하여 사업 허가 쪽으로 결론이 났다.

123층 높이의 롯데월드타워는 현재 50층 높이의 골조 공사가 한창 진행 중이다. 2015년 말에 완공되면 아시아 최대 관광쇼핑 명소가 될 전망이다. 일본·중국·동남아의 관광객들이 몰려와 한국의 국가 브랜드를 높이고, 엄청난 규모의 달러를 뿌리고 갈 것이다. 관광 쇼핑업은 굴뚝 없는 외화 공장이다. 롯데월드타워는 한국을 관광 대국으로 부상시키는 데 결정적인 기여를 할 것이다. 투자 및 고용 유발 효과도 엄청나다. 3조 5000억 원을 투입하는 롯데월드타워는 완공 후에 2만 명의 일자리를 창출한다. 대부분 젊은 청춘 남녀에게 혜택이 돌아간다. 청년들에게 소중한 꿈을 영글게 해주는 대역사의 현장인 셈이다. 생산 파급효과도 7조 원에 달한다. 현재도 매일 수천 명이 공사장에서 일하고 있다.

이런 점에서 롯데월드타워를 특혜설로 몰아가는 것은 타당하지 않다. 현장에 가보면 이 공사가 한국을 관광 대국으로 만드는 데 결정적인 기여를 하는 랜드마크가 될 것임을 알게 될 것이다. 이 사업은 단지 신격호 총괄회장, 신동빈 회장의 재산만은 아닐 것이다. 대한민국의 국가적 인프라, 일자리 창출의 기념물이 될 것이다. 하이마트 인수나 청주 맥주공장 건설 등도 공개경쟁이나 적절한 사업 인허가 절차를 거친 사업이다. 지금 같은 대명천지에 롯데 특혜설을 흘리며 롯데 손보기 및 사정설을 흘리는 세력은 성장과 고용, 투자 확대에 대해 전혀 고민해 보지 않았을 것이다.

만약 사업 허가나 인수합병 과정에서 문제가 있다면 법의 엄격한 잣대를 들이대면 된다. 그렇지 않고 막연히 편견에 사로잡혀 짱돌을 던지는 행위는 온당치 못하다. 맥주 공장의 경우 청주 지역 정치인들과 기관장들이 지역경제 활성화 차원에서 적극 유치해 이루어진 것이다. 다른 지자체에서도 롯데의 맥주 공장 유치를 위해 치열한 경쟁을 벌인 바 있다. 롯데로선 청주 지역의 물류 거점과 주변 소주 공장과의 시너지효과를 높이기 위해 청주에 맥주 공장을 세운 것이다.

롯데는 그동안 국내 최대 유통업체의 특성상 골목상권 침해, 일감 몰아주기 논란 등에서 자유롭지 못했다. 경제민주화 광풍이 부는 와중에도 곤욕을 치렀다. 이를 해소할 화답책을 잇따라 내놓았다. 창업주의 외손녀가 롯데백화점 등에서 경영하는 빵집을 매각했고, 오너 일가가 운영하는 영화관 매점 사업도 그룹 사업으로 변경했다. 비정규직의 정규직 전환도 단행했고, 내부거래 편중 해소를 위해 물류 및 IT 건설 부문의 일감 3500억 원을 중소기업에 개방하는 조치도 내놓았다. 나름대로 박근혜 정부의 경제민주화 정책에 성의를 표시해온 것이다.

국세청이 롯데 등에 대한 강도 높은 세무조사에 나서는 것은 박근혜 정부의 증세 없는 복지재원 조달과 밀접한 연관이 있다. 박근혜 정부는 집권 5년간 복지재원 135조 원을 세율 인상 및 세목 신설 등 증세 없이 마련하겠다고 공언했다. 국세청은 이를 뒷받침해야 할 특별 임무를 부여받았다. 김덕중 국세청장도 취임 초기 대기업에 대한 세무조사를 대폭 강화하겠다고 천명한 바 있다. 명분은 대기업과 재산가의 불공정 행위와 변칙 거래에 대해 강력 대응한다는 것. 이 같은 명분은 조세 정의 차원에서 보면 타당하다. 하지만 문제는 세무조사가 너무 무차별적, 동시다발적으로 이루어지고 있다는 점이다. 세무조사가 예측 가능해야 기업들이 준비를 하고, 그룹 경영 리스크도 최소화할 수 있다. 지금처럼 예고 없이 세무조사가 전격적으로 이루어지면서 재계는 무척 당혹해하고 있다. 배경이 뭔가 하고, 큰 충격에 빠져 있다. 물론 불법·탈법 거래를 통한 탈세는 발본색원해야 한다. 오너 일가의 부당한 부의 축적과 경영권 편법 증여 및 상속 등의 경우 정당한 세금추징을 하면 된다.

세풍과 검풍, 사풍, 공풍이 동시에 회오리바람을 일으키면 기업의 투자가 줄어든다. 일자리도 사라진다. 총수가 구속된 SK와 한화, CJ 등은 대규모 투자를 추진했다가 모두 중단했다. 오너가 영어(囹圄)의 몸이 된 상태에서 대규모 투자 결정은 이루어질 수 없기 때문이다.

복지재원 확보를 위한 세수 증대는 필요하다. 하지만 가장 현명한 조세증대 정책은 재계를 다독거려 투자를 늘리도록 하는 데 있다. 경제 활성화 정책과 규제 개혁을 대대적으로 전개해야 기업 실적이 좋아지고, 법인세 등 각종 세금도 더 낼 수 있다. 기업을 쥐어 패고 혼쭐내서 얼마간의 세금을 징수하는 것보다는, 재계를 독려해서 투자를 확대하도록 하는 것이 훨씬 효과적이다. 이게 정공법이다.

박 대통령은 경제민주화를 강조하면서도 기업 투자를 늘리기 위해 손톱 밑 가시를 뽑아 주겠다고 했다. 투자하는 기업은 업고 다니겠다고 했다. 세무당국은 경제민주화에만 초점을 맞추고 경제 활성화에는 부담을 주고 있지 않은지 돌아봐야 한다. 세무당국은 재계가 경기 침체로 어려움을 겪고 있는 상황에서 스마트한 세정을 해야 한다. 빡세게 노력 세수를 한다고 해봐야 한 해에 기껏 3~4조 원을 더 걷는다. 이를 위해 재계를 커다란 공포와 불안 속에 몰아넣는 것은 현명치 못하다. 국세청은 경제 부흥과 투자 확대에 기여하는 세정을 펼쳐야 할 것이다.

여의도에 난무하는
'기업 스파이'

　서울 여의도 국회의사당에 미국과 일본 기업의 신종 '스파이'가 우글거리고 있다. 우리나라 국회의원들이, 현대자동차를 밀어내기 위해 분투 중인 도요타와 혼다, 닛산이 좋아할 만한 법안을 추진 중이기 때문이다. 뿐만 아니라 여야 의원들은 삼성전자와 스마트폰 시장에서 적벽대전을 벌이는 미국의 애플 팀 쿡 최고경영자(CEO)의 입을 벌어지게 만들 '매국적' 법안도 준비 중이다.

　여야 의원들이 요즘 대기업을 겨냥해 추진 중인 규제 법안을 보면 이들이 합리적 정신으로 만드는 건지 고개를 갸웃하게 한다. 경제민주화라는 미명 아래 총수와 재벌을 사전적 범죄 혐의자로 간주하는 각종 '경영활동금지법'을 양산하려는 움직임을 보이고 있기 때문이다. 기업가정신을 고사시키려는 황당한 규제를 쏟아 내고 있는 것이다. 의원들은 재벌에 대한 각종 규제 법안들에 대해 총수의 사익 편취 금지와 동반 성장을 위한 것이라고 해명하고 있다. 하지만 법안에는 우리나라의 주력 기업들의 손발을 묶고, 기업인을 범죄자로 간주하는 내용이 부지기수다. 이러니 미국의 GM, 포드, 크라이슬러 등 자동차업계 빅3와 아이폰의 애플이 반기지 않을 수 없다. 엔저로 신바람이 난 일본 도요타와 혼다, 전자 분야의 소니와 파나소닉 등도 쾌재를 부르고 있다.

미국과 일본 기업들은 우리나라 여야 의원들에게 훈장을 줘야 할 판이다. 한국 경제의 생태계를 건강하게 만든다는 법안들이 삼성전자, 현대차 등 주력 제조업체의 경쟁력을 약화시키고 있기 때문이다. 정몽구 현대차 회장, 이건희 삼성 회장 등 오너들의 어깨를 축 처지게 만들고 있다. 경제민주화 법안을 주도하는 여야 의원들은 미국과 일본 그리고 중국 기업들을 지원하고 있는 것이나 마찬가지다. 한국 기업의 강점을 죽이는 것은 결국 경쟁국 기업을 도와주는 '이적 행위'나 다름없다.

적국이나 경쟁 기업의 정보를 빼내는 것만이 스파이는 아니다. 우리와 치열하게 싸우는 외국의 경쟁 기업을 이롭게 하고, 반면 우리 기업의 경영 활동의 자유를 말살시키는 행위도 스파이 행위에 포함된다. 여야가 홍수처럼 쏟아 내고 있는 경제민주화 법안들은 과잉 입법이요, 기업 죽이기 입법의 전형적인 사례들이다. 마녀사냥식 법안의 가장 대표적인 사례는 일감 몰아주기에 대해 엄벌하는 공정거래법 개정안이다. 정무위 의원들은 재벌 계열사 간 내부거래에 대해 예외적 경우를 제외하고는 일감 몰아주기로 간주해, 일감을 준 계열사뿐 아니라 일감을 받은 계열사까지 매출의 최대 5%를 과징금으로 물리는 방안을 추진하고 있다.

이는 모든 내부거래를 일감 몰아주기로 간주해 처벌하겠다는 것이나 다름없다. 상호출자제한을 받는 재벌이 총수 일가 지분이 30%(비상장사는 20%)가 넘는 계열사에 일감을 몰아줬을 경우에는, 총수의 지시 등의 증거가 없어도 해당 총수에게 3년 이하의 징역이나 2억 원 이하의 벌금을 물릴 수 있는 규정도 있다. 재벌들의 모든 내부거래를 부당한 것으로 간주하는 것은 경영의 ABC도 모르는 무식한 작태다. 재벌마다 경쟁력 강화를 위한 수직 계열화를 구축하고 있기 때문이다. 업스트림에서 다운스트림까지, 즉 원료에서 제품까지 일관생산체제 구축은 우리 산업의 커다란 강점이다. 수직 계열화를 통해 원가를 절감하고 품질도 높여, 미국과 일본 등의 경쟁사에 비해 우위를 점하며 글로벌 시장점유율을 높여 갔기 때문이다.

현대차는 철강에서 각종 자동차 부품, 조립라인까지 갖추고 글로벌 5대 완성 차 메이커로 도약했다. 삼성전자는 TFT-LCD용 기판 유리를 생산하는 삼성코닝, 정밀 유리에서 전자 부품을 만드는 삼성전기, 2차 전지 등을 생산하는 삼성SDI, LCD를 생산하는 삼성디스플레이 등에서 원자재 및 부품 등을 조달하는 수직 계열화를 통해 경쟁력을 높여 가고 있다.

LG, SK도 정유 및 석유화학, 전자 분야에서 거대한 일관생산체제를 갖추고 있다. SK의 에너지·화학 분야를 보자. SK는 울산콤플렉스에 에너지, 화학, 윤활유 등을 생산하는 일관생산체제를 갖고 있다. 수년전에 신속한 품종별 사업 부문에 대한 신속한 의사결정과 외자 유치 촉진, 전문성 제고를 위해 석유 부문은 SK에너지, 화학은 SK종합화학, 윤활유는 SK루브리컨츠로 분사화했다. SK이노베이션은 석유 개발과 연구 개발을 담당하고, 이들 3개 자회사의 지분을 보유한 지주회사 역할을 하고 있다. 이들 자회사들은 하나의 공장에서 자회사 간에 100% 내부거래를 하고 있다. 만약 울산 공단에 있는 자회사 간의 내부거래를 일감 몰아주기로 간주해 과징금을 5%씩 물린다면 어떻게 될 것인가? 수조 원의 과징금을 물어야 할 것이다. 이러면 다시금 자회사들을 하나로 통합할 것이다. 시장 변화에 맞게 에너지와 석유화학의 부문별 전문성 제고와 신속한 의사결정은 다시금 차질을 빚을 수 있다.

이 같은 내용의 개정안이 통과되면 기업인들은 다시금 배임죄 공포에 시달리게 된다. 일감 몰아주기는 특정경제가중처벌법상의 업무상 배임으로 처벌될 수 있기 때문이다. 이 경우 공정위의 고발이 없더라도 시민단체가 고발하면 검찰이 수사할 수 있다. 요즘 재벌 총수들은 배임죄 공포증에 시달리고 있다.

최근 검찰이 총수에 대한 범죄 혐의를 찾다가 안 나오면 먼지털이식 수사로 배임죄를 적용하는 사례가 부쩍 늘어나고 있다. 이 탓에 신동빈 롯데회장, 정용진 신세계 부회장 등 주요 총수들이 일제히 사내 이사에서 사퇴하고 있다. 형사책임을 면하자는 임시방편인 것이다.

한화 김승연 회장 등은 외환위기 후에 이루어진 자회사 지원 문제로 배임죄 덫에 걸려 구속됐다. 2004년에서 2006년에 이루어진 부실 자회사에 대한 지원은 정부 방침을 충실히 따라 이루어졌다. 금융권이나 정부에선 한화의 자회사 살리기에 대해, 대주주가 책임을 지고 구조조정을 성공시킨 대표적인 사례라고 높이 평가한 바 있다.

그런데 수년 후에 먼지털이 수사의 덫에 걸려 배임죄로 2심에서 3년형을 선고받았다. 검찰은 김 회장이 위장 계열사 지원을 지시해 주주들에게 수천억 원의 피해를 줬다며 혐의를 씌웠다. 몸무게가 20킬로그램이나 불어 건강이 매우 악화됐고 도주의 우려가 없는데도 수감 생활을 해야 한다. 매출 35조 원에 재계 10위 총수에 대해 법조계도 중형주의로 표변했다. 과거 유전무죄에서 이젠 유전중죄로 급변했다.

재벌의 내부거래를 모두 규제하면 어떻게 되는가? 공정위에 따르면 자산 5조 원 이상 42개 재벌의 내부거래 금액은 184조 9000억 원(2011년 기준)에 달했다. 해당 계열사는 212개사였다. 내부거래 금액은 42개 그룹 전체 외형의 13.4%에 해당하는 수치다. 극단적으로 말해서 이들 내부거래를 모두 일감 몰아주기로 간주해 5%씩의 과징금을 물린다면 재벌들은 최대 11조 7000억 원을 내야 한다. 경영이 불가능한 벌금 수준이다. 총수 지분이 30%가 넘는 계열사에 물량이나 일감을 줄 경우 총수를 징역형에 처하겠다는 발상도 어처구니가 없다. 이 경우 총수를 무조건, 일감을 몰아준 주모자로 간주하겠다는 것이다. 총수가 징역을 피하려면 스스로 일감 몰아주기를 하지 않았다는 것을 입증해야 한다. 횡령 혐의를 씌워 놓고는 이를 피하려면 스스로 무죄를 입증하라는 것이나 마찬가지다. 입증 못하면 감옥에 처넣겠다는 살벌한 규정이다.

재벌을 압박해온 공정위도 국회의 마녀사냥 법안에 대해서는 제동을 걸고 있다. 수직 계열화를 통한 경쟁력 강화는 규제하면 안 된다고 보기 때문이다. 또한 외국기업들도 내부거래는 다 한다. 독일의 폭스바겐, 일본의 소니와 도요타 등도 내부거래를 통해 원가절감 등 경쟁력을 높여 가고 있다. 그런데 우리 재벌들은 왜 내부거래를 하면 안 된다는 것인지 도통 알 수가 없다. 그들은 어느 나라 선량인지 묻지 않을 수 없다.

하도급법을 바꿔 대기업으로 하여금 3배의 징벌적 배상금을 물리도록 한 규정도 시장경제의 근간을 뒤흔들 수 있다. 발주 업체인 대기업은 공급과잉으로 적자가 나도 납품 가격을 깎지 못하게 하고 있다. 대기업은 구조조정과 적자에 시달려도 납품단가만은 '부당하게' 후려치지 말라는 식이다. 이는 시장경제 시스템을 철저하게 파괴시키는 우매한 작태다.

반도체나 LCD 등은 가격이 순식간에 5분의 1, 10분의 1 이하로 떨어지기도 한다. 가격이 급락하는 상황에서 뼈를 깎는 구조조정을 하는 대기업에게 납품단가만은 그대로 주라는 것은, 경영의 기본도 모르는 무식한 소리에 불과하다. 여야는 상장사 5억 원 이상 등기 이사와 감사에 대해 개별적으로 연봉을 공개하도록 하는 자본시장법 개정안도 정무위에서 통과시킨 상태다. 이 법은 주로 재벌 총수를 망신 주려는 포석에서 시작됐으나, 정작 김기문 중소기업협동조합 회장 등 중소기업인도 유탄을 맞게 생겼다. 그동안 감시의 사각지대에서 불투명한 경영을 해온 중소기업, 중견기업들이 연봉 공개의 폭탄을 맞게 된 것. 노동자 천국과 사회주의 천국을 만들려는 좌파들은 이건희 삼성 회장이 정작 연봉을 받지 않은 것에 대해 아쉬움을 갖고 있을 것이다. 이 회장을 타깃으로 고액 연봉을 받는다며 망신 주려는 것이 수포로 돌아갔기 때문이다. 연봉 공개 의무화는 대중의 증오와 질투의 정서를 부채질하는 것이다. 노사 갈등을 부추기고, 개별 기업들의 영업 비밀도 노출시키는 우를 범할 수 있다.

법치주의는 과잉 입법 금지, 이중 처벌 금지, 무죄추정의 원칙을 근간으로 하고 있다. 하지만 국회는 경제민주화를 지고선의 가치로 숭배하며, 총수와 재벌을 범법자로 취급하고, 온갖 규제의 덫을 씌우려 광분하고 있다.

물론 재벌들의 행태에 대해 마냥 박수를 칠 수는 없다. 그동안의 성장 과정을 보면 정부와 국민들의 아낌없는 지원 속에서도 불투명한 회계와 지배구조, 편법 상속 및 증여 논란, 오너 일가에 대한 일감 몰아주기, 중기 협력업체에 대한 기술 탈취 등의 문제점을 노정한 것은 부인할 수 없다. 현대차 등 재계가 최근 내부거래를 축소하고, 광고 물류 등의 업종을 중소기업들에게 개방키로 한 것은 고무적이다. 이런 게 자율적

상생이다. 정부가 강요 안 해도 재계가 자율적으로 동반 성장의 보폭을 넓히고 있다. 삼성, LG, SK 등도 내부거래 비중을 축소하는 방안을 잇따라 발표할 예정이다.

과거에 일부 잘못이 있다고 해서 재벌들의 모든 경영 행위를 악으로 단정하고, 강도 높게 처벌하려는 것은 자유주의 시장경제를 부인하는 폭거다. 헌법에선 개인의 자율과 창의를 바탕으로 경제활동의 자유를 보장하고 있다. 경제에 대한 규제와 조정을 가하는 경제민주화만 있는 것이 아니다. 급기야 박근혜 대통령마저 경제민주화가 폭주하고 있다고 우려하고 있다. 투자를 독려하는 상황에서 기업을 마냥 누르려는 듯한 것은 문제가 있다고 강조한 것이다. 박 대통령은 "대선 공약에서 경제민주화란 각 경제주체, 그것이 대기업이든 중소기업이든 소상공인이든, 모든 사람이 열심히 노력하면 그만큼 대가를 얻도록 하자는 것인데 그동안은 불공정한 시장 질서 때문에 그러지 못했다"고 말했다. 그러면서 "이것이 누구를 누르고 옥죈다는 적대적 의미로 접근해 나가는 것은 곤란하다"고 지적했다. 박 대통령은 그래도 국정 최고 지도자의 균형 감각을 바탕으로 경제민주화의 한계를 제시했다. 경제민주화가 대기업 때리기로 변질돼서는 안 된다는 점을 강조했다는 점에서 그나마 다행이다.

지금은 경제 살리기가 가장 시급한 과제다. 우리 경제는 7분기 연속 0%대 성장을 했다. 20여 년 만에 처음으로 성장률이 일본에 뒤질 수 있다는 우려도 나오고 있다. 경제민주화를 명분으로 기업인과 기업을 마구 혼내주고 망신 주고 십자가에 올려놓으려는 것은, 게도 구럭도 다 놓치는 짓거리들이다.

재계를 공공의 적으로 만들어 얻을 게 무엇인가? 그것보다는 기업인의 경영 의욕을 훨훨 날게 해야 한다. 저 하늘로 비상하게 해서 투자와 일자리를 더욱 늘려야 한다. 이건희 회장, 정몽구 회장, 구본무 회장, 최태원 회장 등이 신바람 나게 일하도록 해야 한다. 성장의 견인차가 되게 해야 한다. 경제가 무너지면 경제민주화는 없다. 기업인의 야수 같은 본능을 일깨워야 미래 신수종 사업이 싹을 틔우고 꽃을 피워 열매를 맺을 수 있다.

지금의 경제민주화는 경제 압살로 변질될 수 있다. 국가경제를 해치려는 일부 과격한 국회의원들에게 우리의 운명을 맡길 수는 없다. 국가경제에 대한 진지한 고민도 없이 반 대기업 정서에 근거한 대기업 때리기는 용납해서는 안 된다. 이들의 폭주를 견제해야 한다. 국회 정무위에서 과잉 입법, 기업 경영활동금지법을 주도하는 의원들을 우리 모두 두눈 부릅뜨고 지켜봐야 한다. 경제민주화 미명 아래 자행되는 반기업, 반기업인 법안들은 신중해야 한다. 대기업만 죽는 것이 아니라 중소 협력업체들도 죽는다. 기업인을 자꾸 옥죄면 그들은 현금을 쌓아 두고 투자를 기피한다. 정부가 아무리 52조 원이나 되는 유보금을 풀어서 투자하라고 해도 대기업들은 꿈쩍도 않는다. 돈은 영악하다. 앞길이 보여야 돈은 움직인다. 경영 여건이 불투명하고 재계에 우박이 쏟아지면 돈은 숨기 바쁘다.

경제민주화는 만능이 아니다. 지금의 국회는 이성을 잃었다. 경제가 어떻게 돌아가는지 전혀 이해를 못하는 우매한 자로 넘치고 있다. 우회전 깜빡이를 켜고 좌회전하는 것과 같다. 사회민주적 경제 시스템을 지향하는 민주당이야 어찌 해볼 도리가 없다고 치자. 새누리당마저 민주당과 짝짜꿍해서 경제 활력을 훼손시켜서는 안 된다. 그나마 이한구, 최경환, 김용태 의원 등 시장경제를 존중하는 합리파들이 있어서 다행이다. 합리적 의원들이 선무당 같은 매파들의 폭주를 제지해야 한다. 그래야 박근혜 대통령의 창조경제가 꽃피고, 일자리 창출도 가능해진다.

국가의 간섭은 확대되면 안 된다. 오스트리아 자유주의 학파 프리드리히 폰 미제스는 시장의 실패보다 정부의 실패가 더 위험하다고 설파했다. 자본주의는 생산 시설의 사적 소유가 확대되는 가운데서 번창한다. 가능하지도 않은 설계주의에 입각한 공산주의나 사회주의는 물론, 케인즈적인 사회민주주의나 정부간섭주의는 모두 실패했다.

대처가 떠나면서 남긴 대처리즘은 우리에게 많은 시사점을 던져준다. 대처는 케인즈식 사회민주적 경제 시스템을 무너뜨리고, 노조 길들이기, 공기업 민영화, 작은 정부, 감세 정책, 중산층 확대 등을 통해 영국병을 치유했다. 그가 가장 역점을 둔 것은 2차 대전 후 만성화된 영국민의 사회주의적 의존병을 혁파하는 데 있었다. 정부에 기대 살려는 영국민의 나태한 영혼을 흔들어 깨우는 데 역점을 두었다. 정부가 모든 것을 통제하고, 돈을 마구 찍어서 억지로 완전 고용을 실현하고, 요람에서 무덤까지 모든 복지를 제공하려는 글래드스턴식의 자애로운 정부를 타파하려고 했다.

독일 메르켈 총리가 롱런하는 것은 인기영합적 포퓰리즘에 영합하지 않기 때문이다. 그녀는 긴축과 감세 정책을 꾸준히 밀고 나가 독일 경제를 유럽의 우등생으로 만들었다.

우리 정치권은 대처가 혁파하려고 했던 영국병에 젖어들고 있다. 기업의 창의를 죽이고, 범죄시하고 있다. 거대 정부가 기업을 감시하고, 규제하려는 대처 이전의 사회민주주의적 정치 행태를 한국에서 부활시키려하고 있다. 미제스는 "자유주의 시장경제만이 번영과 풍요를 제공할 수 있다"고 했다. 마르크스의 공산주의나 사회민주적 경제 시스템은 빈곤과 퇴보를 가져올 뿐이다.

유전중죄(有錢重罪)
―사법부 포퓰리즘

그들은 말을 극도로 아꼈다. 혹시나 총수가 재판 과정에서 불이익을 받지 않을까 노심초사했다. 할 말은 입안에 가득했지만, 재판부를 자극하지 않으려 신중에 신중을 기했다. 벙어리 냉가슴은 이런 경우를 두고 하는 말일 게다. 재판부의 고유 권한과 사법부의 독립적 재판에 부담을 줄 수 있는 것은 지극히 조심했다. 판사 주도의 공판중심주의에 악영향을 주지 않을까 전전긍긍했다. 판사가 그립을 더 세게 잡지 않을까, 천려일실하지 않을까 하는 기색이 역력했다.

SK 그룹 참모들의 분위기다. 총수가 구속된 SK 그룹 임직원들은 말조심, 입조심하느라 여념이 없다. SK뿐 아니라 재계 인사들은 유전중죄(有錢重罪), 유전중형(有錢重刑), 유전가죄(有錢加罪), 유전혹죄(有錢酷罪), 기업인을 중죄하는 우리 사회 분위기에 대해 잔뜩 우려하고 있다. 과거 정경유착 시대의 무전유죄(無錢有罪), 유전무죄(有錢無罪) 논란이 경제민주화 시대를 맞아 기업인 특혜설로 불거지면서 이젠 유전중죄가 사회적

정의인 것처럼 간주되고 있기 때문이다.

그렇잖아도 우리 사회는 가진 자, 대기업에 대해 과잉 규제를 가하려는 증오와 질투의 포퓰리즘이 성행하고 있다. 검찰과 사법부에도 확산되고 있는 것은 아닌지 재계는 걱정하고 있다. 공정 사회와 경제민주화가 우리 시대의 핵심 담론으로 이어지면서 총수 관련 재판에서 검찰이 강도 높은 구형을 하고, 재판부도 3년 이상의 법정 구속을 하는 게 관행화되고 있다. 경제민주화 이전에 재판을 받던 기업인들은 집행유예로 대부분 풀려났다. 하지만 이젠 예외 없는 법정 구속으로 바뀌고 있다. 이러다 보니 기업인이 역차별받고 있다는 볼멘소리마저 나오고 있다.

재계 3위 총수인 SK 그룹 최태원 회장은 1심에서 450억 원의 회사 돈을 횡령한 혐의로 4년형을 선고받고 구속됐다. 항소심인 2심에서는 17차례의 신문을 받았다. 2심에서 장기간 심리가 진행된 것은 이례적이다. 재판부가 신문의 90%가량을 주도한 점과 변호사의 반대신문 기회가 상당 부분 차단된 점도 두드러졌다. 검찰의 반대신문 기회가 무산되는 경우도 적지 않았다. 2심 신문은 선물옵션투자를 위한 펀드 조성과 투자를 주도한 혐의를 받고 있는 김준홍에 대해 무려 담당 판사가 11차례나 직접 신문했다. 항소심 재판부는 1심대로 실형 4년을 선고했다. 더구나, 최 회장과 동생 최재원 부회장까지 동시에 구속하는 초강경 조치를 내렸다. 도주 가능성이 전혀 없는데도 SK 오너 형제를 구속한 것은 매우 이례적이고 충격적이다.

최태원 회장 재판 과정을 보면 판사가 헌법에 보장된 대로 독립성을 갖고 진행했지만, 일각에선 '원님 재판' 논란이 제기됐다. 봉건시대 사또가 형장에 불려온 피고인을 상대로 "네 죄를 네가 알렸다"식의 호통 치기가 연상되기 때문이다. 최 회장이 횡령 혐의에 대해 무죄를 주장하면 담당 판사는 "말도 안 된다"며 면박을 주었다.

최 회장과 동생 최재원 부회장을 나란히 피고인석에 세워서 대질신문을 벌인 것도 너무 가혹하지 않은가 하는 생각이 들었다. 재계 3위 총수로서 잡범도 아닌데, 동생과 나란히 피고인석에 앉아 대질신문을 받게 한 것은 논란의 여지가 많았다.

재판부는 피고인뿐만 아니라 변호인에게도 무안이나 면박을 주었다. 판결이 내려지기도 전에 재판부가 유죄 추정의 발언을 많이 하는 것도 석연치 않았다. 피고인과 검찰이 유무죄를 놓고 치열한 공방전을 벌이는 상황이라면 판사는 판결로 말해야 한다. 그런데 판사가 심리 중에 100% 유죄 가능성을 언급한 것도 독특했다.

요즘 숱한 재판 과정에서 판사들의 자질 미달과 막말 파동이 우리 사회의 주된 이슈가 되고 있다. 이런 상황에서 원님 재판과 피고인 무안 주기, 면박 주기 등이 성행하면서 공판중심주의가 정착되려면 멀었다는 지적마저 나오고 있다.

검찰이 2심 구형량을 1심보다 50% 늘어난 6년으로 잡은 것도 주목된다. 2심에선 구형량이 줄어드는 관행과는 전연 딴판이다. 최 회장의 진술 번복으로 펀드 조성과 횡령의 주범이 최 회장으로 바뀌었으므로 구형량이 늘어났다는 게 검찰의 주장이다. 최 회장은 1심에선 펀드 조성에 관여하지 않았고, 이 돈을 김원홍에게 송금한 것을 몰랐다고 진술했다. 2심에선 펀드 조성에는 관여했지만 자금 인출에는 개입하지 않았고, 김원홍에게 속아 돈을 송금했다고 새롭게 진술했다. 검찰은 최 회장 형제에 대해 추상적인 구형을 언도하면서 이들에 대해 '무소불위의 현대판 리바이어던'이라고 질책했다. 리바이어던은 영국의 토마스 홉스가 국가론에서 언급한 말로, 구약성경 욥기에선 수중 괴물로 지칭되고 있다.

중세 종교개혁가 마틴 루터는 성경 해설에서 리바이어던을 악어로 설명하기도 했다. 재계 3위 그룹 총수에 대해 검찰은 괴물이라고 표현한 것이다. 거악과 맞서 정의를 바로 세운다는 검찰의 의지가 드러나 있었다.

하지만 최 회장이 괴물로 비유될 정도로 극악무도한 피고인인지는 의문이다. SK 그룹 매출은 100조 원이 넘고, 국내 외 사업장 임직원도 10만 명이 넘는다. 정보통신과 에너지·정유 부문에서 글로벌 그룹으로 성장해 있다. 에너지 자급률을 높이기 위한 해외 자원 개발에서도 괄목할 만한 성과를 내고 있다. 2년 전에는 워크아웃 중이던 세계 2위 D램 반도체업체인 하이닉스를 2조 6000억 원대에 인수하는 등 성공적 기업가의 길을 걸어왔다. 최 회장이 결단을 내려 인수한 SK하이닉스는 올 들어 삼성전자 반도체 사업부보다 더 많은 영업이익을 내는 등 인수합병의 성공적 사례가 되고 있다.

최 회장이나 선친 최종현 회장 모두 사업 보국, 국가 기간산업 발전에 대한 의욕과 명예감이 투철한 경영자들이다. 최 회장은 최근엔 공익 목적의 사회적 기업 육성에 재계 총수 중에서 가장 많은 열과 성을 쏟아부었다. SK가 사회적 기업으로 분리한 소모성 자재구매업체(MRO)인 행복나래의 지난해 매출액은 1500억 원이 넘는다. 행복나래는 전체 직원의 10% 이상을 고령자, 한 부모 가정, 새터민, 저소득층에서 채용함으로써 사회적 약자의 일자리 창출에도 기여하고 있다. 사회적 약자와 중소기업 등과의 동반 성장, 상생에 어느 그룹보다 앞장서고 있다.

국가 기간산업의 중요한 축을 담당하고, 동반 성장에 역점을 두고 있는 최 회장을 리바이어던이라며 매도하는 것은 검찰의 과잉 레토릭이라고 하지 않을 수 없다. 아무리 횡령 유무죄를 다투고 있다고 해도 유럽 중세의 무시무시한 종교재판에서나 나올 법한 용어를 남발하는 것에는 공감이 가지 않는다.

최 회장과 SK는 이번 수사와 재판으로 인해 엄청난 타격을 받았다. 2010년 국세청의 조사로 시작된 것이 검찰의 수사로 이어지면서, 무려 4년간 최 회장 일가와 그룹 임직원들이 숱하게 불려가 조사를 받았다. 1심의 재판 기록만 1500페이지가 넘는다. 책 한 권이 넘는 분량이다.

역대 검찰총장들은 기업인 수사가 논란이 될 때마다 스마트한 수사를 강조한 바 있다. 환부만 도려내는 신속한 수사로 투자와 일자리 창출의 주역인 기업의 부담을 줄여줘야 한다고 했다. 하지만 현실은 그렇지 않게 흘러가고 있다. 장기간의 수사로 해당 그룹을 쑥대밭으로 몰고 가는 경향이 많다. SK 최 회장을 비롯해 한화 김승연 회장의 사례 외에도 국세청 세무조사를 강도 높게 받고 있는 일부 그룹 역시 좌불안석인 것은 마찬가지다.

수사를 받는 그룹 대부분이 오너가 구속된 상황에서 국내외 주요 투자에 대한 결정을 미루고, 대규모 해외 수주 사업도 불투명해지고 있다. 증거 인멸과 도주의 가능성이 거의 없는데도 무조건 구속부터 시키는 관행 탓에 해외 주요 파트너들과의 제휴나 합작 사업 등도 어려움을 겪고 있다. 힘들게 쌓아온 그룹의 이미지도 추락하고 있다.

경제민주화는 사법부에도 강한 영향을 미치고 있다. 검찰이나 판사들이 대기업 오너 사건에 대해선 가장 강한 수위를 때려 놓고 보는 걸 일반화하고 있기 때문이다. 정치권도 검찰이나 사법부에 많은 부담을 주고 있다. 국회에서 열리는 대법관이나 헌법재판관 인준 청문회를 보면 이를 실감할 수 있다. 야당 의원들은 이들을 대상으로 대기업 관련 송사를 집중적으로 캐묻고 꼬치꼬치 따지는 걸 관행화하고 있다. 이는 인준 청문회를 통해 해당 대법관과 헌법재판관 후보가 과거 대기업과 총수들을 봐준 게 아니냐는 낙인을 찍으려는 것으로 비칠 수 있다.

　정치인들의 이 같은 추궁 장면을 숱하게 본 판사나 검찰들이 총수 관련 구형과 선고에서 과연 얼마나 자유로울지 걱정이 앞선다. 향후 보직 인사나 입신양명의 가도에 미칠 영향을 따지지 않을 수 없을 것이다. 돈 있는 자에게 특혜를 주는 유전무죄도 안 되지만, 기업 총수라고 해서 유전중죄의 역차별을 당해서도 안 될 것이다. 검찰은 스마트한 수사로 해당 그룹까지 초토화되는 부작용을 최소화해야 할 것이다. 재판부도 헌법에 보장된 대로 법과 양심에 따라 재판을 진행하고, 여론이나 정치권의 눈치 보기는 지양해야 할 것이다. 요즘 기업인 재판을 보면 반기업적 포퓰리즘의 망령이 사법부에도 점차 드리워지고 있는 것은 아닌지 곱씹게 된다.

한화 김승연 회장과
네티즌의 영웅

　서경환 판사가 한때 네티즌의 영웅으로 부추켜세워졌다. 10대 그룹 총수를 법정 구속시킨 정의의 판사, 유전무죄의 관행을 깨뜨린 판사, 소신 판사로 추켜세워지고 있다. 네티즌들을 그를 위한 팬 카페를 만들자고 난리다.

　서울서부지법 형사12부(부장 판사 서경환)가 2012년 김승연 한화 그룹 회장에 대해 징역 4년을 구형하면서 법정 구속까지 시킨 것은 충격적이었다. 서 판사는 김 회장을 수감하면서 총수에 대해 관용적이고 미온적인 처벌을 해왔다는 사법부에 대한 정치권과 여론의 따가운 시선을 잠재우는 데 성공했다. 사법부가 그동안 총수의 횡령 배임에 대해 3년 징역에 5년 집행유예 판결을 많이 해온 것을 감안하면 김 회장 법정 구속은 매우 이례적이다.

　이번 판결이 재벌 총수나 경제인의 횡령 배임에 대해 관대함보다는 엄격한 중형주의로 전환할 것임을 예고하는 신호탄이 된 것이다. 서 판사도 중형 판결에 대해 양형 기준이 엄격해진 데다, 여론의 동향에도 신경 썼다는 점을 밝혔다. 판사가 법리에 따라 판결하는 것이 힘들었고, 여론의 동향이 주요 변수가 됐음을 알 수 있는 대목이다. 서 판사가 법리에 따른 소신 판결을 했는지, 여론을 의식해 판결을 했는지는 정확히 모르겠다. 그는 재벌 개혁에 초점을 맞춘 경제민주화를 실질적으로 구현하는 정의와 양심의 보루로 자리매김했다.

김 회장은 이제 세 번째 구속 수감되는 참담한 운명을 맞이했다. 10대 그룹 총수치곤 본인의 말마따나 팔자가 센 모양이다. 1993년 외환관리법 위반, 2007년 술집에서 얻어맞은 아들을 위해 벌인 복수 폭행 사건에 이어, 2012년에 다시금 영어의 신세가 됐다. 김 회장에게 적용된 죄목은 특정경제가중처벌법상 배임 혐의. 그동안 배임죄를 둘러싸고 검사와 그룹 변호사 간에 치열한 법리 공방이 벌어졌다. 검찰은 김 회장의 지시로 그룹 계열사들이 위장 계열사를 지원(지급보증)해 주주들에게 손해를 끼쳤다며, 징역 9년에 벌금 1500억 원 등 중형을 구형했다.

대법원은 김 회장에 대한 상고심에서 일부 배임액수 등이 과다 계산됐다며 항소심에 파기환송했다. 이번 파기환송 조치로 배임 규모가 줄어들면 김 회장이 감형되거나 집행유예로 풀려날 가능성도 있다.

지난 '국민의 정부'는 IMF로부터 구제금융을 받으면서 재벌 개혁을 밀어붙였다. 상호출자제한 및 지급보증 축소, 대주주의 책임 경영, 주력 업종 위주 사업 재편, 부채비율 200% 이내 축소 등이 대표적이었다. 재벌의 경제력 집중을 막는다며 출자총액제한제도도 부활됐다.

한화도 다른 그룹처럼 유동성 위기에 몰리면서 경인에너지(현 SK인천정유) 등 알짜 기업을 팔아 부채비율을 줄이는 등 구조조정에 사력을 다했다. 그룹의 출자 여력이 없어지면서 일부는 비계열 특수회사로 남았다. 소위 검찰이 말하는 위장 계열사다. 한화는 비계열 자회사인 한유통과 웰롭이 경영난에 빠지자 계열사들이 지급보증을 해줘 회생시켰다. 한화는 이들 특수회사가 어려움에 처하면 당연히 그룹 계열사들이 지원해야 하는 것 아니냐고 강조하고 있다. 정상적인 구조조정의 일환이라는 것이다. 비록 공정거래법상 계열사는 아니지만 소유 지분 관계로 얽힌 특수 관계인 만큼 이들 기업이 위기에 처하면 그룹이 도와주는 것은 결코 배임이 아니라는 것이다. 이는 대주주의 책임 경영을 강조한 정부 방침에도 화답하는 것이다. 김대중 정부 때 재벌 개혁을 주도한 이헌재 금감위원장은 재벌의 경우 공적자금 지원 없이 대주주들이 부실 계열사들을 책임지고 회생시키거나 정리할 것을 요구했다. 김대중 정부의 서슬 퍼런 재벌 개혁에 호응하여 당시 대주주의 사재 출연이 봇물을 이뤘다. 대주주나 계열사들이 책임을 지지 않으면 오히려 정부나 여론에 뭇매를 맞아야 했다. 한화의 비계열사 지원은 부실기업 구조조정과 관련, 대주주의 사회적 책임을 강조하는 여론의 압력에 따른 것이었다.

삼성자동차를 정리한 삼성 그룹 이건희 회장이 삼성생명 보유 주식 150만 주를 내놓은 것이 대표적인 사재 출연 케이스다. 상법상 주식회사는 부도를 내거나 법정 관리를 신청하면 소유 지분만큼 손해를 보게 되지만, 당시는 이건희 회장이 사재를 출연해서 금융회사의 손실을 메워 주지 않으면 안 될 정도로 정부의 압박이 거셌다. 정덕구 산업자원부장관은 총수가 무한책임을 지는 것에 대해 논란이 일자 "대주주의 사회적 책임"이라며 절묘한 말을 만들어 냈다.

LG도 2003년 카드 사태 당시 대주주와 그룹 계열사들이 책임지고 부실을 정리했다. 한화는 무죄의 가능성도 기대했다. 이 사건에 관련된 임원들의 영장이 수차례 기각된 것에 한화 측은 기대를 걸었다. 1심은 김 회장뿐만 아니라 영장이 기각된 다른 임원들도 구속시키는 등 중형을 내렸다. 배임 혐의에 대해 검찰과 그룹이 치열하게 공방을 벌인 점을 감안하면 굳이 김 회장을 구속까지 시켜야 했는지 아쉬움이 남는다. 증거 인멸이나 도주의 우려가 전혀 없는데도 말이다. 법률적 다툼의 여지가 클수록 불구속 상태에서 재판을 받게 하는 것이 합리적이고 타당하다는 생각이 든다.

한화는 김 회장이 중요 투자 사업을 진두지휘하는 오너 경영 기업이다. 대규모 자금이 소요되는 신규 사업 진출이나 해외 수주에서는 오너의 경영 판단과 결단이 결정적이다. 김 회장이 최근 거둔 가장 큰 성과는 이라크 신도시 개발 프로젝트 수주. 수주 규모만 8조 원에 달하며, 단일 수주 사업으로는 역사상 가장 큰 규모다. 이라크 발주처는 한화건설의 시공 능력에 대해 미덥지 않게 생각했다. 김 회장은 이라크 발주 관계자를 한국으로 초청했다. 인천공항에 내린 이라크 관계자들을 곧바로 헬기에 태워 한화가 인천에 조성 중인 대규모 신도시 사업을 보여줬다. 이는 신뢰감을 심어줘 한화는 대규모 이라크 프로젝트를 따내는 데 성공했다.

김 회장은 이라크 공사현장에 야전침대도 갖다 놓으라고 할 정도로 이 사업에 의욕을 보여 왔다. 이 사업을 위해 이라크 총리와 수시로 만날 계획을 세우기도 했다. 이번 구속으로 이라크에서 한화에 대한 신뢰를 접지 않을까 그룹 측은 걱정하고 있다. 가뜩이나 수출 환경이 어려워지면서 1달러가 아쉬운 상황이다. 80억 달러 규모의 한화 이라크 건설 사업에 시작부터 먹구름이 낀 것이다.

한화가 신성장 사업으로 추진해온 태양광 사업도 불투명해졌다. 김 회장은 2010년 중국의 솔라펀파워홀딩스를 인수한 데 이어 최근 독일 태양광 업체인 큐셀 인수도 추진해 왔다. 큐셀을 품에 안으면 한화는 중국에 이어 세계 2위 태양광 업체로 발돋움하게 된다. 대한생명이 추진해온 ING생명의 동남아 법인 인수도 표류할 개연성이 있다. 이들은 대부분 해외 사업이다. 한화의 글로벌화도 상당한 차질을 빚게 됐다. 김 회장이 '옥중 경영'을 한다고 해도, 해외 파트너들과의 협상이 어려워지기 때문이다.

김 회장은 스포츠에 대한 남다른 애정을 바탕으로 투자를 해왔다. 런던 올림픽에서 사격선수 진종오와 김장미가 금메달을 따면서 국민들에게 큰 감동을 안겨 줬다. 사격 부문에서 우리가 종합 1위를 한 데는 지난 10년간 한화가 대한사격연맹에 80억 원을 지원한 것이 큰 힘이 됐다. 현재도 한화 그룹 김정 고문이 대한사격연맹 회장을 맡아 사격선수 지원에 힘쓰고 있다. 허나 런던의 낭보에 비하면 김 회장에 대한 실형 선고는 한화에게는 청천벽력 같은 소식일 수밖에 없다. 김 회장의 경우 이번 횡령 혐의에도 불구하고 사적 이익을 취하지 않았다는 점도 주목된다. 그룹 계열사들이 차명 계열사, 즉 비그룹 계열 자회사를 지원했어도 이들 회사가 파산하지 않았고, 한화가 대신 갚아준 돈을 손실 처리한 것도 아니다. 다시 말해 계열사들이 실질적인 손해를 본 것은 아니라는 점이다. 주주들도 별다른 손해를 보지 않았다. 이런 점에서 1심의 배임 혐의에 대한 중형 선고는 논란의 여지가 크다. 2심에서도 징역 3년이 선고됐다.

재계는 김 회장의 실형을 계기로 다른 총수들의 재판에도 촉각을 곤두세우고 있다. 최태원 SK회장도 횡령 혐의로 항소심에서 4년의 중형을 선고받았다. 금호석유화학 박찬구 회장도 수백억 원대의 횡령 혐의로 불구속 기소된 상태다. 선종구 전 하이마트 회장도 수백억 원대의 횡령 혐의로 재판을 받고 있다. 대부분 논란이 많은 배임 혐의로 재판을 받고 있다. 현재의 분위기를 보면 재판부가 여론을 의식할 가능성이 높아 해당 그룹들의 긴장감이 높아지고 있다 .

기업과 기업인들의 불법·탈법행위는 처벌을 받아야 한다. 하지만 총수나 최고경영자의 배임 혐의에 대해 검찰과 법원이 자의적인 잣대를 들이대거나 분위기에 휩쓸리는 것은 바람직하지 않다. 법적 다툼이 큰 배임죄를 적용하는 곳은 우리나라와 일본, 독일뿐이다. 기업인의 배임죄에 대해 새로운 기준을 만들 필요가 있다. 배임에 대해서는 엄벌에 처하되, 최고경영자의 경영 판단 행위에 대해서도 폭넓은 기준을 새롭게 제시해야 한다. 그래야 기업인들이 예측 가능한 경영을 할 수 있다. 이번 판결은 많은 아쉬움을 남겼다.

기업인들도 사법부의 화이트칼라 범죄에 대한 엄벌주의 전환을 계기로 지배구조를 선진화하고, 투명 경영과 사회적책임경영(CSR)에 더욱 힘써야 한다. 사법부도 법과 양심에 따라서만 재판을 하는 자율성, 독립성이 강화돼야 할 것이다. 여론에 편승한 재판은 사법 포퓰리즘으로 치달을 수 있다.

재계는 지금 아노미 상태다. 기업인들이 사법적 잣대에서도 오히려 역차별을 받기 시작했다며 우려하고 있다. 경제민주화, 대중민주주의, 중우정치의 광풍이 재계를 덮치면서 잔뜩 움츠러들게 하고 있다. 주요 그룹들의 기업심도 위축되고 있다. 골치 아프거나 특혜 시비가 있는 사업은 아예 투자하지 않겠다는 소극 경영이 확산되고 있다. 우리 시대의 최대 과제인 일자리 창출과 투자가 점점 줄어들고 있다.

정부나 정치권은 재계가 마음껏 투자하고 고용도 늘릴 수 있도록 불확실성을 제거해줘야 한다. 대주주의 불법·탈법행위와 비자금 조성 등에 대해서는 엄벌에 처해야 한다. 지금처럼 인민재판식의 반재벌, 반기업 정서가 횡행하면 성장이 쪼그라들고, 청년들의 일자리는 더욱 좁아질 것이다. 상당수 그룹이 일자리 창출에 도움 되는 좋은 사업 아이템을 갖고 있어도 서랍에 넣어 두는 경향이 늘고 있다. 심각한 현상이다. 국민들도 마냥 반재벌 여론에 편승하는 것을 경계해야 한다. 무분별한 재벌 때리기와 반재벌 정서는 기업인들의 기업심을 위축시켜 결과적으로 투자와 일자리를 걷어차는 자해 행위가 될 수 있다. 성숙한 시민의식을 가져야 한다.

–한화 김승연 회장의 사례

미증유의 국난이었던 1997년 외환위기를 극복하는 데 결정적인 기여를 한 이헌재 전 경제부총리. 그는 초대 금융감독위원장을 맡아서 기업 및 금융 구조조정을 진두지휘했다. 그의 지휘에 따라 감독 당국은 부실기업과 은행 등을 잇달아 퇴출시켰다. 한국에서 당연시되던 대마불사(大馬不死) 신화를 깼다. 30대 그룹 중 16개 그룹이 퇴장당했다. 재계 4위 대우 그룹이 공중분해 됐다. 쌍용, 기아, 삼미, 진로, 한라, 거평, 미도파, 쌍방울 등도 재계 무대에서 사라졌다.

이헌재 위원장은 기업 구조조정 원칙을 세웠다. 대기업집단의 경우 계열사 부실은 자율적으로 처리하라는 지침이었다. 총수 등 대주주가 책임지고 계열사 부실을 털고, 재무구조를 개선하라는 것이었다.

김대중 당시 대통령도 대주주의 책임 경영을 주문했다. 국민의 혈세인 공적자금을 대기업에게까지 투입하는 것은 문제가 있다고 봤기 때문이다. 당시 은행 등 금융권에만 64조 원의 공적자금이 투입된 것을 감안하면 추가 재원 조성도 어려운 상황이었다.

풍전등화의 위기에 몰렸던 그룹마다 총수의 사재출연이 러시를 이뤘다. 계열사 통폐합 등을 통한 회생의 과정에서 총수들이 대부분 보유 주식과 부동산을 내놓아 계열사 재무구조 개선과 부채비율 인하 등에 주력했다. 총수의 사재출연은 자신의 모든 것을 던져서 그룹을 살리는 것이 당면 과제였기 때문이다.

한화 그룹을 보면 구조조정의 모범생임을 알 수 있다. 한화는 외환위기 이후 계열사들의 판매난과 공급과잉, 금융부채 급증으로 어려움을 겪었다. 그룹 살리기에 나선 김승연 회장은 몸통부터 팔아 재무구조 개선에 힘을 기울였다. 그룹 매출의 절반가량을 차지했던 정유사를 팔았다. 당시 정유사 매각은 재계를 깜짝 놀라게 했다. 그만큼 그룹을 정상화시키려는 김승연 회장의 의지는 대단했다. 이후에도 베어링사업 등 돈 되는 사업이면 팔았다.

김 회장의 구조조정은 화제를 모았다. 부실 계열사보다는 돈 되는 사업, 알짜기업을 팔아 재무구조를 획기적으로 개선했기 때문이다. 그의 구조조정에 대해서 시장은 신뢰했다. 대부분 계열사들이 부채비율 200%를 회복했다. 한화는 혹독한 구조조정을 거쳐 건강하게 재탄생했다.

한화의 구조조정에 대해 정부, 금융기관 등에서도 합격점을 줬다. 언론에선 한화의 강도 높은 개혁 조치에 대해 재계의 모범이 되는 구조조정 사례라며 높은 평가를 했다.

한화는 체력 회복을 바탕으로 생보업계 2위 대한생명 인수 등을 통해 금융 분야를 대폭 강화하고, 태양광 사업 진출 등을 통해 미래 신성장

동력에도 도전장을 던졌다.

김 회장의 리더십, 미래를 보는 안목 등이 임직원들의 열정 및 애사심과 어우러져 괄목할 만한 성과를 낸 것이다.

그런데 한화의 성공한 구조조정이 혹독한 사법부의 심판 대상이 되고 있다. 심각한 경영난을 겪던 비계열 자회사에 대한 그룹 계열사들의 지원을 뒤늦게 문제 삼아 김 회장과 그룹이 창사 이래 최대 위기를 겪고 있다. 김 회장은 비계열 자회사 지원에 대한 모든 책임을 지고 배임 혐의로 실형 4년을 선고받고 구속된 지 1년을 넘겼다. 최근 대법원은 김 회장에 대해 대부분의 배임혐의를 유죄로 인정했다. 다만, 배임 액수 산정 등에서 추가 심리가 필요하다며 항소심 판결을 일부 파기하고 사건을 서울고등법원으로 돌려보냈다.

김 회장의 배임혐의 구속은 논란의 소지가 많다. 문제가 된 자회사인 한유통과 웰롭은 1990년대부터 국내에서 처음으로 편의점사업을 전개한 유통업체다. 자회사지만, 주거래은행 등에선 한화 계열사로 간주하고 대출 등을 해줬다. 이들 자회사는 IMF 외환위기가 터지면서 극심한 판매부진과 원리금 상환 부담에 시달렸다. 2005년엔 결손금만 3000억 원대로 급증했다. 자력 회생이 불가능한 상황에서 그룹은 고민했다. 그냥 놔둘 경우 부도가 불가피했다. 지급보증을 해준 그룹 계열사들에 대한 채권금융회사들의 상환 압박이 불가피해지고, 그룹 이미지 추락도 심각한 문제였다. 그렇다고 잘못 지원하면 배임 문제도 고려해야 했다.

한화는 정부의 대기업 구조조정 지침을 따라 그룹에서 한유통과 웰롭에 대한 담보 제공 등의 긴급 지원에 나섰다. 이들 자회사들은 구조조정을 거쳐 회생의 길을 걸어 정상화됐다. 백척간두에 있던 자회사도 살아나고, 그룹도 이미지 추락을 막았다. 모두가 잘된 윈-윈의 모범 사레였다. 당시 그룹마다 계열사의 부실을 막지 못하면 공중분해 됐다. 계열사를 살린 그룹들은 위기를 극복하고, 경쟁력을 강화해 나갔다.

한화의 구조조정 성공사례는 최근 효성, LIG 등 일부 그룹들이 부실 건설 계열사를 꼬리 자르기식으로 떼어내려다가 호된 비판을 받았던 것과는 사뭇 다르다. 대주주와 그룹이 책임지고 부실 자회사를 살려 협력업체의 연쇄 부도를 막고, 금융회사의 부실이 늘어나는 것을 차단했기 때문이다.

이 과정에서 김 회장이 사익을 편취하지 않은 것도 주목해야 한다. 배임죄가 성립하면 자회사 지원을 통해 오너가 개인적으로 사익을 편취한 것이 명백해야 하는데, 김 회장의 경우 이에 해당되지 않기 때문이다.

김 회장에 대해 구속 판결을 내린 1심 재판부도 김 회장이 개인적 이익을 편취한 바 없고, 부실 회사를 살리기 위한 구조조정이었다고 강조한 바 있다. 그런데도 재판부는 배임혐의로 중형을 선고했다.

긴박한 상황에서 취한 경영 행위에 대해 사후적으로 단죄받는 것은 석연치 않다. 이런 식으로 배임죄를 확대 적용하면 어느 총수가, 어떤 최고경영자가 투자 및 인수합병 등의 경영 판단을 소신 있게 할 수 있을 것인가. 재계의 불안감은 커질 수밖에 없다.

김 회장에 대한 배임죄 적용은 그룹 경영에 대한 폭넓은 면책을 허용하는 유럽의 사법제도와 뚜렷이 비교된다. 프랑스의 경우, 1985년 대법원의 로젠블룸 판결을 통해서 그룹경영의 공통이익을 추구하는 경우에는 경영진에 대한 배임죄를 적용할 수 없다는 것이 확산됐다. 다시 말해 계열사 간에 긴밀하게 연결된 기업집단이 계열사 간 내부거래나 출자, 담보 제공 등의 지원에 나설 경우 그룹 최고경영자에게 배임죄로 처벌할 수 없다는 점을 명문화한 것이다.

　김 회장의 구속은 그룹 경영의 특성에 대해 검찰이나 재판부가 너무 좁게 해석하거나, 그룹 경영의 특성을 제대로 이해하지 못해서 비롯된 것이 아닌가 생각된다. 계열사나 자회사에 대한 지원을 배임죄로 걸 경우, 그룹 경영의 실체를 인정하지 않는 것으로 보일 수 있다. 부실 자회사에 자금이 지원된 것만을 문제 삼아 배임죄로 단죄한다면 한국에서 그룹 경영을 하기는 힘들 것이다.

　30대 그룹을 보면 대부분 총수의 강력한 오너 경영과 계열사 간 지분 및 거래 등으로 긴밀하게 연계된 그룹 경영을 하고 있다. 그룹 경영을 인정하지 않을 경우 재계의 실체를 인정하지 않는 것이 된다. 한국 재계의 지배적인 지배구조를 검찰과 사법부가 부인하는 것이나 다름없다. 마치 사법부가 그룹 경영을 해체하고, 계열사별 전문경영인에 의한 독립 경영을 하라고 법률적으로 재단하는 것과 같다.

　김 회장의 법정구속은 최근 일부 총수의 불구속기소와 관련해서 주목된다. 윤석금 웅진그룹 회장이 대표적인 사례다. 윤 회장의 경우 자금난에 직면했던 지난해 7월부터 9월까지 1200억 원대 사기성 어음(CP)을 발행한 혐의로 서울중앙지검으로부터 최근 불구속기소된 바 있다.

　김 회장과 윤 회장의 배임 문제를 비교하면 사실상 윤 회장이 더욱 엄한 처벌을 받아야 한다. 윤 회장은 계열사가 부도를 내기 직전에 수천억 원의 사기성 어음을 부당하게 발행해 투자자들에게 엄청난 피해를 입혔기 때문이다. 기업어음 발행이 어려운 수준까지 회사 신용도가 떨어진 상황에서 기업어음을 발행했다는 점에서 사법적 단죄는 물론 도덕적 해이 문제도 불거지기 때문이다.

　웅진은 사기성 어음을 발행하는 등 자구책을 했음에도 불구, 결국 법정관리 등을 통해 회생의 길을 밟고 있다. 그룹이 공중분해된 것이다.

계열사들이 쓰러지고, 윤 회장 지분도 감자 소각 등의 절차를 거쳐 대부분 없어졌다. 그룹이 쓰러지면서 임직원들도 구조조정을 당하는 등 큰 피해를 보고 있다. 윤 회장과 계열사, 임직원 모두가 손해를 본 것이다.

반면 김승연 회장은 어떤가? 풍전등화의 위기에 처해 있던 부실 자회사를 그룹에서 지원해 살렸다. 그룹도 자금 상환 압박 및 이미지 추락 등의 위기를 벗어났다. 그룹과 계열사, 자회사 모두가 승자가 됐다. 채권 금융회사들의 부실 부담도 해소됐다. 그룹과 자회사와 거래하는 협력업체들도 피해를 보지 않고, 건강한 거래관계를 발전적으로 유지하고 있다.

자회사 지원에 어떤 사기성 경영 행위도 없었던 셈이다. 정당한 경영 행위요, 반드시 했어야 하는 경영 판단이었던 셈이다. 국민과 채권금융회사, 협력업체 등에 부담을 지우지 않고, 그룹 자체적으로 구조조정을 훌륭하게 수행했다. 왜 이게 문제가 돼야 하는지 납득이 가지 않는다.

사기성 어음을 발행한 윤석금 회장은 사익추구가 없었고, 경영 정상화를 위해 노력했다면서 불구속 기소한 반면, 정부의 구조조정 지침에 화답해 자체적으로 자회사를 살려낸 김승연 회장은 혹독한 처벌을 받았다. 법의 형평성에 문제가 있다고 하지 않을 수 없다. 수사와 기소를 하는 검찰에 따라 구속과 불구속이 달라지는 것은 법의 일관성과 보편성에 어긋난다.

더구나 한화와 웅진의 그룹 사세나 임직원, 협력업체 수, 금융회사와의 거래 규모, 수출 비중 등 우리 경제에 기여하는 정도를 보면 비교가 안 된다. 국내외 사업장 임직원만 10만 명가량 되고, 한화와 거래하는 협력업체 수도 수천 개가 넘는다. 그룹 매출도 40조가 넘는다. 외형에 포함되지 않는 한화생명은 국내 2위 생보사로 자산규모가 50조 원에 달하고 있다. 한화로 생계를 유지하는 국민들이 수십만 명이나 된다.

더구나 한화는 첨단 유도미사일와 총포탄 등 각종 방산무기를 만들어 국방에 기여하고 있다. 나로호 등 인공위성 개발에도 일익을 담당하고 있다. 한화는 지금 이 순간에도 이라크·미국·동남아·중국 등 해외 사업장에서 시장점유율 확대와 달러 벌이를 위해 분투하고 있는 수출 역군이다. 영위 업종도 화학·금융·정보통신·태양광·건설·무역·유통·레저·호텔 등으로 다각화돼 있고, 수출 비중도 높다. 이라크에선 80억 달러 규모의 초대형 도시개발 프로젝트도 수주해서 진행 중이고, 추가로 100억 달러 규모의 공사를 따내기 위해 땀을 흘리고 있다.

웅진은 출판재벌에서 출발해 화학·식음료·레저·금융 등으로 단출하고, 국가경제에 기여하는 핵심 산업이 별로 없다. 수출 규모도 얼마 되지 않는다. 한화 김승연 회장과 웅진 윤석금 회장 간에는 국가경제 기여도에서 엄청난 차이가 있다.

웅진과 비교되는 게 LIG그룹이다. 구자원 LIG그룹 회장 부자 3명은 지난 8월 2000억 원대 사기성 기업어음을 발행한 혐의로 기소돼 8~12년의 중형이 구형됐다. LIG 그룹 구 회장 부자는 2011년 LIG건설의 법정관리 신청을 앞두고 담보로 맡긴 주식을 환수하기 위한 자금 마련용으로 2150억 원 규모의 사기성 기업어음을 발행한 혐의를 받아 기소된 바 있다. 사기성 기업어음 발행 문제로 기소된 웅진과 LIG그룹 총수의 희비가 극명하게 엇갈린 것이다. 배임죄에 대한 일관성이 보편성, 형평성에 문제가 있음을 보여주는 사례이다.

김승연 회장의 경우 별건수사를 통해 곤욕을 치르고 있다는 점에서 석연치 않다. 당초 검찰은 2010년 9월 전직 한화증권 간부의 차명계좌제보를 바탕으로 한화에 대규모 전 방위 수사를 개시했다. 김 회장이 선대 회장의 상속재산 등 비자금을 임직원 차명계좌를 통해 보유하고 있다는 것이다.

서부지검은 재벌의 수천억 원대 비자금을 캐낼 대어를 낚았다며 흥분했다. 남기춘 지검장은 칼을 빼면 반드시 휘두르는 강골검사, 외압에 굴하지 않는 강직한 지검장으로 평가받았다. 서부지검은 그룹과 임직원 등에 대한 대대적인 압수수색과 소환조사를 벌이고 언론플레이를 펼쳤다. 보안요원들이 본사 입구를 막아 수사를 조직적으로 방해한다며 본때를 보여주겠다고 으름장까지 놓았다.

검찰은 엄청난 비자금 줄기를 캘 것으로 기대했지만, 별로 나오는 게 없었다. 그룹이 이실직고한 차명계좌를 확인한 것 외에는 부정한 돈이나 검은 비자금이 나오지 않았다. 검찰의 조서만 5만 페이지가 넘는다. 조사 인원도 320명에 달했다. 검찰은 차명계좌 조성 등에 연루된 임원 8명에 대해 구속영장을 청구했지만, 모조리 기각당하는 불명예를 안기도 했다. 홍모 재무팀장의 경우 재청구도 기각당하며 과잉수사가 아니냐는 지적도 나왔다.

서부지검은 한화 비자금 수사가 답보상태에 빠지면서 여론의 도마에 올랐다. 검찰이 대기업을 지나치게 옥죄는 것 아니냐는 비판까지 받았다. 남기춘 지검장은 논란의 와중에서 재벌의 로비로 수사가 어려움에 봉착했다는 항의성 메일을 남기고 사퇴했다.

칼을 빼든 남은 수사팀은 절치부심하며 한화의 과거자료까지 수사 대상으로 넓혔다. 외환위기 이후 그룹의 다양한 구조조정 과정에서의 배임과 횡령 문제를 들여다보기 시작한 것이다. 비자금 수사에서 엉뚱하게 배임 및 횡령 수사로 전환된 것. 한화의 별건수사는 한번 검찰 수사

선상에 들어오면 어떤 방식으로든 빠져나가지 못한다는 관행을 재확인했다. 보복수사라는 이야기도 적잖게 흘러나왔다.

검찰은 강도 높은 수사를 통해 한유통 등 자회사에 대한 자금지원과 담보 제공을 빌미로 김 회장을 배임과 횡령 혐의로 기소했다. 1심 법원에선 이중 횡령혐의는 무죄로 보고, 배임죄만 적용해서 4년의 실형을 선고했다.

김 회장의 재판 과정에서 불거진 경제민주화 바람도 변수가 됐다. 담철곤 오리온그룹 회장의 부도덕한 행태가 국민 여론을 자극했다. 담 회장은 해외 유명 미술품 등을 구입하는 데 회사 돈 300억 원을 유용한 것이 드러나 수사를 받았다.

이호진 태광산업 회장도 거액의 비자금 조성 및 횡령, 배임혐의로 구속된 바 있다. 양태승 대법원장은 사회지도층의 경제사범에 대해서는 엄한 형량을 적용해야 한다고 강조했다. 총수에 대한 유전무죄 관행을 없애야 한다는 여론이 제기됐다. 경제민주화 바람이 대기업과 기업 총수에게 가혹한 역풍으로 작용한 셈이다.

김 회장의 경우 이호진 회장이나 담철곤 회장과는 사안이 다르고, 부도덕한 행태도 없었지만, 경제민주화의 태풍 속에서 자유롭지 못한 측면이 있다. 기업인 중형주의 바람이 갑작스레 형성되는 상황에서 김 회장도 유탄을 맞은 것으로 보인다.

김 회장이 실형을 선고받아 구속된 지 만 1년이 넘었다. 김 회장은 구속 이후 심각한 건강 악화로 두 차례나 구속집행정지 상태로 풀려나 병원에서 치료를 받고 있다. 체중이 20kg이나 급증하고, 고혈압 당뇨 등의 합병증도 건강을 위협하고 있다.

한화는 지금 총수의 부재로 인해 막대한 경영 위기를 겪고 있다. 총수의 리더십이 절대적으로 중요한 그룹 경영의 특성상 최고지도자의 부재로 중요 해외사업이나 투자 등에서 커다란 차질을 빚고 있기 때문이다.

검찰수사가 시작된 지 3년이 지난 지금 한화는 기로에 서 있다. 무엇보다 이라크 비스마야 신도시 추가 수주가 답보 상태에 있다. 이라크 총리는 2012년에 80억 달러의 비스마야 신도시 본계약을 하면서 앞으로 실시할 100만 호 신도시 건설 계약에서도 한화에 최고의 우선권을 약속했다. 하지만 김 회장의 구속 이후 한화는 이라크 재건시장에서 독보적인 지위가 흔들리고 있다. 이제는 중국, 터키 등 경쟁 국가에도 밀리는 상황이 됐다.

미래 신성장사업인 태양광사업의 추진동력도 약화되고 있다. 한화는 중국·독일·말레이시아 등에서 태양광업체를 인수합병하는 등 세계 최대 규모의 태양광업체로 발돋움하고 있다. 태양광산업은 아직 유치산업이어서 각국 정부는 보조금을 지급하는 등 정책적 지원을 하고 있다. 김 회장은 구속 전에 이들 국가 고위관료들과의 활발한 접촉과 담판을 통해서 보조금 지원을 받는 등의 성과를 냈다. 하지만 이제는 협상력이 떨어져 보조금 정책이 지연되고 있다.

그룹은 김 회장 구속 이후 비상경영위원회를 통해 ING생명 인수전, 신규 사업 투자, 인수합병 등을 챙기고 있지만, 동력이 떨어지고 있다. 신속한 의사결정이 생명인 글로벌 경영 전장에서 한화의 입지가 좁아지는 것은 부인할 수 없다. 총수가 장기간 부재하면서 그룹의 미래가치가 하락하고, 임직원들의 불안감도 확산되고 있다.

박근혜 정부의 경제 정책도 경제민주화 드라이브에서 이젠 경제활성화 모드로 바뀌고 있다. 경제가 워낙 악화되고 기업들의 경영난도 심각해지고 있기 때문이다. 지금은 삼성전자와 현대차를 제외하면 대부분의 업종에서 심각한 불황을 겪고 있다. 조선·해운·건설·유통업종 등은 불황의 파고가 워낙 심각하다. 올해 성장률도 2%대의 낮은 수치를 기록할 것으로 보인다.

복지에 들어갈 재원은 눈덩이처럼 커지는데, 세수는 벌써 상반기에만 9조 원가량 펑크가 났다. 이대로 가면 올해 20조 원가량의 세수차질이 우려되는 상황이다. 세수 차질의 상당 부분은 기업들의 실적악화로 인한 법인세 납세 감소에서 연유하고 있다.

박 대통령은 광복절 경축사에서 이젠 경제활성화에 매진해야 한다고 강조했다. 정부도 투자와 일자리 창출의 주체인 기업의 규제를 풀어주고, 사기를 진작시키는 데 관심을 갖기 시작했다. 박 대통령은 투자하는 기업들은 업어줘야 한다고 했다. 투자를 방해하는 지주회사의 증손회사에 대한 규제를 풀어서 외국인의 투자를 촉진해야 한다고 강조했다. 현오석 경제부총리도 기업 현장방문을 통해 투자를 결정한 기업인을 업어주는 퍼포먼스까지 벌였다.

복지재원 135조 원 마련을 위한 증세와 중산층 비율 70% 복원, 고용률 70% 달성을 위해서도 기업들을 뛰게 해야 한다.

사법부도 경제민주화에 편승한 기업인 엄벌주의에서 벗어나 우리 경제 상황을 감안한 탄력적인 판단을 했으면 한다. 복지재원을 위해서라도 기업인들이 뛰게 해줘야 한다. 청년들에게 일자리를 주기 위해서라도 기업인의 기를 살려야 한다. 기업들이 왕성하게 투자해서 법인세 등 세금을 많이 내게 해야 한다. 기업인은 무조건 실형 구속부터 하고 보는 기업인 역차별은 문제가 있다.

기업이나 기업인은 부가가치를 창출하는 주체들이다. 일반 형사범과는 다르다. 더구나 배임죄의 경우 형사처벌보다는 민사재판을 통해 관계 당사자들이 해결하도록 하는 게 바람직하다. 기업인 소송의 경우 형사처벌보다는 벌금 액수를 대폭 올려 재정에 기여하게 하는 것도 고려해야 한다.

미국의 경우 법경제학이 사법부에서 주류가 되고 있다. 경제 분야의 상법, 공정법, 독점법 등은 물론 형사법, 가족법까지 법경제학적 관점에서 재판이 이뤄지고 있다. 로스쿨도 법경제학이 모든 학문의 토대가 되고 있다. 조미 메이슨 대학 로스쿨은 모든 과목의 70%가량이 법경제학으로 채워지고 있다.

반면 한국은 검찰이나 사법부, 로스쿨 모두 법경제학에 대한 관심이 없다. '이에는 이'식의 가혹한 형사처벌 위주로 가고 있다. 한국에선 법경제학이 변호사시험 등에서 필수과목으로 분류되지 않다 보니 별다른 관심을 끌지 못하고 있다. 하지만 미국 등 선진국에선 이미 법경제학 연구와 재판이 활성화되고 있다. 우리도 이를 따라가야 한다.

정부와 금융당국, 여론으로부터 성공한 구조조정으로 칭송받았던 것이, 한참 지난 후에 배임죄로 중형을 선고받아 최고경영자가 영어의 신세로 전락한다면 누가 승복할 것인가 곱씹어볼 일이다.

경제민주화 광풍 시절에 이뤄진 사법부의 기업인 엄벌주의도 이젠 경제현실을 고려해야 한다. 혹시 검찰이나 사법부에도 법과 양심에 의한 수사나 판결보다는 경제민주화에 편승한 포퓰리즘적 수사나 재판이 없지 않았는지 되돌아봐야 한다.

공자는 정치에 종사할 때 필요한 5가지 미덕을 설파한 바 있다. 이 중 5번째가 군자는 위엄이 있으면서도 사납지 않아야 한다고 했다. 검찰이나 사법부는 법치주의 확립을 위한 위엄을 보여야 하지만, 지나치게 사납지 않아야 한다. 한비자는 먹줄이 곧아야 굽은 나무도 곧게 자를 수 있다고 했다. 먹줄은 굽은 모양에 따라 구부려 사용하지 않는다. 기업인 배임죄의 경우 검찰이나 변호사가 누구냐에 따라 구부려진다면 법의 신뢰성은 문제가 될 수 있다.

박근혜 정부가 가야 할 길

GE 제프리 이멜트 회장은 최근 해외에 있는 가전공장을 미국으로 옮기겠다고 선언했다. 미국으로 유턴하는 품목들은 중국과 멕시코에 있는 냉장고, 난방기, 자동설거지기계의 생산 라인이다. 이멜트는 "아웃소싱(외부 조달)은 이제 옛날 방식"이라고 말했다.

버락 오바마 대통령은 미국으로 유턴하는 기업들에 세제 감면 등의 다양한 혜택을 주겠다며 대대적인 제조업 부활 방침을 선언했다. 나가는 기업은 페널티를 주는 대신 다시 들어오는 미국 기업들에게는 많은 인센티브를 주겠다고 했다. 보스턴 컨설팅그룹 핼 서킨 파트너는 오바마 행정부와 주요 기업인들의 제조업 부활의 기치를 든 것에 대해 "미국 제조업의 르네상스가 시작됐다"고 했다.

일본의 아베 신조 총리. 그는 2012년 12월 총선에서 압승하자마자 "일본중앙은행의 윤전기를 쌩쌩 돌려 엔화를 마구 찍어 내겠다"며 대대적인 엔화 약세 드라이브를 걸고 있다. 가격 경쟁력 약화로 고전해온 일본 제조업은 아베의 무제한 엔저 정책에 대해 "이제야 살맛난다"며 싱글

벙글하고 있다. 아베는 우리나라와 미국, 유럽 등의 강한 반발에도 불구, 노골적인 엔저 정책을 고수하고 있다. 아베의 환율 도전으로 세계는 환율 전쟁의 문턱까지 와 있는 상황이다. 이웃나라를 거지로 만드는 환율 전쟁의 총성이 울리고 있는 것이다.

엔화 환율은 아베가 총리가 되기 전인 2012년 11월 14일 77엔에서 2013년 8월 현재 97엔 정도를 유지하고 있다. 아베는 제조업에 대해서는 1조 엔(12조 2000억 원)을 지원키로 했다. 이뿐만이 아니다. 꺼져 가는 일본 경제를 살리기 위해 20조 2000억 엔(239조 원) 규모의 긴급 경기 부양 카드까지 꺼내 들었다. '잃어버린 20년'을 만회하고, 제조업 강국으로 부활하려는 아베식 신부국강병책이다.

엔화 환율 월별 추이

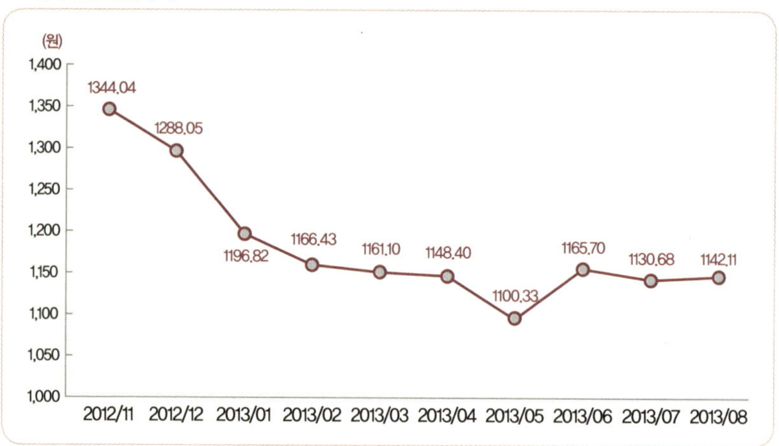

출처: 한국은행 경제통계시스템

중국은 전자·자동차·조선·철강·시멘트·알루미늄·제련·희토류·제약 등 9개 산업을 초대형 기업으로 육성하는 전략을 내놓았다. 이들 업종에서 난립해 있는 기업들을 간판선수 중심으로 묶어, 골리앗으로 환골탈태시키겠다는 것이 골자다. 자동차의 경우 140개가 넘는 업체를 10개 안팎으로 인수·합병시켜 대표 자동차를 중심으로 구조조정하려는 것이 돋보인다. 전자산업도 하이얼, 레노보, 화웨이 같은 대형 기업 중심으로 진영을 재편해, 한국·미국·일본 등의 선발국을 따라잡으려는 것으로 보인다. 중국 정부의 제조업 육성 전략이 성공하면 수년 내 중국식 삼성전자, LG전자, LG디스플레이, 현대자동차, 기아자동차, 포스코, 현대중공업, 대우중공업, 삼성중공업이 우후죽순처럼 등장할 것이다.

그동안 은인자중하며 경제성장에 몰두해온 중국이 외환 보유액 3조 달러, 국내총생산(GDP) 세계 2위로 올라선 것을 계기로 경제 분야에서도 도광양회(韜光養晦)에서 세계시장으로 굴기하고 있다. 세계 각국이 제조업 육성과 부활, 해외에 나간 자국 기업들의 유턴에 총력을 기울이고 있다. 글로벌 경기 침체 속에서 기업들의 투자를 촉진하기 위해 법인세를 내려 주는 등 각종 당근 주기에 여념이 없다.

그러나 우리나라는 경제민주화와 재벌 개혁에 갇혀 대기업을 때리고, 쪼개고, 세금 올리고, 기업가정신을 떨어뜨리는 데 정신이 없다. 자원 하나 없는 소규모 개방경제의 국가가 세계의 거센 흐름과 역행하고 있다. 참으로 안타까운 일이다.

세계 각국은 일자리 늘리기 총력전을 벌이고 있다. 어떻게 하면 기업들을 다독거려 투자와 고용을 늘릴 수 있을까 국가적 지혜를 모으고 있다. 정부가 인위적으로 돈을 풀어 만드는 일자리는 한시적이기 때문이다.

미국은 심각한 재정 위기를 겪으면서도 기업에 대해서만은 애지중지하고 있다. 오바마의 제조업 부활 전략을 보면 담대하다. 제조업을 다시 살려 자신의 제2기 임기 마지막 해인 2016년까지 100만 개의 일자리를 만든다는 방침이다. 기업 살리기 5대 정책도 박근혜 정부가 눈여겨봐야 할 대목이다. 무엇보다 법인세 감면이 두드러진다. 연구개발 투자에 대해서는 감세 조치를 1년간 더 연장하고, 법인세 최고 세율을 38%에서 28%로 대폭 내리기로 했다. 제조업에 대해서는 25%까지 더 낮춰주기로 했다.

오바마는 부유층에 대한 증세와 소비세율 인상, 금융거래세 신설 등을 통해 재정건전화 정책을 추진하면서도 기업들에 대해서는 온갖 혜택과 인센티브를 주고 있다. 우리 정치권이 부자 증세 차원에서 대기업 법인세부터 올리려는 것과 차원이 다르다. 오바마는 미국으로 회귀하는 연어 기업에 대해서도 온갖 혜택을 주고 있다. 연어 기업에 대해서는 이전 비용의 20%를 세금에서 깎아 주기로 했다. 해외로 나가는 기업에 대해서는 조세 감면을 축소키로 했다. 들어오는 기업은 환대·환영하고, 나가는 기업에 대해서는 '노 땡큐' 사인을 보내고 있다. 근로자 200만 명에 대해서도 기술 훈련을 실시하고, 제조업 혁신 연구기관을 15~20개 설립키로 한 것도 눈길을 끈다.

아베의 제조업 부활 전략은 일본 제조업에 구세주가 되고 있다. 노골적인 엔화약세 정책으로 도요타, 닛산, 마쓰다, 미쓰비시자동차 등 자동차업계와 샤프 등 전자업계는 영업이익이 대폭 늘어날 것이라며 반색하고 있다. 도요타와 마쓰다의 경우 아베노믹스로 인해 올해 영업이익이 추가로 수조 원이 늘 것이라며 화색이 감돌고 있다. 아베는 법인세(현행 25.5%)를 대담하게 인하하는 방안도 추진하고 있다. 사회 보험료 등 기업의 실질적인 부담을 줄여줄 수 있는 감세 및 규제완화도 적극 추진 중이다.

아베노믹스는 한국 제조업에 먹구름을 드리우고 있다. 일본 차와 치열한 경합을 벌이고 있는 현대차와 기아차는 엔저로 인해 매출 및 영업이익이 크게 감소할 것으로 우려하고 있다. 현대차는 엔화 대비 원화 환율이 10원 떨어질 경우 영업이익이 무려 2조 원이나 감소할 것으로 우려하고 있다. 현대차는 이미 2012년 4분기 영업이익이 전년 동기 대비 10%나 감소했다. 엔화 약세로 해외시장에서 일본 차와의 가격경쟁에서 다소 밀리기 시작한 탓이다. 수출 비중이 현대차보다 더 높은 기아차는 엔화 약세로 더욱 큰 타격을 입을 것으로 보인다. 삼성전자도 원화 가치 상승으로 올해 영업이익 30조 원 달성을 낙관할 수 없다. 침체를 거듭하던 일본 증시가 모처럼 살아나고, 올해 일본의 성장률도 2%대일 것으로 보인다. 제로성장에서 허덕이던 일본 경제가 모처럼 2% 성장세로 돌아설 전망이다. 일본열도가 꿈틀대고, 엔고에 힘들어 하던 제조업도 부활의 나래를 펼치게 될 것이다.

아베의 일본 제조업 부활은 한국 제조업의 약화를 의미한다. 사실상 한국 기업 죽이기나 다름없다. 일본 재계는 달러당 엔화 환율을 100~110엔까지 올려야 한다고 촉구하고 있다. 그래야 한국 기업에 밀렸던 경쟁력을 회복해서 세계시장을 탈환할 수 있다고 기대하고 있다. 일본 정부와 재계는 엔저 드라이브를 통해 한국 기업을 다시 제치는 결정적인 전기로 삼으려고 단단히 벼르고 있다. 정부는 환율 방어에 실기하면 한국 주력 제조업이 치명타를 입을 수 있음을 유념해야 한다. 결코 방관해선 안 된다.

사회당 출신의 프랑스 올랑드 대통령도 산업 경쟁력 강화를 통해 고용 확대를 꾀하고 있다. 올랑드 정부는 정권 초기 긴축과 분배 기조에서 긴축과 성장으로 물꼬를 트고 있다. 성장의 마중물은 역시 기업에 대한 세부담 완화 카드다. 올해부터 내년까지 200억 유로의 기업 세부담을 줄여 주는 것이 골자다. 연구 개발투자 세액도 공제해 주기로 했다.

올랑드가 이처럼 기업 감세를 해주게 된 데는 '갈루아 보고서'가 큰 역할을 했다. 갈루아는 올랑드 정부에서 국가경쟁력 강화위원장을 맡고 있다. 갈루아는 에어버스의 모기업인 유럽항공방위우주산업(EASD)의 최고경영자로 활동한 바 있다. '갈루아 보고서'의 핵심은 기업 조세부담 경감과 투자 활성화이다. 감세 정책은 올랑드 정부가 연 100만 유로 이상 고소득 계층에 대해 75%의 세율을 적용하는 법안을 추진하는 도중에 나왔다는 점에서 의미가 있다.

중국이 자동차·전자·철강 등 9대 주력 제조업을 구조조정을 통해 글로벌 초대형 기업으로 육성키로 한 것도 한국에 커다란 위협 요인이다. 이는 업종별로 3~5개씩의 간판 기업을 키워 한국 제조업을 따라잡고, 추월하겠다는 의도나 다름없다. 그렇잖아도 한국 제조업은 중국에게 바짝 쫓기고 있는 실정이다. 전자·조선·철강 등은 기술력이나 품질 격차가 많이 좁혀졌다. 일부 분야는 이미 우리 기업들을 앞지른 것으로 분석되고 있다. 한국의 제조업은 그동안 일본 기업들이 엔고로 고전하는 동안 발 빠르게 일본 기업을 추월하거나 대등한 수준까지 왔다.

삼성전자는 1990년대까지 난공불락이었던 소니와 파나소닉, 샤프 등을 제치고 세계 최고 전자 메이커로 도약했다. 현대차도 마이너 업체에서 세계 5위의 메이커로 도약하며 도요타, 혼다, 마쓰다 등과 치열한 경쟁을 벌이고 있다. 한국이 일본 기업에 선전하는 상황에서 중국발 제조업 육성 전략이 표면화되면서 한국 제조업은 다시금 시련기를 맞을 수밖에 없게 됐다.

이건희 삼성 회장은 최근 삼성의 주력 사업들도 10년 안에 사라질 것이라고 경고했다. 이는 사실상 중국의 거센 추격에 대비해야 한다는 것을 시사하는 것이다. 현재의 사업에 안주하지 말고 끊임없이 미래 먹을거리를 개발·육성해야 중국의 거센 추격을 따돌리고 제조업 강국의 위상을 지킬 수 있다는 경고 메시지다.

중국은 외환 보유액이 3조 달러나 된다. 중국이 천문학적인 달러를 풀어 선진 기업들을 마구 사들일 경우 한국의 제조업을 추월하는 것은 시간문제다. 우리는 일본에서 천신만고 끝에 제조업을 가져왔다. 이제야 겨우 꽃이 만발하려고 할 때 중국이 무서운 속도로 추격하고 있다. 중국은 우리가 일본을 따라잡은 속도보다 더 빨리 한국의 제조업을 가져갈 것이다. 중국은 지난해에만 600억 달러를 들여 선진국 기업들을 마구 쇼핑했다. 미국 《포츈(Fortune)》이 선정하는 세계 500대 기업에 중국 기업이 벌써 73개나 들어가 있다. 반면 한국 기업은 2011년 14개에서 지난해 13개로 오히려 감소했다.

한국은 제조업 부활을 꿈꾸는 일본의 아베 정부와 초대형 글로벌 기업 육성을 목표로 내세운 중국 시진핑 정부 사이에서 협공당하고 있다. 엄중한 시기다. 박근혜 정부는 복지에만 매몰돼선 안 된다. 증오와 질투의 시대정신을 집약시킨 경제민주화와 재벌 개혁을 밀어붙일 경우 성장을 후퇴시킬 것이다. 투자가 줄어들면서 일자리 창출도 어려울 것이다. 올해 우리 경제는 2%대 저성장에 머물 전망이다. 지난해에 이어 2년 연속 2%대 성장에 그칠 것으로 우려된다. 이런 상황에서 과도한 복지 공약에 매달리고, 경제민주화라는 명분으로 대기업과 오너에 대해 규제의 칼을 들이대는 것은 성장과 투자, 일자리를 모두 놓치는 악수가 될 것이다.

복지를 위해서라도 한국 제조업의 경쟁력 강화 방안을 깊이 고민해야 한다. 복지 증세를 위해 법인세를 올린다거나, 기업 규제를 무더기로 양산하고 그룹 경영을 어렵게 하는 순환출자 관련 규제 등은 완급을 가려서 해야 한다. 경제민주화는 기업의 창의와 기업심을 훼손한다. 시장경제에 맞지도 않는다. 경제민주화는 가진 자와 성공한 대기업들을 끌어내리려는 사회주의 이데올로기다. 경제 자유화로 가야 한다.

지금 급한 것은 제조업의 경쟁력 강화 방안을 모색하는 것이다. 기업들에 재갈을 물리는 것보다 투자와 고용창출을 늘리도록 인센티브를 주는 게 중요하다. 오바마와 올랑드, 아베, 시진핑의 제조업 부활 방략을 벤치마킹해야 한다. 이를 수수방관하다가는 일본에게 다시금 밀리고, 중국에게 더욱 빨리 넘겨주게 될 것이다.

박정희 대통령은 중화학 산업을 육성할 때, 총수들을 불러다 투자할 것을 요구했다. 정주영 현대 창업주를 불러서는 울산만에 10만 톤급 대형 도크를 만들 것을 요청했다. "이봐 임자, 해봤어"를 강조해온 정 회장도 당시 2만 톤급 도크도 경쟁력이 없다면서 손사래를 쳤다. 박 대통령은 정 회장에게 그룹 계열사들이 은행의 자금 지원을 못 받을 수도 있다는 메시지를 보냈다. 그만큼 박 대통령의 중화학공업에 대한 의지는 강했다. 급기야 정 회장은 박 대통령의 중화학공업 육성 의지를 믿고 울산만을 세계 최고의 조선 단지로 만드는 대장정에 들어갔다. 중화학 산업화 전략은 뛰어난 국가 지도자와 재계 총수들이 합심해서 이룬 것이다.

박근혜 대통령도 필요하면 대기업 총수들과 일대일 미팅을 벌여서라도 투자 확대를 요청해야 한다. 지금처럼 전경련 회장단 회의나 경제 단체장 모임 등에서 의례적인 대화를 통해선 심도 있는 이야기를 할 수 없다. 개별 면담을 통해 투자 애로 사항을 듣고, 일자리 창출에 방해가 되는 가시를 없애 줘야 한다. 중소기업의 가시만 제거하는 것은 한계가 있다. 최고 통치권자가 총수와 개별 회동을 한다고 과거처럼 정경유착 등 불필요한 오해를 사지 않을 것이다. 국가와 국민만을 위해 봉사하겠다고 다짐해온 박 대통령에게는 그런 오해를 없을 것이기 때문이다.

박 대통령이 또 하나 중시해야 할 것이 있다. 한국 제조업의 부활을 위해선 해외에 나간 기업들을 불러들이는 일이다. 오바마처럼 회귀하는 기업에 대해 아낌없이 환영해 주는 인센티브를 줘야 한다. 대기업들이 창출하는 일자리는 천금과도 같다. 대기업들이 돌아오면 협력업체들도 동반해서 연어가 될 것이다. 반면 해외로 자꾸 나가는 기업에 대해서는 세제 혜택을 줄여야 한다. 유턴은 얼마든지 가능하다. 박 대통령이 이건희 삼성, 정몽구 현대차, 구본무 LG, 최태원 SK, 신동빈 롯데 등 5대그룹 총수와의 회동을 통해 일부 해외 사업장에 대해 한국 유턴을 요청하면 된다. 대신 당근도 줘야 한다. 공장 용지를 최대한 싸게 공급하고, 세계 최고 수준의 노동 경직성도 해소돼야 할 것이다. 노조가 협조하지 않으면 연어는 돌아오지 않는다. 정부, 재계, 노조의 대타협이 절실한 대목이다.

중국 청도에 진출했던 중소 보석장신구 업체 14개사를 2012년 8월, 전북 익산의 제3일반산업단지로 복귀키로 한 것은 중요한 시금석이다. 이들 보석장신구 업체가 돌아오면서 이곳엔 새로 3,000명의 일자리가 생기게 됐다. 굴지의 대기업들이 돌아오면 더 많은 일자리가 탄생할 것이다. 이는 청년 실업자들에게 단비가 된다.

글로벌 불황을 맞아 세계 각국은 그야말로 자국 경제를 살리기 위해 각자도생(各自圖生)하고 있다. 정책의 초점은 기업에 대한 사랑과 관심이다. 투자와 일자리 창출을 하려는 기업에 대해선 세계 각국이 정성을 다해 지원하고 있다. 경제민주화라는 이름으로 횡행하는 재벌 때리기는 기업을 춤추게 할 수 없다. 기업인들에게 동물적 본능이 왕성하도록 해야 한다. 재벌은 세계 최고의 효율적인 집단이다. 그룹 경영을 통해 미래 먹을거리를 창출하도록 해야 한다. 그룹을 쪼갤 생각만 하지 말고, 그룹 체제의 강점을 살려 10년, 20년, 30년 후의 미래 신수종을 찾도록 독려해야 한다. 미래 먹을거리에 대한 투자와 연구는 중소기업, 중견기업이 할 수 없다. 정부도 할 수 없다. 초기에 천문학적인 자금이 들어가기 때문이다. 적자를 무릅쓰고 과감하게 투자하는 곳은 대기업, 재벌밖에 없다.

그런데 민주당이나 새누리당은 그룹 경영의 핵심인 순환출자를 막겠다며 막무가내다. 신규 순환출자를 막으면 미래 먹을거리 창출은 상당한 차질이 불가피하다. 금산분리 강화로 금융 계열사의 비금융 계열사에 대한 의결권을 제한하면 투자에 써야 할 천문학적인 돈이 공연히 계열사 주식을 사들이는 데 들어가게 된다. 또 하나 문제점은 신규 순환출자가 막히게 되면 적대적 인수합병(M&A)에 노출될 수 있다. 순환출자가 끊어지면 대주주의 지배력이 현저히 떨어지게 된다. 어렵게 키운 우량기업들의 경영권 방어가 어렵게 된다. 매물로 나온 우량기업들에 대해서는 국내 기업보다는 외국 자본이 눈독을 들일 것이다. 남 좋은 일만 시키는 우를 범할 수 있다.

순환출자를 규제한다면 투자 수단을 가로막는 것이다. 이는 재벌들이 현금을 쌓아 놓고 투자하지 않는다고 비난하면서 정작 투자 수단을 가로막는 이율배반적 행태라 하지 않을 수 없다. 남경필 새누리당 의원은 "순환출자 규제가 시행되면 대기업의 경쟁력이 높아질 것"이라고 강조했다. 적대적 인수합병 노출에 대해선 재계의 할리우드 액션이라며 비판했다. 과연 그런가? 순환출자 규제를 받게 되는 기업은 대부분 재벌 계열 우량기업들이다. 한국을 상징하는 간판 기업들이다. 이 기업들이 적대적 M&A에 노출되면서 경쟁력이 강화되는 것은 어불성설이다. 만약 외국기업에게 넘어가면 납품단가가 비싼 국내 중소협력업체들과는 계약을 끊을 가능성이 높다. 대우차를 인수한 미국 GM은 국내 협력업체와의 동반 성장보다는 GM의 글로벌 소싱력을 최대한 활용해 해외에서 부품을 더 많이 조달하고 있다.

또 다른 문제는 순환출자가 차단되면 재계 순위가 고착화될 수 있다는 점이다. 재계 생태계가 건강하고 활력이 있으려면 중소기업이 중견기업으로, 중견기업이 재벌로 성장하는 통로를 활짝 열어 줘야 한다. 그런데 신규 순환출자가 차단되면 중견기업이나 하위 재벌들, 그룹 계열사들이 힘을 모아야 덩치가 커질 수 있다. 오너의 개인 돈이나 계열사 돈으로 대규모 투자를 하는 데는 한계가 있다. 이러면 한국판 래리 페이지(구글)나 마크 주커버그(페이스북)가 나올 수 없다. 재계 생태계가 고착되게 된다.

투자를 가로막는 또 다른 요소는 공정위의 지나친 기업지배구조 제한 방안이다. 경쟁 촉진에 역점을 둬야 할 공정위는 '중소기업 대통령'을 선언한 박 대통령에게 잘 보이려고 오버하는 듯한 양상을 보이고 있다. 대통령직 인수위보다 한발 앞서 더 강한 규제카드를 내놓기 때문이다. 금융 계열사의 비금융 계열사에 대한 의결권 제한 강화가 대표적이다.

박 대통령은 대선 공약에서 재벌 개별 금융회사가 다른 비금융 계열사에 대해 5% 이상 의결권 행사를 하지 못하도록 하겠다고 했다. 그런데 공정위는 재벌 금융 계열사들의 지분을 다 합쳐 5% 이상의 의결권 행사를 차단하겠다고 했다. 이 경우, 삼성이 가장 큰 피해를 보게 된다.

삼성생명과 삼성화재는 삼성전자의 주식을 각각 7.53%, 1.26% 갖고 있다. 그런데 공정위 안대로 5% 규제 룰을 적용하면 두 금융 계열사가 갖고 있는 삼성전자 지분 8.79% 중에서 5%가 넘는 3.79% 포인트에 대해 의결권을 행사할 수 없게 된다.

이건희 회장이나 비금융 계열사가 경영권 유지를 위해 추가로 2~3조 원을 들여 해당 지분을 사들여야 한다. 삼성으로선 애플과의 스마트폰 대전을 벌여야 하는 절체절명의 고비를 맞고 있다. 여기서 한눈팔면 애플에 다시 밀리게 되고, 후발 주자인 구글, 마이크로소프트, 중국의 화웨이 등에게도 상처를 입을 수 있다. MS는 핀란드의 휴대폰 공룡 노키아를 전격 인수했다. 스마트폰 시장이 그야말로 한 치 앞을 내다보기 어려운 춘추전국시대를 맞고 있다. 또 다른 주력인 반도체와 디스플레이 등에 대한 대규모 라인 투자도 결정적인 타격을 입는 셈이다. 지배구조 지키느라 세계 경쟁국과의 혈전에서 치명상을 입을 수도 있는 엄중한 상황이다.

기존 순환출자까지 규제를 받게 되면 어떻게 되는가? 여기선 현대차가 심각해진다. 외환위기 당시 기아차를 인수하는 과정에서 대규모 자금이 필요했던 현대차는 순환출자 고리가 삼성보다 상대적으로 복잡하다. 현대차의 경우 기존 순환출자를 해소하려면 총 6조 원의 돈을 들여야 한다. 반면 삼성은 1조 2000억 원가량 필요한 것으로 추산되고 있다. 삼성으로선 순환출자보다는 금산분리 강화가 더욱 문제가 되는 셈이다.

대기업과 재벌의 불공정, 불합리, 불균형 거래에 대해서는 강력히 규제해야 한다. 하지만 경영을 잘해서 덩치가 크다고 규제하는 나라는 한국밖에 없다. 부당 거래에 대한 규제는 덩치와 외형을 기준으로 할 것이 아니다. 독과점으로 경쟁이 제한받는 경우에 규제를 하는 게 타당하다. 미국의 스탠더드 오일과 AT&T, 마이크로소프트(MS) 등이 규제를 받거나 기업이 분할된 것은 독점으로 인한 경쟁 제한 가능성 때문이었다. 이들의 덩치는 문제가 되지 않는다.

한국에서는 유독 삼성과 현대차 등의 덩치가 문제가 되고 있다. 대기업들의 불공정거래는 철저히 차단해야 한다. 하지만 이들이 한국을 대표해서 미래 신수종을 개발하고, 글로벌 시장에서 초대형 기업으로 성장하도록 지원하는 것은 아무리 강조해도 지나치지 않다. 한국은 수출로 먹고사는 나라이기 때문이다. 삼성전자와 현대차, 기아차, LG전자 등이 세계 경쟁 기업과의 대결에서 흔들리면 한국의 신용도가 흔들린다. 삼성이 애플과의 싸움에서 지속적으로 이기도록 정부와 국민이 도와줘야 한다. 현대차가 도요타·닛산·폭스바겐 등과의 경쟁에서 이기며 세계시장점유율을 높여 나가도록 성원해야 한다.

다시금 강조하지만 복지는 성장이 뒷받침돼야 가능하다. 한국 제조업의 경쟁력 강화와 미래 먹을거리 개발만이 지속적인 투자 확대와 고용 확대를 선도할 수 있다. 박근혜 정부는 하루빨리 재계와 만나 일본과 중국, 미국의 제조업 부활 정책에 맞설 대응 전략을 내놓아야 한다.

복지에만 신경을 쓸 때가 아니다. 세계가 자기만 살겠다고 각자도생하는 상황에서 우리만 대기업 때리기에 몰두해선 안 된다. 우리만 세계와 뒤쳐져 제조업 부활과 유턴 전략을 소홀히 하는 우물 안 개구리식 경제민주화에 함몰되는 것은 벗어나야 한다.

연초 스위스 다보스에서 열린 세계경제포럼(WEF)에서도 성장이 최대 화두였다. 제이미 다이먼 JP모건 회장 등은 "글로벌 경제의 파국 가능성은 거의 사라졌다"면서 "이제 성장을 바라볼 수 있게 됐다"고 강조했다.

미국 경제가 희망을 선도 중이고, 유럽의 재정 위기도 진정 조짐을 보이고 있기 때문이다. 중국도 2013년 8%대 성장으로 복귀할 전망이다.

박근혜 정부는 불굴의 역동성으로 제조업 경쟁력 강화를 통한 투자와 일자리 창출에 주력해야 한다. 재벌을 양극화와 청년 실업 급증, 자영업 몰락의 희생양으로 삼는 것은 문제 해결의 열쇠가 아니다.

법무부의 기업 옥죄기

일본의 간판 기업 도요타와 소니. 도요타는 세계 최고 자동차 메이커로 일본 브랜드를 상징한다. 도요타는 2010년 미국에서 판매 중인 차량의 가속페달 결함으로 세계적으로 800만 대가량을 리콜하면서 엄청난 타격을 입었다. 글로벌 자동차업계 랭킹에서도 GM 등에 밀렸다. 하지만 절치부심해서 품질 혁신과 대대적인 마케팅을 통해 다시금 세계 정상을 탈환했다. 리콜 쇼크에서 벗어난 도요타는 아베 총리의 엔저 정책에 힘입어 호랑이가 등에 날개를 단 것처럼 세계시장을 질주하고 있다. 도요타의 리콜 사태 때 어부지리를 봤던 현대차는 엔저로 인해 가격 경쟁력에서 도요타에 밀려 대책 마련에 부심하고 있다.

소니는 1990년대까지 세계 전자업계의 황제였다가 2000년대 들어 추락을 거듭했다. 워크맨과 TV 성공 신화에 안주했다가 삼성전자 등에 밀려 가쁜 숨을 몰아쉬는 공룡으로 전락했다. 매년 천문학적 적자로 신음해온 소니는 최근 엔저 수혜로 당기 순익이 소폭 흑자로 전환됐다. 하지만 여전히 위기 해소에 부심하고 있다.

정상을 질주하는 도요타와 무너진 제왕 소니의 지배구조를 보면 완전히 다르다. 소니는 일본정부의 정책에 따라 집행임원제를 도입했다. 업무 집행을 감독하는 이사회와는 별도로 업무 집행만 전담하는 집행임원제도를 도입한 것. 이사회 의장과 대표이사도 분리했다. 도요타는 전통적인 이사회 운영 방식을 고수했다. 이사회에서 업무감독 기능과 집행 기능을 분리하지 않고 통합해서 운영한 것이다.

소니와 도요타의 지배구조를 비교하면 정답이 없다는 것을 알 수 있다. 소니는 정부 지침을 충실히 따랐지만, 경영 실패로 벼랑 끝에 몰려 있다. 집행 임원과 이사진을 분리하면서 소니의 의사결정 과정은 느리기만 했다. 중요 투자 결정도 타이밍을 놓쳤다. 졸면 죽는 초경쟁 시대에 집행 임원과 이사진의 분리는 소니의 불행을 재촉했다. 반면 도요타는 기존 지배구조를 유지하면서 일본의 국가경쟁력을 상징하고 있다. 이사진이 업무 집행과 감독을 겸하면서 신속한 의사결정을 통해 투자 타이밍을 조율하는 등 글로벌 경쟁력을 높여 가고 있기 때문이다.

기업들이 어떤 지배구조를 선택하느냐에 따라 기업의 운명이 결정될 수 있다. 기업 전통과 창업정신, 대주주의 철학과 경영전략, 기업 문화 등에 따라 다양한 지배구조가 공존하고 있다. 사회주의 국가처럼 획일적으로 기업지배구조를 결정할 수 없는 이유가 여기에 있다. 붕어빵 지배구조는 기업 경쟁력을 약화시키고, 결국 경제 생태계를 붕괴시킬 수 있다.

이런 점에서 법무부가 최근 상법개정안을 통해 획일적인 지배구조 방안을 내놓은 것은 무척 우려스럽다. 경제민주화로 재계가 잔뜩 움츠려 있는데 법무부마저 기업을 들쑤시고 있기 때문이다. 법무부의 상법개정안은 자산 2조 원 이상 140여 개 상장사에 대해 집행임원제도 도입을 의무화하고, 최고경영자가 이사회 의장을 겸임하지 못하도록 규제하는 내용을 담고 있다. 집행임원제가 시행되면 업무감독 기능을 담당하는 이사회와 업무집행 기능을 맡는 집행 임원 등 두 체제로 분리된다. 일상적인 경영은 집행 임원들이 하게 되는 셈이다. 사외이사가 절반 이상을 차지하는 이사회가 감독과 업무 집행을 동시에 하는 것이 바람직하지 않다는 게 법무부의 생각이다. 이사회와 집행 임원의 역할을 분리해 서로 견제하도록 하겠다는 취지다. 이와 함께 집중투표제와 전자투표제도, 다중대표소송제도를 의무화하기로 했다. 감사위원을 맡을 사외이사는 다른 이사와 분리해서 선출하도록 한 것도 주목된다. 이들 5개 상법개정안은 재계가 그동안 줄기차게 반대해온 대형 이슈다. 기업 경영에 워낙 큰 영향을 준다는 점에서 독소 조항이라는 불만이 제기돼 왔다.

상법개정안 내용들은 이미 기존 상법에 근거가 마련돼 있다. 하지만 법무부가 이들 조항을 아예 의무화시키려고 법 개정을 서두르고 있다는 점에서 불씨가 커지고 있다. 법무부마저 반시장적, 반기업적 경제민주화 장단에 춤추려고 애쓰는 셈이다. 법무부가 의무화하려는 조항들은 대부분 기업들의 자율성을 해치고, 대주주의 경영권 침해, 경영권 분쟁 확산 및 적대적인 인수합병(M&A) 노출, 해외 상장 기업의 해킹 위험 확대 등의 부작용을 가져올 것으로 보인다. 이를 강행하다가는 기업들이 커다란 경영 리스크를 안게 돼 있다. 본업인 일자리 창출, 경쟁력 강화보다 경영권 위협과 소송을 막는 데 급급할 가능성이 높아진 것이다.

먼저 집행임원제는 의무화할 필요가 전혀 없다. 이를 실시하면 이사진과 집행 임원 간에 갈등이 불거질 수 있고, 기업 경영의 생명인 신속한 의사결정이 어려워질 수 있다. 견제를 위한 것이라고 하지만 이를 의무화하는 것은 교각살우의 우를 범할 수 있다. 한국 기업의 강점을 무력화시킬 수 있다. 우리나라 대기업의 지배구조는 대부분 강력한 오너 경영체제다. 강한 기업가정신을 바탕으로 한 빠른 의사결정이 오늘날 삼성전자·현대차·기아차·LG전자·SK에너지·현대중공업 등을 글로벌 기업으로 도약시켰다. 그런데 이사진과 집행 임원을 분리시키면 이러한 강점이 상당 부분 훼손될 것이다. 기업 현장의 특성을 제대로 모르는 법무부가 왜 이런 규제를 서두르는지 이해가 안 된다.

집행임원제는 절대 서두를 일이 아니다. 현행대로 기업들의 자율에 맡기면 된다. 이를 의무화했다가는 엄청난 비용을 치러야 한다. 집행임원제를 의무적으로 도입한 나라는 세계 어느 나라도 없다. 미국과 일본은 이를 의무 사항으로 하지 않고, 기업의 선택에 맡기고 있다. 법무부가 왜 이런 데서는 최초가 되려 하는지 황당할 뿐이다. 감사위원을 별도로 선임하는 것도 정책 실효성이 낮고, 정책 일관성을 저해할 가능성이 높다. 2009년에 상법 개정에서 감사위원과 이사진을 일괄 선출키로 한 지 4년여 만에 분리선출제로 선회하는 것은 정책의 예측 가능성을 훼손하는 것이다. 일괄선출제에 특별한 문제가 없는데도, 이를 개정하려는 것은 기업에 대한 규제를 가중시키는 것이다. 또 분리 상정으로 감시위원 후보가 1명일 경우 정작 소액주주를 대표하는 이사 선임 가능성이 오히려 낮아질 수 있다는 점도 염두에 둬야 한다.

문제는 대주주나 최대 주주는 3% 의결권 제한 규정을 받는다는 점. 3% 룰을 시행하면 외국계 기업에 국내 기업이 역차별당할 수도 있다. 2003년 외국계 헷지펀드 소버린은 SK(주) 주총에서 펀드를 5개로 분산해서 각각 3% 미만씩 보유하게 했다. 이를 통해 소버린은 의결권을 전부 행사했다. 하지만 최대 주주는 단일 주주로 간주되면서 3%만 의결권을 행사해 경영권이 위협받은 적이 있다. 이를 감안하면 굳이 감사위원을 분리 선출할 필요가 없다.

다중대표소송제도 무리한 입법이다. 신중을 기해야 한다. 다중대표소송제는 모회사 주주들이 자회사나 손자 회사 임원들이 분식회계, 주가 조작 등 불법행위를 했을 경우 손해배상 소송을 할 수 있는 것을 말한다. 이 조항은 약자인 소액주주들을 보호하려는 취지라고 한다. 하지만 임원들의 불법행위 시에 자회사 주주들이 소송을 하면 되는데 굳이 모회사 주주들이 나서는 것은 권한 남용일 수밖에 없다. 자회사의 주주를 무시하는 것이다. 자회사의 법인격을 훼손하는 점도 커다란 논란거리다. 더욱 큰 문제는 다중대표소송제가 남용되면 기업들의 정상적인 경영이 어려워진다는 점이다. 미국도 소송 남발을 막기 위해 자회사 지분을 100% 가진 모회사로만 제한하고 있다. 법무부는 자회사 지분을 50% 이상 가진 모회사 주주들도 소송을 낼 수 있도록 했다. 이 규정대로라면 소송 남용으로 대기업들은 정상적인 경영에 차질을 빚는 등 큰 혼란에 빠질 것이다.

집중투표제도 숱한 부작용을 가져올 수 있다. 집중투표제는 두 명 이상의 이사 선임을 목적으로 열리는 주총에서 매주 선임이사 수와 같은 의결권을 부여해, 이를 특정 후보에게 집중적으로 행사하는 것을 말한다. 이사 선출 시 지분률 1% 이상의 소수 주주들이 특정 이사 후보에게 표를 몰아줄 수 있게 되는 셈이다. 집중투표제는 대주주를 견제할 수 있는 장점은 있다. 그러나 이것이 시행되면 주주 간의 극심한 이견과 갈등으로 경영권 분쟁이 심화할 수 있다. 외국에선 주주 간의 파워 게임과 경영 차질 등으로 실패한 제도로 판명이 났다. 이를 시행하면 외국의 독수리(헤지펀드)들에게 국내 우량기업들을 먹잇감으로 거저 헌납

하는 것과 같다. 국익을 해치는 독소 조항이 될 수 있다.

삼성전자·현대차·포스코·SK텔레콤·SK에너지 등 주요 우량기업은 외국인 지분률이 절반이 넘는 경우가 많다. 이런 상황에서 집중투표제 의무화를 강행하면 과연 누가 웃을 것인가? 2000년대 초 SK(주)와 KT&G 등을 쥐락펴락했던 소버린, 칼 아이칸 등 외국계 잔인한 독수리들의 먹잇감만 풍성하게 만들어줄 것이다. 대기업들은 경영권 방어하다 날 샐 것이다. 아니면 배당에 급급하느라 정작 투자 등에 소홀할 것이다. 성장 잠재력을 깎아먹는 것이다.

헤지펀드들은 어떤 곳인가? 기업의 장기 성장보다는 단기 성과를 통해 배당을 최대한 많이 받아가는 게 목적이다. 수익률 향상이 목적인 것이다. SK 등을 위협했던 소버린과 칼 아이칸 등은 먹튀 논란을 남기고 유유히 사라졌다. 실제로 이 제도를 시행하는 나라는 칠레·멕시코·러시아 등에 불과하다. 일본은 도입했다가 혼란이 커지자 기업의 선택에 맡긴 바 있다. 세계적인 흐름에도 맞지 않다.

소액주주들이 의사결정 과정에 적극 참여토록 하기 위한 주총 시 전자투표제 도입도 신중을 기해야 한다. 이 제도는 이미 2010년에 도입돼 기업의 자율에 맡기고 있다. 그런데 이를 의무화하겠다는 법무부의 발상은 너무나 경직된 행태다. 소액주주들의 주총 참석이 저조한 것은 경영에 대한 참여보다는 투자 수익을 실현하는 데 주안점을 두고 있기 때문이다. 이를 강행하면 의결권 행사가 더욱 편리해지면서 소액주주들의 주총 참석이 더욱 부진해질 수 있다. 이는 결국 대주주 위주로 주총이 운영될 가능성을 높이는 셈이다. 부작용만 더욱 노출된다.

더욱 큰 문제는 시스템 오류나 해킹 등에 의해 전자투표가 제대로 실시되지 못할 경우 주총 결의 사항의 취소 내지 부존재 문제로 소송 대상이 될 수 있다는 점도 염두에 둬야 한다. 이는 직접 선거의 원칙과도 상충된다. 바이러스 감염과 본인 확인의 불명확성 등의 기술적 문제도 엄존한다. 이를 감안하면 전자투표제는 글로벌 스탠더드인 임의규정으로 해두는 것이 최선책이다. 다시금 강조하지만 기업지배구조는 정답이 없다. 기업마다 다양하다. 자율에 맡기는 것이 최선책이다.

공정위가 그동안 숱하게 대기업집단으로 하여금 지주회사로 전환할 것을 윽박질러 왔다. 공정위의 획일화 정책은 주제넘은 짓이다. 관료들의 오만한 편견이요, 독재적 발상이다. 그룹 경영체제를 유지하고 있는 삼성이나 현대차는 사상 최대의 이익을 내면서 한국 제조업을 이끌어 가고 있다. 왜 지주회사만이 최고인가? 정부 방침에 충실해 지주회사로 전환한 LG·GS·두산 등은 그룹 경영체제를 선택한 삼성·현대차 등에 비해 월등한 실적을 올리지는 못하고 있다. 오히려 그룹 체제를 유지한 그룹들의 실적이 훨씬 좋다. 공정위의 지배구조 가이드라인은 크게 잘못됐다. 법무부는 상법의 경우 사법이라는 점을 중시해야 한다. 정부가 지배구조를 이래라저래라 강제할 사항이 아니다. 민간의 자율과 사적 자치를 중시해야 한다.

재계는 가뜩이나 경제민주화로 신음하고 있다. 내부거래규제, 금산분리 강화, 납품 거래 등과 관련한 징벌적 손해배상 확대를 목적으로 하도급법 개정, 공정위의 전속 고발권 폐지에 따른 고발 기관의 급증, 프랜차이즈법 개정으로 인한 본사의 책임 강화, FIU법의 개정으로 인한 고액 현금 거래 시 국세청 통보 등…… 이것만이 아니다. 신규 순환출자 금지, 보험 및 증권사 등 제2금융권 대주주 적격성심사 강화, 금융사의 비금융 계열사에 대한 의결권 대폭 제한, 금융 중간 지주회사 설치 의무화를 위한 공정법 개정안 등 규제 법안이 잔뜩 대기 중이다. 법무부마저 경제민주화 광풍 장단에 춤추며 기업들의 경영 리스크를 높이는 것은 과잉 규제다.

재계는 박근혜 정부 들어 도입된 경제민주화 6개 법을 지키기도 버거운 실정이다. 국회에서 통과된 이들 6개 법은 상당수가 반시장적, 반기업적 독소 조항이다. 법무부마저 4개 제도를 의무화하려는 것은 재계의 부담을 너무 심화시키는 것이다. 속칭 '깐 이마 또 까는' 식이다. 소액주주를 보호한다는 명분 아래 기업들의 경영을 지나치게 제약할 수 있다.

우리나라는 대주주나 경영진이 적대적인 인수합병을 견제할 수단이 마땅치 않다. 미국이나 유럽 등은 차등의결권제도, 황금주, 포이즌 필 등 경영권 방어 수단이 보장돼 있다. 워런 버핏 버크셔 해서웨이 회장이나 빌 게이츠 마이크로소프트 창업주, 래리 페이지 구글 창업주 등은 차등의결권 등을 활용해 대주주 지위를 굳건히 유지하고 있다. 우리는 경영권 방어 수단은 제대로 주지 않은 채 경영권 리스크만 높여주고 있다. 국내 기업만 발목에 모래주머니를 채우라고 강요하는 것은 글로벌 스탠더드에 맞지 않다.

법무부는 상법개정안을 밀어붙이지 말고 좀 더 재계의 의견을 수렴해야 한다. 섣부른 입법이 기업의 활력을 해치고, 경영권 방어 비용을 높이는 것은 아닌지 고민해야 한다. 기업 경쟁력을 저해한다면 과감히 포기해야 한다. 기업을 옥죄고 부담을 가중시키는 규제를 신설하는 것은 자제해야 한다. 상법개정안은 기업 경영을 위축시키는 대못이 될 수 있다. 기업을 아프게 하는 손톱 밑 가시를 더욱 깊게 박을 수 있다. 거듭 말하지만 지배구조는 표준화된 게 없다. 정부가 획일적으로 밀어붙여서는 절대 안 된다.

한비자는 "나라를 다스리는 것은 마치 작은 생선을 찌는 것과 같다"

고 했다. 작은 생선을 찔 때 자주 뒤집으면 그 윤기를 잃게 되고, 큰 나라를 다스리면서 자주 법을 바꾸면 백성들이 고통스러워한다. 법무부가 상법이라는 생선을 자주 뒤집을수록 기업들의 어려움은 더욱 커질 것이다.

법무부는 상법개정안을 마련하면서 반기업 경제민주화를 찬성하는 좌파진보학자들만의 의견을 수용했다고 한다. 시장경제를 중시하는 의견은 아예 묵살한 채 좌파학자의 기업 죽이기 의견만 들은 셈이다. 법무부는 이제라도 균형 잡힌 의견을 수렴해야 한다. 법무부도 경제활성화에 기여하는 부처가 돼야 한다.

공정위 내부거래 규제,
대기업엔 길로틴 위협

갤럭시S 시리즈로 세계 스마트폰 시장을 석권한 삼성전자. 삼성전자
는 2012년 2억 1000만 대의 스마트폰을 팔았다. 올해는 3억 2000만 대
를 목표로 하고 있다. 스마트폰에서 연간 3억 대 판매 목표는 세계 최초

주요 업체별 스마트폰 판매량 추이

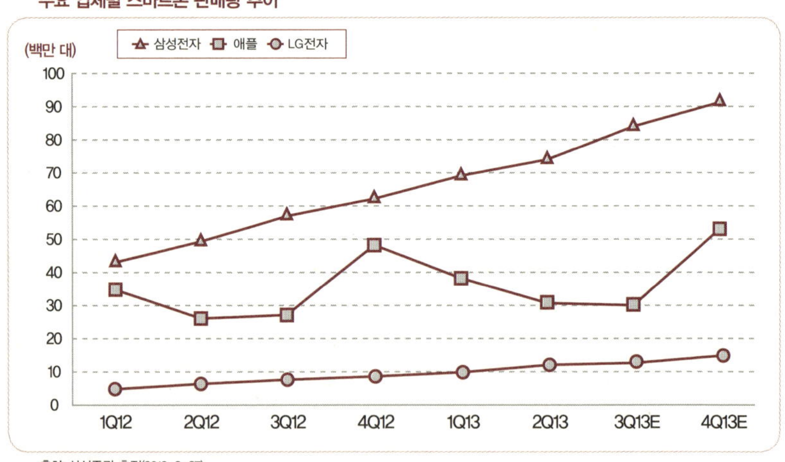

출처: 삼성증권 추정(2013. 8. 27)

다. 애플은 절반 수준인 1억 6000만 대에 그칠 것으로 추정되고 있다. 올 1분기 실적에서도 삼성은 6900만 대를 팔아 시장점유율 33%, 애플은 3700만 대로 17.9%를 기록했다. 삼성이 애플보다 두 배가량 높다. 삼성전자는 스마트폰 호조에 힘입어 올해 대망의 '영업이익 40조 원' 달성도 기대하고 있다.

반면 애플의 1분기 판매는 전 분기보다 무려 1000만 대가량 감소했다. 삼성은 승승장구하는 반면, 애플은 스티브 잡스 타계 이후 뚜렷한 퇴조세를 보이고 있다. 팀 쿡 최고경영자의 퇴진설도 나오고 있다. 애플을 누르고 세계 스마트폰 시장을 호령하는 삼성전자가 글로벌 최강자가 된 데는 내부거래가 결정적인 기여를 했다. 계열사와의 거래를 통해 필요할 때 최고의 품질을 신속하게 납품받았기 때문이다. 삼성은 계열사 및 협력업체와의 긴밀한 협업 체제 구축 등을 통해 최적의 생산 기반을 구축해 고객들을 흥분시키는 신제품들을 쏟아내고 있다. 애플은 한 푼이라도 싼 곳을 골라 부품을 조달받는 방식으로 일관한다. 바로 그 이유 때문에 납기와 품질, 신제품 개발 등에서 문제점을 드러내고 있다.

삼성전자는 스마트폰에서 핵심 부품인 모듈을 계열 삼성SDI와 삼성SDS로부터 100% 납품받고 있다. 휴대폰의 바디는 제일모직에서 공급받고 있다. 그런데 삼성전자의 내부거래를 불가능하게 만들 수 있는 '괴물 법령들'이 만들어졌다. 삼성으로선 악소리가 날 수밖에 없게 됐다. 한국 제조업 전체가 경제민주화 괴물 법안으로 인해 심각한 타격을 받을 것으로 우려된다. '경제 검찰' 공정거래위원회가 총수 일가에 경제적 이익을 가져다주는, 계열사 일감 몰아주기를 근절하는 법안을 만들었기 때문이다. 공정위는 박근혜 대통령에 대한 업무 보고에서 총수 일가의 사익 편취 행위에 대해 경제력집중 억제 차원에서 별도의 규제를 신설하겠다고 했다. 그러면서 그룹 계열사 간 거래는 원칙적으로 허용하겠다고 했다. 여야 의원들도 공정위와 비슷한 규제 법안을 의원입법 형태로 국회에 제출한 상태다.

삼성이 크게 우려하는 것은 내부거래가 전부 불법으로 간주될 수 있다는 점이다. 공정위가 표면상으론 계열사 거래를 원칙적으로 허용하겠다고 했지만, 총수 일가에게 경제적 이득을 가져다주는 것은 강력히 차단하겠다고 했기 때문이다. 이 조항이 현실화하면 삼성전자와 삼성SDI, 삼성SDS 간의 내부거래는 처벌받을 수 있다. 왜 그런가. 삼성전자는 이건희 회장이 지분 3.38%를, 삼성SDS는 이 회장의 아들 이재용 삼성전자 부회장이 8.81%를, 동생인 이부진 신라호텔 사장과 이서현 제일모직 부사장이 각각 4.18%씩 보유 중이다.

공정위 개정안에 따르면 삼성전자와 삼성SDI, 삼성SDS 간에 거래는 원칙적으로 허용된다. 하지만 이 계열사들은 이 회장과 이재용 부회장 등 총수 일가가 지분을 갖고 있다는 점에서 내부거래로 경제적 이득을 보게 된다는 유권해석이 내려질 수 있다. 더 나아가 이 회장 총수 일가가 부당 내부거래 규제를 받게 되면 배임 문제로도 곤욕을 치를 수 있다. 내부거래를 했다고 공정위에 처벌받고, 사법당국에서 형사처벌도 받을 개연성이 있는 것. 더 나아가 삼성의 모든 공장은 계열 삼성화재에 보험을 가입한 상태다. 20만 명 임직원의 퇴직연금은 삼성생명에 묶인 상태다. 모든 계열사 간 거래가 다 문제가 되는 셈이다. 모든 법은 규제 대상에 대해 보편성, 무차별성으로 적용되는 특성을 갖는다. 내부거래는 원칙적으로 허용한다고 하면서, 총수 일가가 대주주로 있는 계열사 간 내부거래는 규제하겠다고 하면 사실상 대기업집단의 내부거래는 근절 대상이 되는 셈이다.

삼성의 총수 일가가 계열사 지분을 보유 중인 것은 전체의 10분의 1에 불과하다. 공정위 안대로 총수가 직접 주식을 갖고 있는 계열사뿐만 아니라 순환출자 등을 통해 간접적으로 지배 중인 모든 계열사도 규제 대상이 된다. 무시무시한 규제다. 사실상 그룹 경영을 하지 말라는 황당한 법안이다.

공정위 개정안으로 인해 삼성만 규제받는 게 아니다. 현대자동차·LG·SK 등 모든 대기업집단에 적용되는 문제다. 현대차의 경우 자동차 부품 모듈의 99%를 현대모비스에 발주한다. 내부거래가 늘어날수록 모비스의 매출, 즉 경제력 집중도 커지는 구조를 갖고 있다. 공정위는 경제력 집중이 강화되는 것을 차단하겠다고 벼르고 있다. 그룹의 덩치가 커지는 내부거래는 하지 말라는 것과 같다.

공정위는 부당 내부거래로 간주되지 않는 경우로 다음을 제시하고 있다. 계열사와의 거래가 없으면 도저히 목적을 달성할 수 없거나, 그 거래가 없다면 손해를 입거나, 내부거래를 하면서 다른 사업자의 기회를 빼앗지 않아야 한다는 것. 문제는 이러한 것을 기업이 입증해야 한다는 점이다. 만일 현대모비스 외에 다른 회사가 해당 제품을 생산하고 있다면 불법이 될 수 있다. 모비스보다 부품을 싸게 만드는 회사가 있는 경우도 불법이 된다. 입찰 경쟁을 하지 않는 것도 불법이 된다.

이런 점에서 공정위가 박 대통령에게 허위 보고를 했다는 의혹을 받을 수 있다. 박 대통령은 경제민주화에 대해 속도 조절을 요구하고, 대기업을 일방적으로 옥죄는 것이어선 안 된다고 강조했다. 하지만 공정위는 겉으론 내부거래 원칙 허용 속 총수 일가의 지분이 있는 계열사 간 거래는 규제 대상으로 삼겠다는 이중적 태도를 보이고 있다. 공정위의 이 같은 스탠스는 자칫 양두구육(羊頭狗肉)으로 비쳐질 수도 있다. 김용태 새누리당 의원이 공정위의 업무 보고 이후 노대래 위원장과 허위 보고 유무를 둘러싸고 격론을 벌인 것도 이해가 간다. 노대래 위원장이 청와대 업무 보고 이후 인천 부평공단의 중소업체를 방문한 자리에서 "수직 계열사의 문제점에 대해 정밀 검토할 필요가 있다"면서 "부당한 일감 몰아주기는 중소기업의 살아갈 터전을 없앤다"고 강조했다. 노 위원장의 발언은 대기업집단이 경쟁력 강화를 위해 내부거래를 해온 것에 대해 규제의 필요성을 시사한 것으로 해석될 수 있다.

공정위의 폭주는 여기서 그치지 않는다. 심지어 총수 일가의 지분이 30%를 넘는 계열사와의 내부거래 시엔 총수가 간여하지 않아도, 총수에게 3년 이하의 징역형 및 2억 원의 벌금형을 물리는 초강경 규제까지 검토했다. 공정위의 '총수 지분 30% 룰'은 재계로부터 무죄추정의 원칙에 어긋난다는 지적을 받고 철회됐다. 이 같은 해프닝을 보면서 공정위가 궁극적으로 대기업을 해체하려는 것을 염두에 두고 있는 것은 아닌지 우려된다. 공정위는 내부거래를 규제하기 위해 아예 법을 개정하려 했다. 현행 공정법 5장에 있는 불공정거래행위의 금지에만 있는 부당 내부거래 규제 근거를 3장의 경제력집중 억제 및 기업결합 제한에도 넣으려고 했던 것이다. 그동안 공정위는 내부거래가 시장에서의 공정 경쟁을 제한했느냐를 따졌지만, 이젠 경제민주화 프레임에 따라 경제력 집중을 막는 데 초점을 두는 것으로 정책 방향을 튼 것이다. 이는 모든 대기업집단의 계열사 간 거래를 100% 불법으로 만들 수 있는 엄청난 독소 조항이 될 뻔했다. 물론 신세계 정용진 부회장이 동생 정유경 부사장이 대주주로 있는 계열 빵집에 일감을 몰아준 것이나 롯데가 신격호 회장 부인과 손녀가 대주주로 있는 계열사에 극장 매장 영업권을 준 것 등은 부의 편법 증여라는 의혹을 살 수 있다. 롯데는 논란이 확대되자 극장 매장 영업권을 그룹이 직접 하는 것으로 전환했다. 삼성·현대차 일부 계열사들의 경우 오너 일가가 대주주로 있는 계열사에 대한 일감 몰아주기, BW 헐값 발행 등으로 커다란 홍역을 치른 바 있다. 이런 경우에는 명백히 총수 일가의 사익 편취 논란을 빚었다는 점에서 규제받는 것이 타당하다.

하지만 공정위 개정안은 과도한 규제라는 점에서 심각한 부작용이 우려된다. 대기업집단의 경쟁력 강화를 위한 내부거래까지 옥죄려 하기 때문이다. 대기업집단들은 전자·전기·자동차·철강·섬유·화학·조선 등 주력 업종에서 거대한 수직 계열화를 구축해 경쟁력을 강화해 왔다. 수직 계열화를 바탕으로 글로벌 시장점유율을 높여 왔다. 반도체·LCD·휴대폰·가전·조선·철강·자동차·화학 등에서 세계 최고의 기업으로 도약한 것은 수직 계열화가 결정적인 기여를 했다. 미국·일본·유럽의 골리앗과의 싸움에서 이긴 것도 그룹 경영과 수직 계열화, 내부거래가 효자 역할을 했다.

한국 제조업의 강점을 공정위가 규제하는 것은 한국 경제의 경쟁력을 무력화시키려는 짓이다. 한국 경제에 씻을 수 없는 대역죄를 저지르는 것이다. 경제민주화라는 미명 아래 자행되는 공정위의 난폭한 질주는 중단돼야 한다. 청와대도 공정위가 허위 보고하지 않았는지 점검할 필요가 있다. 내부거래를 원칙적으로 허용한다고 하면서도, 총수 일가가 직간접적으로 지분을 갖고 있는 계열사의 내부거래를 규제하려는 속셈을 갖고 있기 때문이다. 국회에서 경제민주화를 유일하게 반대하는 김용태 의원은 "일감 몰아주기를 막기 위한 공정거래법 개정안은 대기업집단의 목을 길로틴(단두대)에 올려놓고 위협하는 것이나 다름없다"고 지적하고 있다. 개정안의 국회 통과로 대기업집단은 항상 부당 내부거래와 배임죄 등의 불법 리스크를 안고 경영할 수밖에 없게 됐다. 삼성·현대차·LG·SK·롯데·신세계·GS·효성·한화·동부·금호아시아나 등 모든 대기업집단의 계열사를 해체하라는 것이나 다름없기 때문이다.

공정위는 이제라도 폭주를 중단하고, 대기업집단들이 과도한 내부거래를 합리적으로 개선할 수 있도록 유연한 정책 방안을 내놓아야 한다. 사실 공정위가 그동안 '현저하게 유리한 조건'으로 거래한 사실을 입증하는 데 어려움을 겪은 것은 부인할 수 없다. 행정소송으로 가면 공정위가 대기업들에게 패소한 사례가 많았다. 따라서 이 요건에서 '현저하게'를 빼고, 공정위의 실질적인 부당 내부거래 단속권을 강화하면 정책의 목적을 충분히 달성할 수 있다.

공정위는 경쟁을 촉진하고, 시장경쟁 제한 행위를 규제하기 위해 설립됐다. 공정 경쟁을 방해하거나 담합행위를 할 경우 엄단해야 한다. 하지만 이번 개정안처럼 모든 내부거래를 규제하려는 것은 대기업 죽이기, 대기업 해체로 번질 수 있다. 대기업의 경영 활동을 과도하게 옥죄는 독소 조항은 다시금 재검토돼야 한다. '수술은 성공했는데, 환자는 이미 죽었더라'는 최악의 부작용이 나오지 않게 해야 한다.

여야의 기업 경영 활동 금지법 제정 경쟁

박근혜 대통령이 "기업 규제는 피부에 와 닿게 확실하게 풀어야 한다" 고 강조했다. 규제 대상만 적시하고, 나머지는 모두 풀어주는 네거티브 방식으로 과감하게 접근해야 한다는 점도 천명했다. 찔끔찔끔 풀어서 는 기업들이 규제완화를 체감할 수 없다고 했다. 박 대통령의 이 같은 언급은 현재의 엄혹한 경제 현실을 생각하면 시의적절한 발언이다. 새 정부가 출범하면서 정치권, 정부에선 하루가 멀다 하고 경제민주화 규 제 방안을 쏟아내고 있기 때문이다.

정치권은 재벌과 재벌 오너를 범죄인 취급하듯 각종 규제 법안을 양 산하고 있다. 여의도 의사당에는 경제민주화 광풍이 휩쓸고 있다. 광풍 이 하도 세서 막을 도리가 없다. 국회가 쏟아내는 재벌 규제 법안을 보 면 아예 한국에선 사업을 하지 말라고 최후통첩하는 것 같다. 총수와 사내이사의 개별 연봉을 공개하도록 하는 자본시장법 개정안은 국민들 의 관음증을 부추기는 것과 같다. 반기업인 정서를 확대 재생산하여 총수와 최고경영자를 망신 주려는 것이나 다름없다. 노사 갈등을 확대시킬 것으로 우려된다.

계열사 간 내부거래를 몽땅 부당한 일감 몰아주기로 간주하고, 과징금을 부과하고, 증여세를 부과하려는 것도 시장경제의 선을 넘었다. 특히 오너 일가가 30% 이상 지분을 갖고 있는 계열사에 대한 내부거래의 경우 총수의 간여가 없어도 무조건 총수를 처벌하는 법안도 있다. 해당 총수에 대해서는 3년 이하 징역이나 2억 원 이하의 벌금을 부과할 수 있도록 했다. 이 같은 법안에 대해 노대래 신임 공정위원장마저 황당해하고 있다. 노 위원장은 "법 전공자로서 처음 듣는 이야기"라고 비판했다.

하도급을 고쳐 징벌적 손해배상제 적용 대상을 확대한 것도 우려된다. 무리한 옥죄기 규제다. 대기업들은 이 경우 부당한 단가 인하나 발주 취소, 반품까지 최고 해당 금액의 3배까지 징벌적 손해배상금을 물어야 한다. 이 법안을 현실화하면 중소기업들의 손해배상 소송이 줄 이을 것으로 보인다. 소송을 우려한 대기업들은 중소기업들에게 납품받는 것을 대폭 축소하거나 아예 사내에 전담 부서를 만들 것으로 보인다. 더 나아가 해외에 해당 부품을 발주할 수 있다. 빈대 잡으려다가 초가삼간 다 태우는 짓거리가 될 수 있다.

여야는 기업 경영활동금지법을 누가 더 많이 만드나 경쟁하는 것 같다. 국회는 지금 제정신이 아니다. 미쳐도 단단히 미쳤다. 노동운동과 좌익 이념 서클에서 활동했던 소수의 반재벌 극단주의자들이 국민정서법을 빌미로 대중을 선동해 기업을 무차별적으로 괴롭히려 하고 있다. 정부도 예외가 아니다. 경제 검찰 공정거래위원회는 재벌을 손보지 못해 안달하는 것 같다. 국세청도 대기업의 비자금을 조사하고 세무조사 대상 기업을 지난해보다 200개 이상 늘렸다.

국회에 계류 중인 대기업 관련 규제 법안은 무려 30여 가지나 된다. 대부분이 오너를 혼내주고, 고발하고, 구속하게 하고, 징벌적 손해배상을 물리도록 하는 내용이다. 박 대통령이 경제민주화에 대해 우려하고, 기업 관련 규제 개혁을 강조한 것은 이런 점에서 다행스럽다. 경제민주화 광풍의 고삐를 잡지 않으면 기업인이 의욕을 잃고, 기업들은 해외로 나갈 수밖에 없다. 경제민주화가 제어되지 않고 폭주하면 재벌 가운데 본사를 다른 나라로 옮기겠다고 선언하는 기업이 나올 수 있다.

박근혜 정부는 경제민주화의 속도를 조절해야 한다. 지금 한국 경제를 감안하면 경제 살리기가 더 시급한 상황이다. 대기업들은 내부에선 경제민주화 광풍과 극심한 내수 불황, 대외적으론 엔화 약세로 인한 수출 감소 등 트리플 악재로 신음하고 있다. 우리 경제는 8분기째 0~1%대 저성장이 우려되고 있다. 엔화 약세로 자동차·전자·철강·기계·화학 등의 수출에 빨간불이 켜졌다. 미국시장에서 도요타와 혼다는 판매 물량이 급증하고 있는 반면, 현대차는 엔화 약세로 되레 감소했다. 올해는 2%대 저성장이 우려되고 있다.

지난 20년간 늙고 병들었다가 아베의 엔저 정책으로 벌떡 일어난 일본 경제보다 활기를 잃어가고 있다.

아베 총리의 일본 경제와 박근혜 대통령의 한국 경제는 뚜렷이 대비되고 있다. 일본 제조업은 아베의 엔저 정책으로 휘

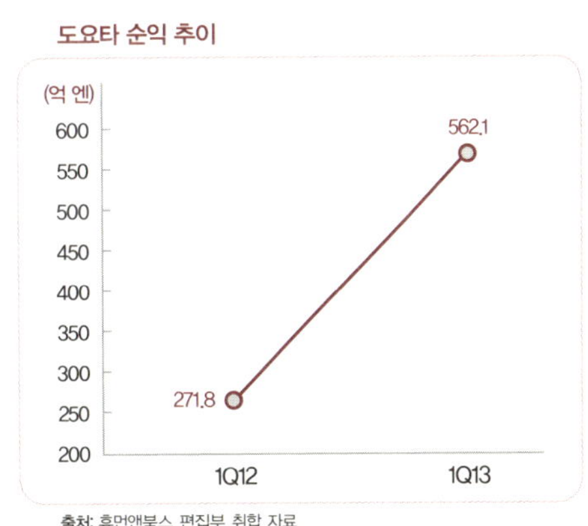

출처: 휴먼앤북스 편집부 취합 자료

파람을 불고 있다. 일본 제조업의 상징인 도요타의 순익을 보면 지난 1분기에 90%나 급증했다. 지난해 같은 기간에 비해 두 배나 늘었다. 반면 현대차와 기아차는 각각 마이너스 8.3%, 25.4%나 급감한 것으로 추정됐다. 현대차로선 비상이 걸린 셈이다. 엔화정책은 사실상 한국의 현대차·기아차·삼성전자·LG전자·포스코 등 대기업들을 죽이려는 정책이다. 엔저 정책은 해외시장에서 치열하게 경합한 한일 기업 간 경쟁에서 일본 기업에게 결정적인 도움을 주는 정책이다.

국내 기업들의 투자도 급감하고 있다. 성장 동력이 우려되는 상황이다. 일자리 확대는 공염불이 될 수 있다. 문제는 박 대통령은 과감한 규제 개혁, 규제 혁파를 강조하는데, 정부나 정치권은 마이동풍이라는 점이다. 여야 가릴 것 없이 지금처럼 대기업과 기업인을 옥죄는 법안 만들기 경쟁을 벌이면 백약이 무효다. 대통령이 아무리 경제민주화에 대해 우려를 표명하고 기업인들에게 과감한 투자와 일자리 창출을 강조해도, 정치권이 정신을 못 차리면 재계가 활력을 회복할 수 없다.

박 대통령의 과감한 기업 규제 발언을 계기로 정부는 더 이상 기업 옥죄는 법안 만들기에 신중해야 한다. 대통령을 보필하는 각 부처는 기업과 기업인들이 신나게 일할 수 있는 여건 조성에 앞장서야 한다. 불공정거래나 총수 일가의 부당한 재산 형성은 규제를 가해야 하지만, 경영과 관련한 규제는 최대한 없애야 한다. 손톱 밑 가시를 빼는 것뿐만 아니라 가슴에 박혀 있는 못도 제거해야 한다. 경제는 심리다. 기대 심리부터 부활시키는 게 중요하다.

아베 총리는 투자와 소비심리 살리기에 공을 들였다. 파격적인 엔화 약세 정책을 밀어붙이고, 150조 원 규모의 경기 부양 카드를 꺼냈다. 부양 카드도 단타 위주로 하지 않고 패키지로 했다. 연타석 홈런과 장타,

단타를 쏟아냈다. 물량 공세였다. 일본 은행의 윤전기를 24시간 돌려 돈을 찍어내고 있다. 기업들에 임금 인상을 독려해 국민들의 소득 증대를 유도하고 있다. 일본 증시는 사상 최고치를 갈아치우며 순항하고 있다. 일본 제조업체들은 갑자기 늘어난 영업이익에 놀라 입을 다물지 못하고 있다. 국내 증시는 엔저에 폭격을 맞아 신음하고 있다. 1분기 실적을 보면 주요 기업들의 영업이익이 감소하는 등 큰 어려움을 겪고 있다.

우리 경제도 아베 정책을 벤치마킹해야 한다. 더 이상 경제민주화 광풍에 매달리지 말고 기업 살리기, 내수 살리기, 소비심리 살리기에 올인해야 한다. 대통령은 기업인 기 살리기에 나서는데, 정부 부처가 반대로 가면 안 된다. 대통령은 우회전하려는데, 정부가 반대로 좌회전하면 안 된다. 정부가 대통령의 뒷다리를 잡으면 안 된다. 정부는 경제민주화 법안 만들기를 중지하고, 투자 활성화, 일자리 창출 확대를 위한 규제 개혁에 나서야 한다. 해외로 나간 기업들을 불러들일 제조업 U턴 정책도 펴야 한다. 미국 오바마 대통령은 해외에서 돌아오는 미국 기업들에게 세금 감면 등 파격적인 인센티브를 주며 러브콜을 보내고 있다. 아베 총리도 일본 제조업 유턴 정책을 과감하게 추진 중이다.

국회가 문제다. 국민정서법을 빌미로 대기업 규제 법안을 양산하고 있기 때문이다. 고삐가 도저히 제어되지 않고 있다. 정치권은 이제라도 이성을 찾고 정부와 협조해서 경제 살리기에 동참해야 한다. 기업 활동금지법을 만들 게 아니라 기업투자촉진법을 만들어야 한다. 재벌을 더 이상 범죄 집단으로 내모는 작태는 그만둬야 한다. 국회가 지금처럼 정신을 차리지 못한다면 삼성·현대차 등 재벌들의 해외 이전, 해외 생산물량 확대는 지속될 것이다. 이미 현대차는 해외 생산물량이 많아졌다. 삼성전자도 국내보다는 중국 베트남에서 휴대폰을 더 많이 생산하고 있다. 국내투자 감소와 해외투자 확대는 갈수록 늘어날 것이다. 규제 강화와 노조의 이기주의, 고임금 등이 기업들을 해외로 내몰고 있다.

정부와 여당은 이제라도 박 대통령의 의지를 십분 살려서 경제 활성화, 투자 활성화, 일자리 활성화를 위한 과감한 규제완화 대책을 내놓아야 한다. 새누리당은 민주당에 더 이상 질질 끌려다녀서는 안 된다. 거대한 관치 경제를 부활하려는 야당의 경제민주화 책략에 새누리당마저 동조하는 우매한 짓은 자제해야 한다. 자유주의 시장경제를 통해 제조업이 활력을 찾도록 해야 한다. 우리 경제는 비상 상황이다. 내수가 신음하고 있는 데 이어 제조업도 엔저 파고에 휩쓸려 떠내려 가고 있다. 경제가, 산업이, 기업들이 고통스러워하고 있다. 경제민주화 놀음 그만둬야 한다. 지금 그런 공허한 데 정력을 낭비할 때가 아니다. 정치권은 우리 경제에 닥친 내우외환의 실상을 엄중히 깨닫기 바란다. 정책의 우선순위를 정해서 경제 활성화에 매진해야 한다.

대통령은 손톱 밑 가시 뽑고
관료들은 무수히 가시 박고

박근혜 대통령은 최근 "투자하는 기업인은 업고 다닐 것"이라고 강조했다. 양질의 일자리를 늘리고, 성장과 소비에 기여하는 기업과 기업인에 대한 애정과 관심의 표시였다. 한국 경제는 지금 외환위기 못지않은 어려움을 겪고 있다. 장기간 경기 침체와 내수 불황, 건설·조선·해운산업의 침몰 위기, 청년 실업, 자영업자 몰락, 생산 및 투자 감소, 저성장 고착화……. 삼성전자와 현대자동차 등 일부 기업을 제외하곤 대부분 경영난과 적자에 허덕이고 있다.

이대로 가면 2%대 극히 낮은 성장을 보일 것이다. 일본처럼 잃어버린 20년 불황의 전철을 밟을 가능성이 높아졌다. 나라 곳간도 비어 가고 있다. 2013년 1월부터 5월 말까지 세수 차질분이 벌써 9조 원이나 된다. 이대로 가면 연말까지 최대 20조 원가량의 세수가 펑크 날 것으로 보인다. 대부분 법인세와 부가세에서 구멍이 났다. 기업들이 내야 할 세금이 그만큼 줄었고, 소비자들도 지갑을 꽁꽁 닫고 있다는 것을 의미한다.

국세청은 줄어드는 세수를 보충하고 증세 없는 복지재원을 마련하기 위해 기업에 대한 대대적인 세금 징수 드라이브를 걸고 있다. 청와대에 충성하려는 국세청 간부들의 노력 세수가 극성을 이루면서 대기업은 물론 중소·중견기업까지 대대적인 세무조사에 시달리고 있다. 국세청이 세무조사 타깃으로 삼는 기업만도 벌써 1만 8,000곳에 달한다. 전국의 기업이 세무조사 쇼크로 인해 몸살을 앓고 있다.

기업들을 들쑤셔도 3~4조 원을 더 걷을 것이란 추산이다. 세무공무원들과 기업 간의 갈등도 그만큼 높아지고 있다. 지금 같은 노력 세수라면 세금 전쟁이 올해는 물론 집권 5년 내내 지속될 것으로 보인다. 세란(稅亂)이 거세지면 정권에도 부담이 된다.

국민들의 재테크 수단인 증시도 속절없이 추락하고 있다. 코스피 지수는 약세를 면치 못하고 있다. 여의도 증권가는 초상집이다. 거래량이 절반 이상으로 급감해 대부분 증권사들이 적자에 시달리고 있다. 상당수 증권사는 매물로 나와 있다.

세수가 감소하면 박 대통령 재임 5년간의 135조 원 복지재원 조달은 물 건너간다. 생애 주기별 맞춤형 지원도 연목구어가 된다. 국민 행복을 위한 취약 계층 및 서민·중소기업 지원도 재원 조달에 빨간불이 켜질 것이다.

박 대통령은 취임사에서 경제 부흥을 강조했다. 모든 국민이 행복한 삶을 살도록 노력하겠다고 했다. 하지만 경제는 거꾸로 가고 있다. 저성장, 저일자리, 저투자, 저판매, 저실적, 저주가, 저세수……. 온통 악재요, 부정적인 지표들뿐이다. 우리 모두가 삼성전자 착시 현상에 사로잡혀 있는 것은 아닌지 걱정된다. 삼성전자는 지난 2분기 9조 5000억 원의 영업 흑자를 냈다. 사상 최대 실적이다. 현대차도 엔저 등으로 어려움을 겪고 있지만, 아직은 조 단위 흑자를 내면서 삼성전자와 함께 한국 제조업의 기둥 역할을 하고 있다.

삼성전자·현대차 착시 현상이 정부나 정치권, 법조계로 하여금, 반기업적 경제민주화 규제를 쏟아내고 총수들을 무조건 구속하게 만드는 것은 아닌지 걱정스럽기만 하다. 가장 우려되는 점은 기업들의 투자가 급감하고 있다. 삼성·현대차·LG·SK 등 4대 그룹의 투자 이행률은 당초 계획치의 35%에 그쳤다. 투자 금액은 33조 원으로, 올해 목표치 96조 원에 한참 못 미친다. 나머지 30대 그룹의 투자도 4대 그룹만큼이나 부진할 것으로 추정된다.

성장·투자·일자리·수출·내수·소비를 견인하는 대기업의 투자 부진은 한국 경제의 성장 엔진에 먹구름을 몰고 온다는 점에서 심각한 현상이다. 기업들의 투자가 저조한 것은 경제민주화 광풍에 휘말려 기업인들이 정신을 못 차리고 있기 때문이다. 오너나 총수의 경영권을 위협하는 지배구조 규제강화 법안은 물론, 공정법·하도급법·상법 등을 통해 기업과 기업인을 옥죄는 법안이 줄줄이 쏟아지고 있다.

일감 몰아주기 규제, 순환출자 금지, 중간금융지주회사 설립 의무화, 제2금융권의 대주주 적격성심사 강화, 공정위 전속고발권 폐지, 소송 남발을 부추기는 집단소송제, 징벌적 손해배상제, 납품단가 조정협의권 부여 등 새로 도입되는 기업 규제는 거의 현기증이 날 정도다. 대부분이 불공정 경쟁이나 불공정거래를 해소하기보다는 반시장적 과잉 규제다. 대주주와 친인척이 사법 처리 되면 보험·증권사의 경영권을 박탈하려는, 제2금융권 대주주 적격성심사 강화가 대표적이다. 이는 이건희 삼성 회장과 김승연 한화 회장이 경영권을 갖고 있는 삼성생명과 한화생명의 경영권을 빼앗으려는 좌파 정당과 시민 단체, 학자들의 거대한 음모를 현실화시키려는 것이다. 야당이 참여연대의 숙주가 돼서 대기업 해체를 몰아가고 있는 셈이다. 공정법 개정안은 관료들에게 무한한 권한과 자의적 해석권을 부여해 기업 경영을 어렵게 하는 악법이다. 일감 몰아주기를 규제하려는 것도 수직 계열화와 계열사 간의 효율적인 납품을 저해할 수 있다. 여차하면 공정위는 불공정행위와 총수의 사익 편취로 몰아가 과징금 부과와 검찰을 고발 조치하고, 검찰은 재벌 손보기 차원에서 총수 일가를 배임죄로 형사처벌할 수 있다. 공정법 개정안은 오너 일가로 하여금 항상 교도소 담벼락 위를 걷는 불안감을 조성하게 할 것이다.

1만 명 이상에게 고지서가 통보된 일감 몰아주기 과세의 경우, 대기업 총수 일가는 몇 명 되지 않는 반면, 중소기업 및 중견기업 오너들이 유탄을 맞게 됐다. 증여세 고지서를 받게 된 대기업 총수 일가는 70명에 불과하기 때문이다. 대부분 중소 및 중견기업인이 일감 몰아주기 과세의 폭탄을 맞게 될 것으로 보인다. 정부는 1970년대 중소기업에 대해서도 생산 및 기술 전문화와 계열화를 촉진하고, 세제 감면 등의 인센티브를 줬다. 이제 와서 중소기업들도 내부거래로 이익을 봤으니 증여세를 내라고 국세청에서 윽박지르고 있다. 모 중소기업은 부실한 협력업체를 지원해서 회생시켰더니 영업이익을 냈으므로 증여세를 내라는 국세청 통지서를 받고 화가 단단히 나 있는 상태다. 대기업을 때려잡으려다 정작 소기의 목적은 거두지 못하고, 애꿎게 중소기업들만 죽어나는 형국이다. 국세청이 뒤늦게 중소기업 과세부담을 덜어주기로 한 것은 만시지탄이다.

경제민주화 악법은 이제 중단돼야 한다. 경제민주화 법안들은 시장경제의 장점인 기회의 평등과 효율을 부정하고, 결과의 평등과 분배에 편향됐다는 점에서 경제 활력을 저해한다. 시장에서 고객들에게 선택받은 대기업을 처벌하고, 더 이상 커지지 못하게 막는 독소법이다.

박 대통령이 투자하는 기업을 업고 다니려면 현재의 경제민주화 법안들을 재점검해야 한다. 반시장적, 반기업적 독소 조항들은 없는지 냉철히 분석해야 한다. 말로만 기업인을 업고 다니겠다, 규제를 확 풀어 네거티브 방식으로 전환하겠다, 손톱 밑 가시를 빼주겠다고 해봐야 소용없다. 박 대통령의 의지와는 달리 일선 행정부처에서는 기업에 대못 박고, 손톱 밑 가시를 더욱 깊숙이 넣는 데 주력하고 있다. 거꾸로 가고 있다. 대기업을 못 때려 안달하는 정치권, 별건 수사를 통해서라도 총수를 배임 및 횡령죄로 처벌해서 건수를 올리려는 검찰과 판사들도 경제에 큰 부담을 주고 있다.

총수가 구속된 SK의 상반기 투자 집행률이 당초 대비 20%대에 그친 것이 이를 여실히 보여준다. 대기업은 오너의 결정과 판단이 결정적이다. 수천억 원에서 수조 원의 투자를 결정하는 과정에서 전문경영인이 결단하기는 힘들다. 오너가 장기간의 목표를 갖고 결단해야 하는 경우가 대부분이기 때문이다. 대통령은 말썽 많은 경제민주화 입법이 거의 끝났다고 했다. 중요 7개 법안 중 6개가 국회에서 처리됐으며, 나머지 1개만 통과되면 된다고 했다. 이젠 투자 활성화에 집중하겠다는 의지도 내비쳤다.

기업인들이 기업심을 품고, 투자 의지를 북돋게 하려면 지금 같은 경제민주화 광풍을 조속히 잠재워야 한다. 기업의 애로 요인을 현장 점검하고, 이들이 투자를 하도록 규제를 풀어줘야 한다. 성장의 주역인 대기업들이 다시금 뛸 수 있도록 규제를 혁파해야 한다. 타도의 대상이 아니라 업고 다녀야 할 대상임을 확실히 각인시켜 줘야 한다.

현오석 경제팀장은 이런 점에서 중차대한 과제를 안고 있다. 대통령이 지시한 투자 활성화를 위해 대못과 손톱 밑 가시를 과감히 제거해야 한다. 경제민주화 악법들에 대해서는 투자에 걸림돌이 되지 않게 거부하는 강직함과 리더십을 발휘해야 한다. 반시장적 규제 기관으로 전락한 공정위의 폭주를 단호히 견제해야 한다. 공정위 간부들의 반기업적, 반투자적, 반일자리적 규제 법안에 대해 브레이크를 걸어야 한다. 공정위가 참여연대나 경제개혁연대 등과 유착돼 기업집단을 해체하려는 불순한 의도가 있는지도 살펴봐야 한다.

요즘은 젊은 공정위 사무관들일수록 편향된 대기업관을 갖고 있다. 이들에게 시장경제에 대한 교육을 시켜야 한다. 한국 경제가 어떻게 해서 번영의 길을 걸었는지, 한국 기업의 강점이 무엇인지에 대해 주지시켜야 한다. 반시장적 규제를 남발하지 말고, 공정 경쟁을 촉진하는 본연의 임무에 충실토록 해야 한다. 사법부도 재계를 불안하게 만드는 강력한 집단으로 부상했다. 요즘 주요 그룹 총수 관련 재판을 보면 황당한 원님 재판이 횡행하고 있다는 의구심을 갖게 한다. 배임 및 횡령 등 불법을 저지르지 않았다는 총수의 주장에 대해 "네 죄를 네가 알렸다"는 식의 호통을 치는 게 다반사이기 때문이다. 하지도 않은 불법행위를 자백하라고 윽박지르는 판사도 있다. 모 그룹 총수 재판을 보면 재판부가 전체 신문의 95%를 독점하고, 변호사 변론권마저 차단하는 사례가 많다. 재판장 혼자서 북 치고 장구 치는 이상한 재판을 하고 있다. 심리 중인데도 재판장이 총수의 유죄 가능성을 암시하는 말을 하는 경우도 있다. 판사의 재판 진행을 보면 금도를 넘어서는 발언을 하는 경우가 적지 않다. 증인이 마음에 들지 않으면 호통치고, 증인 1명만 갖고 10여 차례나 직접 신문하는 이상한 재판도 있다.

판사들은 한국에서 가장 특권을 누리고 있다. 정치권과 정부는 국민과 언론으로부터 혹독한 비판을 받는다. 판사들만은 사법부 독립이라는 성에서 견제받지 않는 특권을 향유하고 있다. 고압적이고, 무오류의 재판을 하는 것인 양 치부하는 판사가 많다. 재계 총수들의 경우 잡범들이 아니고, 투자와 일자리 등 경제를 이끌어 가는 국가적 인물이다. 경제 부흥을 주도하는 리더들이다. 사법부의 요즘 총수 관련 재판을 보면 재계 총수들을 무슨 잡범처럼 여기며 혼내는 사례가 많다. 불법행위를 부인하는 총수에 대해 네 죄를 자백하라는 원님 재판을 하는 경우도 있다.

사법부가 불신의 대상으로 전락한 지는 이미 오래다. 일부 판사들의 경우 피고인에 대해 조롱하고 인격 모독하는 사례가 심심찮게 언론에 보도되고 있다. 판사라고 해서 무오류의 판결을 하는 것은 결코 아니다. 최근 모 판사가 주차장에서 이웃 주민의 차를 무단으로 훼손하는 추태를 벌인 것도, 추락하는 일부 판사들의 자질을 보여주는 것이다.

경제민주화가 대세가 되면서 판사들도 총수들의 배임 및 횡령 사건에 대해서는 인신 구속하는 것이 관행화됐다. 많은 판사가 양형 기준에서 가장 가혹한 형량을 선고하는 경향이 많아졌다. 나중에 형량이 경감될지라도 일단 최고형부터 선고하려는 분위기가 강하다. 그래야 정치권이나 시민 단체 등에서 말을 듣지 않고, 인사상의 불이익도 당하지 않기 때문이란다. 헌법재판관이나 대법관에 대한 국회 청문회를 보면 야당 의원들은 후보자가 대기업 관련 판결이나 기소에서 어떤 입장을 보였는지를 집중 추궁하고 있다. 사법부가 요즘 기업인에 대해 유전중죄(有錢重罪)의 대상인 것처럼 가혹한 형벌을 선고하는 것도 이것과 연관된 것은 아닌지 걱정된다.

　총수가 소송 중인 그룹들은 입조심에 여념이 없다. 혹시라도 재판장에게 밉보여 총수가 가혹한 선고를 받을까 봐서다. 공판중심주의에서 판사는 황제나 다름없다. 이래저래 대기업들은 피곤하다. 정치권과 정부의 경제민주화 벽을 넘으면 어느덧 검찰과 사법부의 더 가혹한 경제민주화 산이 기다리고 있다. 한국에서 기업하는 사람들은 불행하다. 해외에서 존경받는 기업인이 한국에선 범죄인인 것처럼 예비 검속을 당하고, 온갖 규제의 사슬에서 고통받고 있기 때문이다. 재계 리더일수록 사업 보국과 부국강병, 선진국 진입을 위한 희생정신과 명예욕을 갖고 있다. 하지만 이들은 을을 부당하게 희생해서 부를 쌓는다는 편견에 시달리고 있다. 증오와 질투의 타깃이 되고 있다. 원님 재판의 희생양이 되고 있다.

　투자하는 기업인을 업고 다니겠다는 박 대통령의 말은 결국 구두선으로 그칠 것이다. 정치권은 박 대통령의 의지를 깔아뭉개며 경제민주화 악법을 더욱더 양산하는 데 혈안이 돼 있다. 정부도 경제민주화 도그마에 사로잡혀 대통령의 지침을 뒤로 흘리고 있다. 공정위는 대기업집단을 해체해야 직성이 풀리는 것처럼 대기업 사냥에 열을 올리고 있다. 박 대통령은 정권 출범 초기 경제 검찰에게 경제민주화 사냥을 워낙 강하게 주문한 바 있다. 이제 와서 대기업을 타깃으로 해서는 안 된다고 강조해도 제어가 안 되고 있다. 사법부도 대기업 총수 재판의 경우 금도를 벗어난 신문을 하는 경우가 없지 않다. 총수의 황제 경영에 대해 말이 많지만, 일부 판사들의 권위적이고 안하무인적인 재판 행태를 보면 황제 재판이라고 불러도 하등 이상할 게 없다.

야당과 참여연대의
삼성 해체 짬짜미

그들의 마각이 드러났다. 참여연대와 경제개혁연대 등 반재벌, 아니 반삼성 좌파 인사들이 오랫동안 꿈꿔온 숙원 사업이 마침내 성취될 가능성이 높아졌다. 자유주의 시장경제로 번영해온 이 땅에서 삼성을 해체하려고 칼을 갈아온 좌파 인사들의 10년 묵은 체증이 풀릴 순간이 다가왔다.

외환위기 이후 소위 소액주주 운동으로 밥 먹고살아 온 장하성 고려대 교수, 김상조 경제개혁연대 소장(한성대 교수), 김기식 민주당 전국구 의원(참여연대 출신), 홍종학 민주당 전국구의원(가천대 교수) 김기원 방통대 교수 등이 살맛나게 생겼다. 이들은 이건희 회장이 쥐꼬리 지분으로 황제 경영을 한다며 물어뜯어 왔다. 이들은 끊임없이 삼성과 이건희 회장 일가에 대해 소송을 벌여 왔다. 좌파 학자들은 원내에 교두보를 확보한 김기식 의원과 대기업에 생리적인 거부감을 보여온 막가파식 이종걸 의원 등을 통해 은행법과 금융지주회사법 개정안을 제출했다.

장하성 교수는 안철수 캠프의 좌장 역할을 하며 정계 진출까지 엿보고 있다. 그가 그동안 좌파 시민 단체의 얼굴마담 역할을 한 것이 고작 여의도에서 금배지 달아보려는 것은 아니었는지 한심스러울 뿐이다. 장교수는 20대와 30대의 불만 세력을 바탕으로 대권을 노리는 안철수의 참모로서 국회에 들어가, 반재벌 저주의 굿판을 신나게 벌여 보려는 것은 아닌지 의구심이 간다. 경제민주화 훈장 차고 위세를 한껏 부리는 국회 정무위원회 법안심사소위는 2013년 6월 산업자본의 은행 지분 보유 한도를 9%에서 4%로 낮추는 금산분리 관련 법안(금융지주회사법 및 은행법 개정안)을 통과시켰다.

법안심사소위는 이어 금융회사의 대주주 적격성심사를 현행 은행 외에 보험·증권·카드 등 제2금융권으로 확대하는 금융회사지배구조법 제정안을 심의 중이다. 이와 함께 공정법까지 고쳐 대기업집단 금융회사의 비금융 계열사에 대한 의결권을 현행 15%에서 5%로 대폭 낮추는 것까지 심사 중이다. 재계의 지지를 기반으로 다수당이 된 새누리당마저 금융지주회사법 개정안, 금융회사지배구조법 제정안, 공정거래법 개정안 등 소위 경제민주화 금산분리 3종 세트를 핵심 공약으로 하고 관련 법안의 본회의 통과를 마쳤거나 추진 중이다. 민주당도 이와 유사한 내용의 금산분리 강화 법안을 내놓았다. NLL(서해북방한계선)과 국정원의 선거개입 의혹 등에 대해선 원수처럼 싸우는 여야가 금산분리법안은 한통속이 돼서 짝짜꿍하고 있다. 경제민주화 광풍에 기대어 금융 산업의 발전을 저해하고, 대기업의 금융 산업 참여를 막으려는 황당한 짓거리를 해대고 있다. 대주주 적격성심사를 제2금융권으로 확대하는 것은 엄청난 부작용이 생길 수밖에 없다. 무엇보다 금산분리와 은산분리의 의미조차 파악하지 못하고 있는 것이 커다란 문제다.

대주주 적격성심사 강화는 21세기판 금융연좌제다. 왜 그런가? 개정 안은 금융회사의 대주주에 대해 일정 요건을 주기적으로 심사해서 결격사유가 발생할 경우 6개월 안에 요건 충족을 명하고, 이를 불이행할 경우엔 명령 이행 전까지 10% 초과 보유 주식의 의결권을 제한하도록 하고 있다. 또 6개월 안에 보유 주식에 대해 강제 처분 명령을 내리고 있다. 문제는 대상이 최대 주주 외에 특수 관계인, 주요 주주 등으로 지나치게 광범위하다는 점이다. 대주주 외에 친인척이 51개 법을 위반할 경우 의결권을 제한하거나 보유 주식을 강제 매각해야 한다. 특수 관계인에는 6촌 이내 부계 혈통이 들어가 있다. 51개 법에는 금융 관련 법, 공정거래법, 조세범처벌법은 물론 부품소재기업육성법, 주택법 등도 포함돼 있다.

대기업집단의 경우 수십조 원에서 수백조 원의 매출을 올리고 있다. 삼성만 해도 그룹 매출이 300조 원이 넘는다. 현대차도 200 조 원이 넘는다. 허나 이건희 회장, 정몽구 회장, 김승연 회장 등 대주주 주변에는 숱한 친인척이 있다. 이들이 잘못해서 형사처벌을 받거나 범법행위를 할 경우 총수들이 금융회사 지배권을 내놓아야 한다는 이야기다. 이런 악법이 어디 있는가.

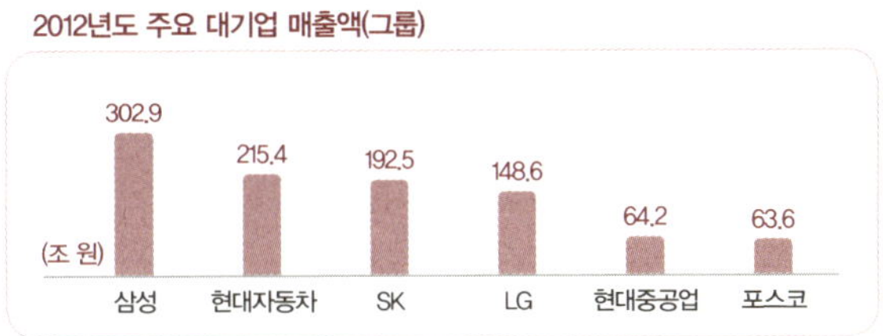

출처: 휴먼앤북스 편집부 취합 자료

중세 봉건 시절엔 반역자 등 가족에 대해선 삼대를 멸하는 참혹한 형벌을 내렸다. 군사독재 시절에도 국가보안법 등 시국 관련 법을 위반했을 경우 가족이 각종 취업이나 공무원 임용 등에서 제한을 받았다. 김기식, 이종걸 의원 등이 제출한 금융회사 지배구조법 제정안은 금융연좌제다. 어떻게 국민 세금으로 1억 5000만 원의 세비를 받으면서 봉건시대 때 악법을 내놓았는지 어리둥절할 뿐이다. 반자본, 반시장, 반재벌 등 운동권 논리에 여전히 함몰된 김기식 의원이야 삼성 해체를 노리고 있고, 이건희 회장 부자의 경영 참여를 배제하려는 데 혈안이 돼 있다는 점에서 그렇다 치자. 이종걸 의원은 변호사 출신이라는 점에서 연좌제의 부당성을 알고 있을 텐데도 이런 말도 안 되는 법안을 제출하는 횡포를 부렸다. 만약 민주 투사의 가족이 취업이나 공직 임용에서 불이익을 받았다면 난리를 쳤을 것이다. 최소한의 건전한 상식조차 없는 의원들이다.

더구나 적용 대상 법령을 보면 어안이 벙벙하다. 금융 관련 법과 공정법, 조세범처벌법 외에 부품소재기업육성법, 주택법 등 금융업과 전혀 관련이 없는 법률까지도 대주주의 경영권 박탈 요건으로 규정했다. 예컨대 해외자원개발 신고 의무를 위반하는 것도 경영권 박탈 요인이 된다. 견본주택 설치 기준을 위반하는 경우와 부정한 방법으로 감정 평가할 경우, 경영진으로서 퇴직금을 기한 내에 지급하지 못할 경우, 부품소재 기업 육성과 관련해 신뢰성 인정 평가를 대행하면서 뇌물을 받을 경우도 경영권을 내놓아야 한다. 이쯤되면 거의 조폭 수준의 입법이다. 이 법령들이 금융회사 경영과 무슨 상관이 있는지 어이가 없다. 삼성생명의 지배권을 가진 이건희 회장과 한화생명을 경영하는 김승연 회장한테서 경영권을 빼앗겠다는 말과 같다. 입법부의 폭거다. 전두환 군사정권 시절 국제상사 등 일부 대기업집단을 한순간에 공중분해 시킨 폭압적 조치와 뭐가 다른지 답답하다. 입법부의 독재가 도를 넘어섰다.

이런 말도 안 되는 법안을 갖고 여야가 심사를 벌인다는 것 자체가 코미디요, 국민을 우롱하는 처사다. 세계 10대 경제 강국의 위상에 걸맞지 않은 비합리적 입법의 극치다. 시장경제의 가치와 이데올로기를 근본적으로 무너뜨리는 폭력이다. 조폭과 다를 게 뭐가 있는지 김기식, 이종걸 의원 등은 국민에게 엄중하게 설명해야 할 것이다. 또 하나의 문제점은 금융 권역별 업무의 특성을 무시한 채 획일적으로 규제를 가하고 있다는 점이다. 은행은 돈을 빌려주는 여신 기능과 고객의 돈을 예치해서 운용하는 수신 기능을 동시에 갖고 있다. 그래서 은행의 경우 대주주에 대한 적격성심사가 엄격하게 이뤄져야 한다. 대주주가 잘못할 경우 불특정 고객, 국민 다수가 피해를 볼 수 있다. 그래서 일정 한도 이상의 지분을 갖는 것을 규제하고 있다. 이런 점에서 금산분리가 아닌 은산분리가 타당하다. 은행 산업과 산업자본 간의 방화벽만 쌓으면 된다. 비은행은 사정이 다르다. 보험·증권·카드 등 제2금융권은 여신 기능이 없다는 점에서 대주주 문제로 불특정 다수가 피해를 볼 가능성이 낮다. 이로 인해 세계 각국이 제2금융권에 대해선 지분 규제를 하지 않는다.

글로벌 스탠더드에도 맞지 않다. 미국과 영국 등 선진국은 대주주를 대상으로 획일적이고 주기적인 심사를 하지 않는다. 물론 미국은 보험사 설립 시 발기인과 이사의 범죄 경력 여부를 고려하기는 한다. 하지만 사업을 계속 영위하는 과정에선 대주주의 자격 요건을 따지지 않는다. 또 하나 유의해야 할 것은 소액 투자자의 피해가 우려된다. 우량 금융회사가 적대적 인수합병으로 외국 자본에 팔릴 가능성도 높다. 대주주의 주식 처분을 강제할 경우에는 대주주가 경영권을 상실할 뿐만 아니라, 시장 혼란에 따라 수많은 소액주주가 엄청난 재산 손해를 볼 수 있다. 예컨대 금융위원회의 주식 매각 명령을 받은 기업들을 보면 이 같은 문제점을 실감할 수 있다. 2002년 2월 주식매각 요구를 받은 세종증권은 3개월간 주가가 23% 폭락했다. 현대엘리베이터도 2004년 2월에 동일한 요구를 받으면서 3개월간 49% 급락했다. 대주주도 문제지만, 결국 개미들도 엄청난 재산상의 손해를 입은 셈이다.

우량 금융회사들이 외국 자본에 헐값으로 매각되는 문제도 간과할 수 없다. 만약 이건희 회장의 6촌 이내 친인척이 51개 법 중 1개라도 위반해서 삼성생명의 경영권을 내놓아야 한다고 상상해 보자. 삼성생명은 자산 100조 원이 넘는 국내 초우량 금융회사다. 삼성생명을 인수할 후보가 국내에 있을까? 결국 글로벌 헤지펀드나 투기 자본이 먹을 가능성이 높다. 한화생명도 마찬가지다. 한화생명도 자산이 50조 원이 넘는 국내 2위 보험사다. 김승연 회장의 친인척이 예기치 않은 사고를 치거나 김 회장 자신이 또다시 불미스런 일에 연루되면 대주주 적격성심사에 걸려 한화생명의 경영권을 행사할 수 없게 될 것이다. 한화생명을 인수할 곳도 결국은 글로벌 투기 자본밖에 없다. 이런 사태가 일어날 것은 불 보듯 뻔하다. 김기식과 이종걸 의원이 이런 사태를 바라고 있는지는 모르겠다. 그러나 이것은 아니다. 이런 일이 절대 일어나선 안 된다.

여야는 지금이라도 정신을 차려야 한다. 합리적 이성을 되찾아야 한다. 냉철한 이성으로 대주주의 적격성심사를 확대하는 법안 심사는 당장 중단해야 한다. 박근혜 대통령은 여야의 이 같은 과잉 입법에 대해 제동을 걸어야 한다. 여야가 이를 통과시킬 경우 거부권 행사를 통해 경제민주화 광풍을 진압해야 한다.

미국은 산업자본이 금융회사를 소유하는 데 별다른 제한이 없다. 영국도 경영진과 이사를 대상으로 인가와 인가 유지 요건은 있지만, 대주주에 대한 주기적 적격성심사는 하지 않는다. 주식 강제 처분 명령도 법원에서만 하도록 엄격히 제한하고 있다. 워런 버핏의 벅서 해서웨이는 보험지주사로 수십 개 자회사를 거느리고 있다. 버핏은 매년 한국을 방문해 대구텍을 방문하곤 한다. 한국만이 아니다. 버핏은 미국과 이스라엘 등 전 세계에 수십 개의 산업 자회사에 대해 경영권을 행사 중이다. GE도 GE캐피탈을 거느리고 있다. GM과 포드 등도 자동차 판매 촉진을 위해 할부 금융사를 소유하고 있다.

현대차가 오늘날 글로벌 톱5에 든 것도 현대캐피탈 등 금융 계열사가 있기에 가능했다. 현대차는 글로벌 금융위기 이후 미국 시장 공략 때, 구입 후 1년

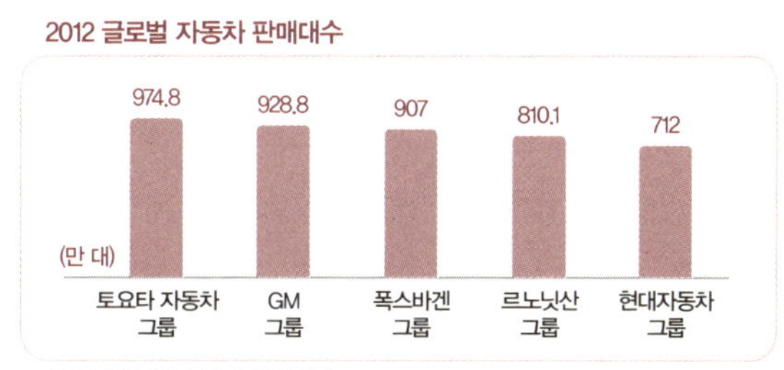

출처: 로이터 2012 글로벌 자동차 판매

이내에 실직할 경우 회사가 차를 되사주는 마케팅을 벌여 시장점유율을 높인 바 있다. 산업자본이 금융회사를 보유할 경우 글로벌 시장점유율을 높이는 등 시너지효과를 톡톡히 거둘 수 있다. 금산분리를 강화하는 것은 글로벌 추세에도 맞지 않는다.

정치권은 경제민주화 금융 법안의 문제점과 부작용을 심각히 성찰해야 한다. 이들 개정안과 제정안이 국가경제와 금융 산업 발전에 심각한 규제를 가하고, 대주주의 경영권을 부당하게 박탈하는 것은 아닌지도 고민해 봐야 한다. 합리성을 결여한 금산분리와 대주주 적격성심사 강화에 정력을 낭비할 필요가 없다. 정무위가 서투른 칼로 재계와 기업인들을 상처 내는 것은 중단돼야 한다. 반재벌 정서와 반기업인 국민정서법에 편승해 장사해 보려는 정치적 책략은 국가경제를 위험에 빠뜨

릴 뿐이다. 금융 악법 대신에 꺼져 가는 금융 산업의 위기를 타개할 해법을 찾는 데 고민해야 한다. 산업자본과 금융자본이 시너지효과를 내서 글로벌 경쟁력을 강화하는 방안을 찾아야 한다. 여러 사람의 비난과 비방은 사람의 뼈도 녹인다고 했다. 깃털도 쌓이면 배를 가라앉힐 수 있다.

지금 정무위의 핏발 선 경제민주화 맹신론자들을 보면 대기업집단과 총수를 혼내주지 못해 안달 난 것 같다. 기업인의 뼈를 녹이고, 재계를 침몰시키려고 저주의 굿판을 벌이고 있다. 세계와 동떨어지게 움직이며 반재벌 정서로 표를 얻으려는 청개구리 의원들은 제발 나라 경제 생각하고, 글로벌 동향도 파악하며 타당한 입법 활동을 했으면 한다.

슈퍼 갑 공정위의
마녀사냥 기업 규제

"학생들이 공부를 열심히 해서 성적을 올리는 것을 막으려는 것과 같다. 모든 학생의 성적을 똑같이 만들려는 좌파식 평등만능주의와 다를 게 뭐 있나?"

"단지 기업의 덩치가 커진다는 이유만으로 죄악시하는 것은 시장경제를 부정하는 것이다. 악법도 이런 악법이 어디 있는가?"

요즘 '경제 검찰' 공정거래위원회가 추진 중인 내부거래규제 법안을 보면 기업에 대한 대못을 확실히 박아 버리려고 안달을 하는 것 같다. 공정위 내 대기업 관련 공무원들이 반기업 탈레반은 아닌지 의심이 간다. 대기업 임직원들이 열심히 땀 흘리고, 밤샘하고, 야간 비행기까지 타는 수고를 마다하며 해외 시장을 개척해서 기업 규모와 이익을 키우는 것을 범죄시하려 하기 때문이다. 창조적 파괴와 혁신을 통해 국민과 글로벌 고객들의 사랑과 선택을 받은 대기업들에 대해 단지 경제력이 커졌다는 이유만으로 못살게 구는 것은 지구상에서 우리나라밖에 없다.

공정위 관료들의 비합리적 행태가 도를 넘었다. 이들의 행태를 보면 산업화 이전의 중세 길드주의로 돌아가자는 것은 아닌지 자못 궁금하다. 다 같이 못살던 시절의 빈곤평등주의, 구멍가게 수준의 중소기업 시대로 회귀하자는 것은 아닌지 의심이 간다. 이렇게까지 대기업을 못살게 구는 관료들이 지구상의 어느 나라에 있는지 통탄스럽다. 기업에 대한 슈퍼 갑(甲)질이 이 정도로 과도할 수는 없다. 이는 글로벌 경쟁 기업들과 생사를 거는 싸움을 통해 경쟁력을 강화하고, 시장점유율을 높이고, 브랜드 가치를 높여 한국 제조업의 위상을 높이려는 재계의 리더들을 뒤에서 총질해 대는 꼴이다. 달러를 벌어들이는 기업인들을 고문하는 것이다. 공정위 슈퍼 갑질을 상징적으로 보여 주는 내부거래규제 법안을 보자.

공정위가 계열사 간 거래 규제를 신설하는 것을 골자로 하는 개정안을 내놓아 국회를 통과시킨 것은 대표적인 반기업 악법이다. 상호출자제한 기업집단(자산 규모 5조 원 이상)에 속하는 기업은 특수 관계인이나 계열사와의 거래, 거래 기회의 제공, 사업 기회 제공을 통해 특수 관계인의 경제력 집중을 유지하거나 강화하는 행위를 해서는 안 된다고 규정하고 있다. 대기업집단의 경우 총수 등 친인척의 지분이 대부분의 계열사에 있는 것을 감안하면 사실상 계열사 간 거래를 못하게 하는 것이다. 직접 지분 관계가 없더라도 계열사를 통해서 간접적으로 얽혀 있는 게 많다. 이 법안이 시행되면서 강력한 리더십으로 오너 경영을 하는 총수들이 징역형에 처해질 수도 있다. 내부 거래를 경제력 집중 억제 차원에서 규제하려는 것도 심각한 문제다.

이는 공정법의 도입 취지에 어긋난다는 점에서 심각한 문제를 유발하고 있다. 경쟁법을 도입한 목적은 시장의 공정한 경쟁을 촉진하고, 독과점 기업의 출현을 방지하기 위한 것이다. 만약 경제력 집중을 억제하는 규제를 하게 되면 경쟁 제한성과 무관하게 계열사 간 거래를 규제할 수 있게 된다. 입법 목적에서 심각하게 일탈하게 되는 것이다. 과잉 규제의 전형적인 사례다.

대법원도 2004년 9월 24일 판례에서 경쟁 제한성과 무관한 변칙적인 부의 세대 간 이전 등을 통한 소유집중의 직접적인 규제는 공정법의 목적이 아니라고 판시한 바 있다. 공정위가 대법원 판례까지 무시하면서까지 무리하게 내부거래를 초토화시키려는 노림수는 무엇인가? 공정위의 집단이기주의와 관료적 편의주의가 도사리고 있다. 공정위는 그동안 계열사 간 부당 내부거래를 고발해 왔지만, 허다한 재판에서 패소하는 경우가 많았다. 기업들의 내부거래에 대해 경쟁 제한성 입증이 워낙 어렵기 때문이다. 따라서 부당 내부거래 입증 부담이 별로 없는 경제력집중 억제 조항 신설을 통해 이를 규제하려는 꼼수를 부리고 있다. 내부거래를 공연히 총수 일가의 사익 편취와 부의 편법 경영권 승계로 딱지 붙여 대못을 박겠다는 심보다.

공정위의 과잉 입법은 부당한 거래뿐만 아니라 정상적인 거래까지 부당하게 규제할 수 있다. 5항에 신설한 내용 중 제공하기 어려운 거래 기회를 제공하는 행위라는 규정이 있다. 여기서 '제공하기 어려운'이라는 용어가 너무나 모호하다. 불명확하다. 부당 내부거래 금지의 범위와 내용을 짐작하기조차 어렵다. 이는 법의 중요한 원칙인 명확성에 어긋난다. 또 '회사에 이익이 될 사업 기회를 특수 관계인에게 제공하는 행위'라는 규정도 모호하기는 매한가지다. 이를 실제 적용할 경우 입법자의 의도보다는 포괄적인 의미로 해석될 가능성이 높다. 이현령비현령이 될 수 있는 것이다. 관료나 검찰의 자의적인 잣대로 기업과 기업인이 처벌받고, 과징금을 낼 개연성이 높다. 정상적인 경영 활동까지 모두 처벌이 가능해지기 때문이다.

이는 박근혜 대통령이 강조하는 창조경제에도 어긋난다. 대기업마다 5년, 10년, 30년을 내다보고 신규 전략 사업이나 신수종 사업을 추진한다. 이런 사업일수록 경쟁사에게 노출돼선 안 되는 경우가 많다. 보안과 비밀이 중요한 사업을 총수 등 오너 일가가 리스크를 떠안고 출자해서 성공하는 경우가 많다. 이 사업이 성공하면 공정위는 사업 기회 유용이라 해서 처벌할 것이다. 한국의 관료들 수준이 이렇다.

한국 같은 오너 경영체제는 전략 사업의 경우 초기 적자를 무릅쓰고 과감하게 투자하는 게 강점이다. 일본 등 전문경영인 체제가 자리를 잡은 경우 재임 중 적자를 봐가며 전략 사업에 투자하기를 기피하는 게 관행화됐다. 한국의 대기업들이 글로벌 강자로 부상한 데는 오너들의 강력한 리더십이 결정적인 기여를 했다. 세계의 경쟁자를 놀라게 한 삼성 웨이, 현대 웨이는 이렇게 해서 탄생했다.

리스크를 안고 시작한 사업이 성공했으나 총수들이 사업 기회를 유용했다고 해서 처벌한다면 어떻게 되나. 누가 위험을 안고 신규 사업에 투자하려 하겠는가? 신규 전략 사업일수록 대기업집단의 경영체제가 효율적이다. 초기 적자를 감수하며 미래 먹을거리를 위한 투자를 감행할 수 있는 곳은 중소기업이나 중견기업이 아니요, 대기업집단이다. 대기업집단은 미래 먹을거리를 창조하고, 열매를 맺게 하는 데 가장 효율적이다. 이는 창조경제를 꽃피우는 것이다.

공정위는 창조경제가 발현되는 것을 규제하려는 짓거리를 하고 있다. 박근혜 정부의 정책에 어긋나는 행태다. 더구나 정부는 상법 개정을 통해 총수의 사익 편취를 규제하려 하고 있다. 공정법까지 중복 규제하는 것은 적절하지 않다. 속된말로 깐 이마 또 까는 식이다. 대기업을 차별적으로 규제하는 것도 문제다. 이는 법의 형평성, 무차별성에도 어긋난다. 예컨대 인터넷포털 NHN의 경우 부동산 중개, 지식쇼핑, 가격 비교 등을 제공하는 사업을 계열사에 유리하게 몰아줬다는 비판을 받고 있다. 하지만 NHN의 경우 상호출자제한 기업집단에 속하지 않아 공정법 개정안 11조 5항의 경제력 집중 제한의 적용을 받지 않게 된다.

이 같은 역차별을 해소하는 방안은 무엇인가? 대기업집단에 한정하여 적용하는 제3장의 경제력 집중 제한 규정을 신설하는 것보다는 기업 규모와 상관없이 불공정거래를 제한할 수 있는 제5장의 경쟁 제한성 규정을 강화하는 것이 타당하다. 이것이 규제의 실효성을 높이는 길이다. 경제력 집중 제한은 시장의 경쟁을 침해하지 않았는데도 불구하고 단지 덩치가 커진다는 이유만으로 처벌하게 된다는 점에서, 수직 계열화를 위한 거래도 금지될 가능성이 커졌다. 한국의 대기업들은 자동차·전자·조선·정유·석유화학·철강 등 주력 업종에서 수직 계열화를 통해 경쟁력을 강화해 왔다. 삼성·현대차·LG·SK·GS·한화·롯데 등 주요 그룹은 업스트림에서 다운스트림까지 일관생산체제를 구축해서 글로벌 강자로 부상했다. 이를 통해 원가를 절감하고, 납품상의 불안을 해소할 수 있었다.

삼성전자 스마트폰을 보자. 삼성이 갤럭시S 시리즈를 무기로 애플을 누르고 스마트폰 시장에서 세계 1등의 고지를 달성한 데는 계열사 간 거래가 결정적인 기여를 했다. 삼성이 최근 출시한 갤럭시S4가 월 1000만 대, 연간 1억 대 이상 초대박 판매 행진을 이어갈 경우, 같은 계열 삼성디스플레이의 LCD 공급이 늘어날 수밖에 없다. 휴대폰 배터리를 생산하는 삼성SDI와의 거래도 급증할 것이다. 만약 이를 총수의 사업 편취를 위한 부당 내부거래로 판단하고, 경제력이 집중되므로 내부거래를 제한하고 처벌해야 한다고 하면 어떻게 되겠는가? 삼성이 이를 돌파하기 위해 어쩔 수 없이 영업 비밀과 기술 보안이 노출될 가능성이 높은 경쟁사에 배터리와 LCD를 발주해야 하나?

관료들은 이에 대답해야 한다. 경쟁사끼리 사이좋게 지내려면, 이게 필요하다고 한다면 할 수 없다. 그런 관료들이 있다면 한국의 비극이다. 경영의 초보, 기업의 생리도 모르는 무식한 관료이기 때문이다. 그럼에도 3장을 적용할 경우 가장 큰 문제는 대기업집단의 모든 거래가 불가능하게 된다는 점이다. 총수의 직접 지분이 없는 계열사 간 거래까지 금지하는 것은 심각한 문제다. 이 조항에는 간접적으로 이익이 귀속되는 것도 금지하는 내용이 들어가 있기 때문이다. 총수 등 특수 관계인이 직접적으로 지분을 보유하고 있지 아니한 계열사 간 거래까지 규제하려고 한다는 점에서 위험수위를 넘어선 것으로 보인다. 이는 지주회사 구조나 수직 계열화 구조를 이룬 대기업집단 내 계열사 간 거래 등 현재 정당성이 인정되고 있는 거래까지 모두 규제당하기 때문이다.

관료들의 이 같은 작태는 한국 경제를 붕괴시키고, 한국 제조업의 강점을 형해화시키려는 매국노적인 발상이다. 이런 관료들에 대해 우리들이 세금까지 줘가면서 일하게 할 수는 없다. 대기업집단을 해체하려는 극좌 사회주의자들과 다름없기 때문이다. 공정위의 강경론을 부추기는 젊은 사무관들을 면밀히 주시해야 한다. 이들이 참여연대나 경제개혁연대, 재벌닷컴, 사회주의 운동권, 국회 내 좌파 의원들과 연계돼 있는지도 예의주시해야 한다.

공정위 탈레반들은 대학 시절 철없는 반자본주의, 반시장주의, 사회주의국가 건설을 동경하던 것을 현실 정책에서 실현하려는 불순한 의도를 갖고 있는 것은 아닌지 궁금하다. 공정위뿐만 아니라. 여야 의원들도 경쟁적으로 대기업의 내부거래를 규제하고, 못질하려는 법안을 내놓고 있다. 경제력 집중 제한으로 내부거래를 규제하려는 공정위와 의원들의 움직임을 예의 주시해야 한다. 이들의 과잉 입법 행태에 대해서는 국민들이 눈을 부릅뜨고 지켜봐야 한다. 도가 넘어설 경우 낙선·낙천 운동을 통해 국민적인 의사를 표시해야 한다. 왜냐고? 의원님들이야 경제민주화를 위한 것이라며 포장하겠지만, 이것이 현실화하면 한국 제조업의 강점이 죽고, 글로벌 경쟁력도 약화되기 때문이다. 그룹 내 알짜 기업들이 헐값에 외국에 매각될 가능성이 높다. 총수 등 기업인들의 투자 의욕도 떨어질 수밖에 없다. 공정위나 의원들은 공연히 규제 입법을 양산하는 것을 지양해야 한다. 부당 내부거래 문제는 현행 5조의 조항을 엄격하게 적용하면 된다. 이 조항만 적용하면 총수 일가의 사익 편취 문제나 일감 몰아주기 등은 얼마든지 처벌할 수 있다. 총수의 사익 추구 문제도 개인적인 비리라는 점에서 형법과 회사법, 조세법 등을 적용하면 충분하다. 이중 입법으로 기업과 기업인들을 때릴 필요가 없다.

공연히 시장경제의 근간을 허무는 우매한 짓은 하지 말아야 한다. 대기업은 무조건 싫다며 대못질하는 것은 국가적인 자원을 무너뜨리는 것이다. 해외에서 치열하게 경쟁해서 달러를 벌어들이는 총수 등 기업인들의 사기를 무참히 꺾는 짓이다. 덩치가 커지는 것은 소비자들이 선택해서 더욱 확대될 수 있다. 이를 규제하면 소비자들의 선택권을 박탈하는 것이다. 소비자들에게 간택받은 기업을 못살게 구는 것은 소비자들의 이용후생을 제한하는 것이다. 창조적 혁신과 파괴를 저해할 뿐이다. 공정위나 여야는 지금처럼 엄중한 시기에 과도한 경제민주화, 과도한 대기업 때리기 입법 경쟁에 매달려선 안 된다. 미국의 출구전략으로 신흥국 경제에 쓰나미가 몰려오고 있다. 우리 금융시장은 외국인의 매도 공세로 주가가 급락하고 환율은 급등하는 등 이상 조짐을 보이고 있다. 경제는 저성장에 허덕이고 있다. 투자는 급감하고, 실물경제는 붕괴 조짐을 보이고 있다. 조선·해운·건설 등은 연명에 급급하고 있다. 은행 등 금융회사들의 재무건전성과 자산건전성도 취약해지고 있다.

지금은 경제 살리기가 화두가 돼야 한다. 경제민주화의 경우 불공정 경쟁 제한이나 부도덕한 사익 편취 등을 규제하는 것에 집중하면 된다. 대기업과 경영 행위를 범죄시해서 무더기 규제해서는 안 된다. 경제민주화란 미명 아래 자행되는 대기업 총수에 대한 마녀사냥은 당장 그만둬야 한다. 우리 경제의 주춧돌을 허무는 작태는 중단해야 한다. 주춧돌을 빼면 서까래와 기둥이 무너진다.

경제민주화는
그룹 해체 노리는
트로이 목마

한 대학교수의 1인 시위
─한국 경제 파괴하는 '경제민주화'

마침내 대학교수들까지 길거리 시위에 나섰다. 자유주의 시장경제를 지지하고 옹호하는 대학교수들이 최근 국회의사당 앞에서 1인 시위를 시작했다. 시민 단체인 바른사회시민회의 소속 학자들이다. 6월 17일 유호열 고려대 교수(한국정치학회장)가 첫 번째로 시위 피켓을 들었다. "경제민주화로 포장된 경제 악법은 미래 세대의 희망을 앗아간다"는 점을 내걸었다.

오죽했으면 강의실에 있어야 할 교수들마저 길거리 시위에 나왔을까? 학자들이 국회를 시위무대로 삼은 것은 국회가 우리 사회의 최대 슈퍼 갑의 위치에서 수많은 포퓰리즘적 악법을 양산하고 있기 때문이다. 정치권은 경제민주화란 미명 아래 자유주의 시장경제를 부정하고, 기업 활동을 위축시키는 규제 입법을 무더기로 쏟아내고 있다.

경제민주화 포퓰리즘 입법에는 여야가 따로 없다. 좌파 진보 성향의 민주당이야 반기업, 반경제 포퓰리즘을 쏟아낼 것으로 예견됐다. 하지만 시장경제를 지지하는 재계 등 보수층을 기반으로 집권한 새누리당마저 강경한 경제민주화 입법을 강행하는 것은 지지층을 배신하는 것이다. 민주당은 을의 눈물을 닦아 준다는 그럴듯한 명분 아래 무려 34건의 법안을 국회에 제출했다. 공정거래법, 하도급법 개정안 등을 통해 한국 기업의 경쟁력 강화의 최대 강점인 내부거래를 차단하고, 납품단가 인하와 반품 등에 강도 높은 과징금 부과 등 징벌을 가하겠다며 잔뜩 벼르고 있다. 여기에 근로시간 단축, 기업 부담을 가중시키는 통상임금 범위 확대, 프랜차이즈 본사의 부담을 강화하는 프랜차이즈법 개정안, 인위적인 정리해고 금지 등 위헌 소지까지 있는 규제 법안을 기세등등하게 통과시킬 태세였다. 야당은 을을 보호한다고 하지만 을도 병에겐 갑이요, 병도 정에겐 갑이다. 이런 시장경제의 생태계를 모르고 무식하면 용감하다는 식으로 반시장적, 반기업적 포퓰리즘 법안을 쏟아낸 것이다.

새누리당도 12건의 경제민주화 법안을 발의했다. 여당은 을의 눈물만 닦아 주는 것에서 그치지 않고 갑을 위한 상생의 법안을 만들겠다고 했다. 하지만 여당이 발의한 경제민주화 법안도 반기업적인 조항이 많다는 점에서 재계를 노심초사하게 만들고 있다. 이 중 대기업집단의 내부거래를 몽땅 부당 일감 몰아주기로 간주해서 처벌하는 법안은 포퓰리즘 입법의 대표적인 사례다. 한국적 특수성과 정부 정책에 기업들이 순응하면서 탄생한 계열사 간 순환출자를 못하게 하는 법안도 기업들의 지배구조를 뒤흔들 가능성이 높다.

박근혜 대통령은 대선 공약에서 기존 순환출자는 용인하되, 신규 순환출자는 금지하겠다는 방침을 내걸었다. 하지만 참여연대와 경제개혁연대 출신들이 포진한 민주당에선 재벌해체를 겨냥하고 있다. 신규는 물론 기존 순환출자도 막자며 여당과 샅바 싸움을 벌이고 있다. 금융회사 지배구조법 개정안도 황당하다. 현재 은행에만 적용되는 대주주의 적격성심사제를 보험·증권 등 제2금융회사로 확대하는 게 골자다. 대주주가 배임 횡령 등으로 처벌을 받으면 보험사나 증권사의 경영권을 박탈하자는 내용이다. 더 나아가 대주주의 친인척이 처벌받더라도 대주주의 금융회사 지배권을 빼앗자는 것도 포함돼 있다. 사라진 연좌제가 경제연좌제로 부활하는 셈이다. 대주주 친인척 중에는 수많은 사람이 있다. 이들의 범죄에 대해서까지 책임을 지라는 것은 지독한 악법이다. 심사 대상을 최대 주주 1인으로 한정하지 않고, 친인척 등 특수 관계인까지 확대 적용하는 것은 금융회사의 건전성과 무관하기 때문이다. 이런 점에서 금융회사 지배구조법 개정안은 최악의 포퓰리즘 법안이다. 은행이 고객 돈을 바탕으로 대출 등 여신 기능을 일으킨다는 점에서, 대주주가 고객이 맡긴 돈을 함부로 빼서 계열사 등의 지원에 전용하지 못하게 규제해야 한다. 흔히 말하듯 고객 돈을 주머니 쌈짓돈으로 생각하는 것을 차단해야 한다.

은행을 면허 산업이라고 하는 이유가 여기에 있다. 은행 시스템이 무너지면, 국민 세금, 즉 공적자금을 투입해서 살려내야 한다. 지난 외환위기와 글로벌 금융위기 때 정부가 공적자금 투입과 외환 지급보증 등을 통해 은행들을 구제한 것이 대표적이다. 하지만 제2금융회사는 다르다. 고객의 돈을 맡는 수신 기능은 있지만, 대부분 여신 기능이 없다. 보험사나 증권사 등 제2금융권의 경우 대주주 및 계열사에 대한 여신한도제 및 지급보증 제한 등 엄격한 규제를 2중 3중으로 받고 있다. 이것만 지켜도 고객 돈을 대주주가 경영권 확보 등을 위해 전용하는 것을 차단할 수 있다. 여기에 대주주 적격성심사 조항까지 추가하는 것은 아예 산업자본의 제2금융회사 경영을 하지 못하게 하려는 것이나 다름없다. 더구나 대주주 적격성심사 조항이 통과되면, 국내 우량 금융보험사를 외국 자본에 헐값에 넘겨주는 우를 범하게 된다. 국내 최대 보험사로 자산 규모가 100조 원이 넘는 삼성생명이 외국기업과 벌처펀드의 먹잇감이 될 수 있다. 생보업계 2위인 한화생명도 외국계에 넘어갈 수 있다.

금산분리를 강화하면서 우리나라 시중 은행들은 온통 외국계 자본으로 넘어갔다. 신한은행, 하나은행, 외환은행 등의 최대 주주는 외국계 자본이다. 이것도 모자라 보험사까지 외국계에 넘겨주려는 것은 막아야 한다. 금융 산업에서 토종 자본을 배제한 채 모조리 외국계가 장악하게 만들면 금융위기 시에 국민과 기업들이 막대한 피해를 볼 것이다. 금융 주권을 외국에 넘겨주는 것이나 다름없다.

국민들은 이제 국회의원들의 과잉 입법, 포퓰리즘 입법을 본격적으로 견제해야 한다. 기업을 옥죄고, 투자를 못하게 하고, 젊은 청년들의 미래 일자리를 빼앗는 법안들을 입안하는 의원들에 대해 낙선, 낙천 운동을 벌여야 한다. 보수 시민 단체들은 경제 악법을 양산하는 의원들의 리스트를 만들어 지속적으로 국민들에게 고발해야 한다. 국민 소환도 적극 검토해야 한다. 대신 규제를 줄이고, 투자를 촉진하고, 일자리 창출을 늘리는 착한 법안을 만드는 의원들에 대해서는 칭찬 릴레이를 해야 한다. 자유주의 시장경제원칙에 충실한 법안을 만드는 의원들이 중심에 서도록 지원해야 한다. 국민들은 이제 규제 법안을 양산하는 의원들을 보고 싶지 않다. 규제 법안을 폐기하는 법안을 제출하는 의원들을 보고 싶다. 이런 의원들을 대상으로 한국 경제를 살리는 착한 의원상을 주고 싶다.

하지만 19대 국회의 행태를 보면 참으로 암울하다. 먹구름이 잔뜩 끼여 있다. 희망이 없다. 19대 의원들이 발의한 법안은 무려 벌써 4,440건이나 된다. 이들 법안 대부분이 을의 눈물을 닦아 준다느니, 대기업을 때리고 기업인을 범법자로 선제적으로 추정해서 처벌하려는 악법이 주류를 이루고 있다. 경제 포퓰리즘 입법이 확대되면 그 피해는 기업을 넘어 국민들까지 확산될 것이다. 의원들이야 국민 세금으로 연봉 1억 5000만 원을 받고, 보좌관과 비서관 등을 9명까지 두고 호의호식할 것이어서 경제가 죽어가든, 기업들이 신음하든 오불관언일 것이다. 유권자를 보호한다고 하지만, 경제가 어려워지면 샐러리맨과 자영업자 등 서민 중산층이 타격을 받을 것이다. 투자가 위축되면 일자리가 줄어들고, 소비자들도 지갑을 닫을 수밖에 없다. 청년들의 취업도 어려워질 것이다.

우리 경제는 지금 비상 등이 켜져 있다. 경제 체력의 선행지표인 설비투자는 지난 4월에 전년 동기 대비 12.4%나 급감했다. 올 들어 세수도 8조 원이나 덜 걷혔다. 이러다 간 연간 20~30조 원 이상

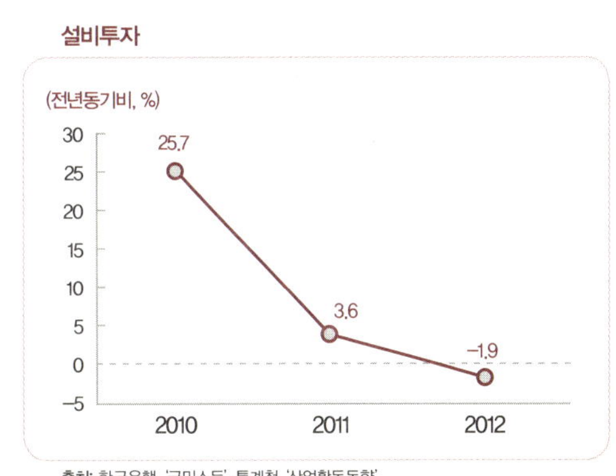

출처: 한국은행 '국민소득', 통계청 '산업활동동향'

세수 차질이 우려된다. 성장률도 2%대에 그칠 것으로 보인다.

의원 나리들이 을을 보호한다고 야단법석을 떠는 동안 기업들이 투자를 기피하고 있다. 기업들은 그나마 하려는 투자도 해외로 돌리고 있다. 기업인들을 범죄자 취급하면서 기업가정신도 크게 후퇴하고 있다. 정규직을 보호한다고 하면서 정작 청년들의 일자리는 좁게 만들고 있

다.

박근혜 대통령이 수석비서관회의에서 경제민주화의 광풍에 대해 우려하는 것은 이런 점에서 시의적절하다. 박 대통령은 "경제민주화 정책이나 입법 활동이 경영 활동과 투자를 위축시키는 방향으로 왜곡돼선 안 된다"고 강조했다. 일자리는 기업 등 민간 부문에서 만든다는 점도 지적했다. 시장경제원칙에 충실할 때, 기업들이 투자를 활발히 할 때 좋은 일자리가 만들어진다. 박 대통령의 언급은 과도한 경제민주화 포퓰리즘에 대해 제동을 거는 효과가 있을 것이다. 경제민주화가 자칫 기업들의 투자를 저해하는 망치나 방망이여서는 안 되기 때문이다.

현오석 경제부총리가 권력 기관장인 노대래 공정거래위원장, 김덕중 국세청장, 백운찬 관세청장 등과 조찬 회동을 가진 것도 긍정적이다. 이 경제 권력들은 청와대에 잘 보이려고 기업들을 옥죄고, 세금 더 걷기에 광분하고 있다. 하지만 현 부총리가 경제민주화와 경제 활성화라는 두 마리 토끼를 잡겠다는 것은 실현 불가능한 정책이다. 게도 구럭도 다 놓치는 우를 범할 수 있다. 검은 백마를 타보겠다는 환상에 불과하다. 부총리의 경제철학이 바뀌어야 한다. 아니면 부총리의 발언은 말장난이 될 수 있다. 모순된 언어 구사에 불과할 수 있다. 부총리에게는 대선 공약의 족쇄에서 대통령을 풀어줄 용기가 필요하다. 현 부총리는 그런 용기가 없다. 그저 대통령 눈치나 보고 있다. 그러면서 경제 활성화, 경제 부흥, 투자 확대를 이끌겠다고 한다. 참으로 구차하게 경제팀장 역할을 하고 있다.

공정위는 내부거래에 대해서 모든 계열사 간 거래를 규제하려는 과잉 입법을 노골화하고 있다. 총수 등 대주주의 지분이 있는 계열사 간 거래뿐만 아니라, 간접 지분이 있는 계열사 간의 거래에 대해서도 과징금 부과 및 증여세 부과 등을 추진 중이다. 국세청도 대기업은 물론 중소·중건기업까지 저인망식으로 세무조사를 벌여 세금을 쥐어짜는 데 혈안이 돼 있다. 박근혜 후보를 지지했던 재계로선 깊은 배신감마저 느끼고 있다. 일선 국세청장마다 일정 할당량이 정해져 있어 기업이나 금융회사마다 일정량의 세금을 막무가내로 추징한다고 한다. 봉건시대 가렴주구의 폐해가 되살아나고 있다는 우려의 목소리가 높아지고 있다. 관세청도 전에 없이 과잉 의욕을 보이고 있다. 최근 정유 3사에 대해 관세 환급금을 잘못 받아갔다면서 수조 원대를 추징하려고 하고 있다.

경제민주화 시대, 증세 없이 복지를 하겠다는 박근혜 대통령의 정책 방향에 맞추다 보니, 경제 권력 기관들이 주구가 돼서 기업들을 힘들게 하는 부작용이 도처에서 일어나고 있다. 과잉 충성이요, 민심을 이반케 하는 잘못된 권력 행사다.

사실 박 대통령은 취임 초기 손톱 밑 가시를 빼주겠다며 기업들의 투자를 다독거렸다. 하지만 2013년 들어서만 5개월 만에 기업 규제가 882건이나 늘었다. 증가한 규제는 대부분 경제 관련 분야에서 이루어졌다.

석유화학업계의 경우 손톱 밑 가시를 제거해 주겠다는 박 대통령의 방침에 환호를 했다가 최근엔 망연자실하고 있다. SK종합화학과 SK루브리컨츠, GS칼텍스정유 등이 파라자일렌공장과 윤활기유공장 신설 등에 2조 3000억 원을 투자할 계획을 갖고 있으나, 지주회사의 증손회사 지분률 100% 규정에 발목이 잡혀 있다. 정부는 박 대통령 주재로 열린 지난 5월 초 무역투자진흥회의에서 이들 석유화학업계의 규제를 풀어주겠다고 약속했다. 하지만 민주당 의원들이 대기업에 특혜를 준다며 무조건 반대를 일삼고 있어 투자가 지연되고 있다. 유화업계는 이 규제가 해제되지 않으면 투자를 원점에서 재검토할 수밖에 없다고 하소연하고 있다.

박근혜 정부는 투자 활성화, 경제 부흥을 위해선 규제를 제로 베이스에서 전면 재검토해야 한다. 현재 1만 4,000개에 이르는 손톱 밑 가시와 대못들을 파격적으로 제거해야 한다. 그래야 투자가 살아나고, 일자리가 늘어나고, 세수도 증가한다. 재정건전성도 회복되고 소비도 살아난다. 국민들도 경제민주화가 마냥 좋은 것이 아니라는 점을 실감해야 한다. 불공정 경쟁이나 거래에 대해서는 규제가 필요하다. 하지만 정상적인 시장경제를 규제하고, 기업들의 투자 활동을 저해하면 그것의 폐해는 결국 국민들이 부담할 수밖에 없다.

을을 보호한다고 하지만, 갑이 살아야 을도 생존할 수 있다. 을만 있는 게 아니다. 을에 매달려 있는 병과 병에 목줄 매는 정도 고려해야 한다. 시장경제는 이렇듯 거대한 생태계를 구축하고 있다. 어느 한쪽을 편든다고 만병통치약처럼 해결되는 것이 아니다. 생태계를 파괴하면 그 피해는 국민들이 볼 수밖에 없다.

지금은 경제민주화 문제로 정쟁을 할 여건이 아니다. 미국의 출구전략 문제로 전 세계 경제가 숨죽이고 있다. 변방의 한국 경제는 미국의 출구전략이 본격화하면 외국인 자금 이탈, 주가 급락, 외화조달 차질 등의 엄청난 타격을 받을 수밖에 없다. 일본의 아베노믹스가 혼선을 빚으면서 한국 경제에 미치는 파장 또한 엄청날 것으로 예상된다. 엄중한 국제경제를 감안하면 박근혜 정부나 정치권은 교각살우(矯角殺牛, 쇠뿔을 바로 잡으려다 소를 죽인다)의 경제민주화에 목매달 필요가 없다. 경제 살리기가 정책의 최우선 과제가 돼야 한다. 규제를 풀어서 기업들의 투자를 살려야 한다. 창조경제도 결국 기업들이 투자를 왕성하게 해야 꽃이 필 것이다.

정치권은 교수들이 길거리 시위까지 나선 것에 대해 고민해야 한다. 이들의 눈물겨운 시위를 애써 무시하고, 경제민주화 광풍에 휩쓸려 간다면 한국 경제는 더욱더 나락으로 빠질 것이다.

버핏은 되고
삼성은 안 된다?
-경제민주화 악법 3종 세트

세계 최고의 투자 귀재로 평가받는 미국의 워런 버핏. 오마하의 현인으로 추앙받는 버핏은 엄청난 차등의결권주식을 갖고 버크셔 해서웨이를 지배하고 있다. 그가 갖고 있는 버크셔 해서웨이 주식은 일반 투자자들이 가진 주식보다 200배의 의결권을 갖고 있다.

미국을 넘어 세계 인터넷 검색 시장을 지배하는 구글. 구글도 기업공개를 할 때 10배의 차등의결권주식을 발행했다. 창업자인 세르게이 브린은 보통 투자자들이 가진 주식보다 의결권이 10배나 많다. 브린과 래리 페이지 등 창업자들은 10% 미만의 지분으로, 전체 의결권의 3분의 2를 장악하며 적대적 인수합병을 방어하고 있다. 지난 6월 중순 방한했던 페이스북의 주커버그도 일반 투자자보다 10배의 의결권이 있는 주식을 소유 중이다.

미국 주요 기업들의 경우 대부분 차등의결권제도와 포이즌 필(적대적

M&A 위기에 놓인 기업이 택할 수 있는 경영권 방어전략 중의 하나. 기존 주주에게 할인된 가격으로 대규모 신주를 발행하여 M&A 기업이 확보한 지분을 희석함으로써 인수를 막는 방법이 주로 사용되고 있다. 미국, 일본, 프랑스 등의 국가에서 도입하고 있는 제도) 등의 조항을 통해 창업자나 최고경영자들이 소액 투자자들에 비해 엄청난 의결권을 갖고 있다. 지분률에 비해 보통 10배 이상의 의결권을 갖고 안정적인 경영을 하고 있다. 지분률과 의결권 간의 차이를 의결권 괴리라고 한다. 한국 같으면 난리가 났을 것이다. 참여연대나 경제개혁연대, 경제민주화 광풍에 휩싸인 여야 정치인들은 오너나 총수들이 쥐꼬리 지분으로 황제 경영을 한다며 강도 높은 규제의 목소리를 높이기 때문이다.

한국은 차등의결권이 허용되지 않는다. 워낙 경제민주화, 분배, 평등 사상이 높다 보니, 대주주나 소액주주나 똑같은 의결권을 가져야 한다고 생각하는 경향이 많다. 미국이나 유럽에서 차등의결권과 포이즌 필 등이 보편화돼 있는 것과 천양지차다. 우리나라의 경우 차등의결권을 허용할 경우 오너가 가공의결권으로 부당한 사익을 추구할 수 있다고 선험적으로 단죄하기 때문이다. 그동안 반재벌, 반기업 운동을 벌여온 참여연대와 경제개혁연대 등과 좌파 진보 인사들의 주장이 먹혀들고 있는 셈이다. 정치권과 공정위도 이젠 참여연대의 오랜 꿈, 즉 재벌해체 공작에 휘말려 드는 것은 아닌지 걱정이다.

대기업집단 금융계열사의 비금융계열사에 대한 의결권 제한도 문제가 많다. 미국이나 유럽처럼 차등의결권을 허용하기는커녕 현재 보유 중인 지분도 제한하려 하기 때문이다. 현재 국회 정무위에 계류 중인 독점규제 및 공정거래에 관한 법률이 대표적이다. 새누리당 김상민 의원 등 17명이 발의한 이 법안은 대기업집단 금융보험사의 비금융계열사 주식에 대한 의결권을 특수 관계인과 합하여 5% 이내로 대폭 제한하는 것을 골자로 하고 있다. 공정위는 더 나아가 전체 금융계열사의 의결권을 아예 5% 이내에서 차단할 것을 규정하고 있다.

만약 이들 법안이 통과되면 우리보험사 등 금융회사들은 외국 자본과의 역차별로 경영권 방어능력이 심각하게 약화될 것이다. 외국 투기 자본 등에 적대적인 인수합병을 당할 가능성도 높아진다. 예컨대 삼성생명과 삼성화재 등 삼성 계열 금융사들은 삼성전자 등 그룹의 비금융 계열사 지분을 갖고 있다. 모두 합치면 5%가 넘는다. 공정위 법안이 통과되면 삼성 계열 금융사들이 갖고 있는 삼성전자 등에 대한 지분에 대한 의결권은 5%로 묶인다. 이건희 회장 등 대주주의 지분이 얼마 되지 않는 상황에서 삼성전자에 대한 외국계 자본의 공격이 이뤄지면 문제가 될 수 있다. 이 경우 5% 이상 의결권 제한 지분을 다른 계열사들이 사들여야 하는데, 삼성전자 주가가 워낙 비싸다 보니 주식 인수에 막대한 비용이 들어갈 수밖에 없다. 그룹 계열사별로 본연의 투자를 해야 하는데, 경영권 방어를 위해 자금을 전용해야 하는 문제가 발생할 것이다. 시가총액 상위 대기업의 대부분은 현재 외국인 지분이 매우 높은 상황이다. 금융감독원에 따르면 삼성전자의 외국인 지분률은 48.6%, 현대차는 45.8%, 포스코 54.2%, 현대모비스 49.6%, 기아차 36.9% 등으로 매우 높다. 국내 최대 보험사인 삼성생명도 외국인 지분률이 10.6%나 된다. 이들 우량기업은 언제든지 먹잇감이 될 수 있다.

문제는 외국인 투자자

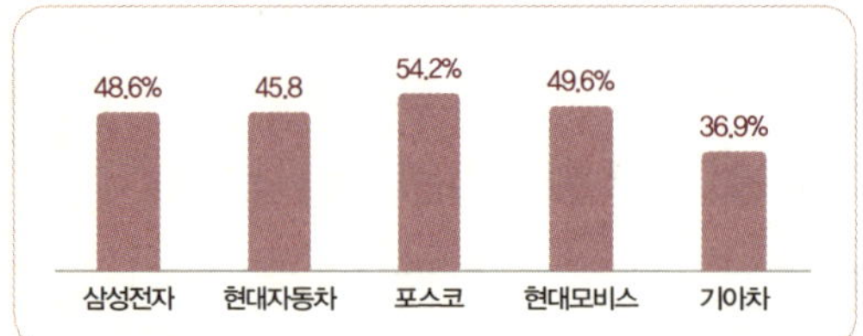

출처: 휴먼앤북스 편집부 취합 자료(2013. 9. 16 현재 기준)

중에는 단기 차익을 노리는 헤지펀드 등 투기적 자본이 국내 최대 주주보다 지분이 많다는 점이다. 외국 투기 자본의 자금력이 워낙 막강한 것을 감안하면 우량 대기업들이 줄줄이 외국계 자본에 희생될 수 있는 셈이다. 외국 자본은 의결권에 아무런 제한을 받지 않는 반면, 우리나라 우량 금융계열사들은 의결권을 제한받게 되면 그 피해는 엄청날 수밖에 없다.

전경련 자료에 따르면 국내 기업의 3분의 1은 적대적 인수합병에 노출된 상태다. 전체 기업의 25%가 경영권 공격을 받을 경우에 이를 방어할 능력이 취약한 상태라고 답변했다. 유럽계 소버린이 2003년 SK(주)를 공격했던 것을 반추하면 적대적 인수합병이 기업 경영을 얼마나 위협하는지를 실감할 것이다. 당시 소버린은 1786억 원에 SK에너지 주식 14.99%를 매입해 단숨에 대주주로 부상해 경영진에 이것저것 요구하며 압박했다. 그룹에선 투자 등 본연의 일보다는 경영권 방어에 급급했다. 소버린은 2005년 투자 목적을 단순투자 목적으로 전환한 후에 보유주식을 매각했다. 총 9459억 원의 차익을 남기고 한국을 유유히 떠났다. SK를 뒤흔들어 주가를 올려놓은 후에 엄청난 차익을 남기고 철수한 것이다. 소버린 사태는 피도 눈물도 없는 외국계 투기 자본의 실체를 생생하게 깨닫게 하는 계기가 됐다.

미국계 론스타도 2003년 1조 3832억 원에 외환은행 지분 51%를 인수한 데 이어 2006년에 7716억 원을 추가 투자해 지분을 64.2%로 높였다. 총 2조 1000억 원을 투자했다. 론스타는 이후에 2006년부터 2010년까지 배당금으로만 1조 2130억 원을 회수했다. 평균 배당률은 45.35%로 시중 은행의 평균 배당률 18%의 2.5배에 달했다. 배당금뿐만 아니라 하나금융지주에 지분을 매각한 금액까지 합하면 4조 원 이상의 차익을 남기고 철수했다. 금융기법의 선진화나 국내 기업과의 동반 성장에는 아예 관심이 없었다. 배당금은 대부분 당해에 빼먹기 바빴다. 먹튀 자본의 행태 그 자체였다.

이와 함께 위니아만도는 외환위기 당시인 1999년 UBS컨소시엄에 매각됐다가 대규모 유상감자와 배당금 지급, 대규모 구조조정 등에 시달리며 흑자 기업에서 부실기업으로 전락한 바 있다. KT&G는 2006년 적대적 인수합병 전문가인 칼 아이칸 등에게 공격을 받으면서 경영권을 위협받았다.

정치권은 국내 기업들이 이 같은 비싼 수업료를 치른 것을 보고도 애써 무시하고 있다. 한국은 차등의결권주식, 포이진 필, 초다수의결권제 등이 허용되지 않고 있다. 반면 미국, 일본, 프랑스 등은 이 3개 조치를 모두 허용하고 있다. 적대적 인수합병 기도에 대한 방어 조치를 구사할 수 있도록 배려하고 있는 셈이다. 세계 각국이 경영권 방어 장치를 촘촘히 두고 있는 상황에서 금융계열사의 비금융계열사에 대한 의결권을 막으면 적대적 인수합병에 대한 최소한의 방어 장치마저 허무는 우를 범할 수 있다.

정무위가 관련 법안을 통과시키면 대기업들은 엄청난 경영 비용을 치러야 한다. 새누리당 경제민주화 실천모임이 제출한 입법안, 즉 금융계열사의 비금융계열사에 대한 의결권 제한에 특수 관계인까지 포함할 경우, 다른 계열사가 금융회사 전체 지분을 인수하는 데 들어가는 비용은 무려 20조 3000억 원이나 된다. 공정위가 내놓은 입법대로라면 금융계열사 지분합의 5% 초과하는 것에 대한 인수 비용은 8조 9000억 원에 달한다. 대기업들이 경영권 확보를 위해서 최소 9조 원에서 20조 원의 비용을 부담해야 한다.

대기업집단 중 금융회사가 지분을 갖고 있는 그룹은 총 15개 그룹이다. 이 중 계열사 지분을 소유 중인 금융회사는 총 25개사나 된다. 삼성 그룹이 삼성생명·삼성화재·삼성카드·삼성증권 등을, 현대차가 현대카드·현대캐피탈·HMC증권 등을, 롯데가 롯데카드·롯데손보 등을, 한화가 대한생명·한화증권 등을, 동부가 동부화재·동부증권·동부저축은행, 현대가 현대증권 등을 각각 소유 중이다. 미래에셋그룹과 동양, 교보생명, 한국투자, 이랜드, 유진 등도 금융계열사를 갖고 있다.

의결권 제한 규정이 처리된다면 이들 대기업집단은 주력사의 경영권 방어를 위해 투자 및 일자리 창출에 써야 할 돈을 전용해야 한다. 당장 경영권 방어가 발등에 불이기 때문이다. 투자와 일자리 연구개발 마케팅에 사용해야 할 자금이 경영권 안정에 사용된다면 기업의 경쟁력 약화는 물론 성장에도 악영향을 줄 것이다. 금융사의 비금융계열사 지분을 전량 처분할 경우 처분 비용은 20조 3000억 원에 달하는 반면, 이를 고용창출에 쓸 경우 16만 명의 신규 일자리가 생겨날 수 있다. 5% 초과분을 처분할 경우에도 8조 9000억 원이 소요되지만, 이를 일자리에 쓴다면 7만 명의 새로운 잡을 만들어낼 수 있다. 이들 주식을 계열사에 매각하지 않고 시장에 내놓을 경우도 시장에 커다란 혼란을 초래할 수 있다. 일시적으로 대규모 주식이 쏟아지면 주가 하락 등으로 대주주는 물론 기관투자자와 개미들이 심각한 재산상의 손실을 입을 수 있기 때문이다.

과잉 규제, 이중 규제라는 점도 걸림돌이다. 현행법상으로도 산업자본 대주주의 사금화방지 방안은 즐비하기 때문이다. 금융 산업구조개선법 제24조에 따르면 금융회사가 그룹 계열사 발행 주식 총수의 5% 이상을 소유할 경우 금융위원회의 승인을 받아야 한다. 지배주주의 지배력 남용 문제도 자본시장법, 보험업법 등에서 다각도로 규제받고 있다. 금융회사의 주식 보유 승인, 대주주와의 거래 제한, 보험회사의 자산운용 방법 제한 등 강력한 방화벽이 설치돼 있다. 현행 금산분리 규제에서도 산업자본과 금융회사 간에 리스크가 전이되는 것을 차단하는 장치가 마련돼 있는 점을 충분히 고려해야 한다.

과잉 금지의 원칙과 평등 원칙, 사기업 경영권 불간섭 원칙 등 헌법적 가치를 훼손하는 문제도 심각히 고려해야 한다. 기업 경영권의 핵심은 경영과 관련한 정관 변경권과 경영진 인사권을 확보하는 데 있다. 그런데 이를 위한 의결권 행사 가능성을 원천적으로 배제하는 것은 의결권의 본질을 침해하는 것이다. 헌법은 기본권을 제한하는 데 있어 수단이 적정하고, 가장 피해가 적은 방식을 택해야 한다는 피해 최소성의 원칙을 규정하고 있다. 이 같은 헌법 원칙을 감안하면 공정위와 새누리당 김상민 의원의 법안은 기본권을 침해할 수 있다.

금융회사의 비금융계열사 의결권을 5%로 규제하려는 법안은 이 같은 여러 가지 문제점을 감안해서 심사숙고해야 한다. 삼성이 세계 초일류 기업으로 도약한 데는 삼성생명이 안정적으로 의결권을 행사하고 있는 것이 큰 밑바탕이 됐다. 삼성생명이 계열사의 주요 대주주로 있기에 이건희 회장이 경영권에 대한 불안감이 없이 반도체, LCD, 스마트폰, TV를 포함한 가전제품, 2차전지 등에 대한 공격 경영을 해왔다. 삼성전자 등 그룹 계열사의 시가총액이 급증하면서 삼성생명의 의결권 행사 방어 장치가 더욱 중요해지고 있다. 혹시나 있을 외국계 자본의 적대적 인수합병 기도를 차단할 수 있는 든든한 방파제가 되고 있는 것이다.

경제 위기는 심화되고 있다. 2013년 4월 설비투자는 2012년 같은 기간에 비해 12.4%나 감소했다. 지금처럼 투자가 위축되면 한국 경제의 성장 엔진이 꺼질 위험이 있다. 이래서는 2013년 현오석 경제팀이 예상한 성장률의 상향 조정(2.3%에서 2.7%로 올림)은 물 건너간다. 일자리 등 전후방 산업 연관효과가 큰 대기업들이 지금처럼 경제민주화 덫에 갇혀 있다면 모든 게 도루묵이 될 수 있다.

투자를 급감시킬 경제민주화 입법은 신중해야 한다. 서둘러 입법 절차를 밟는 것은 자제해야 한다. 동반 성장과 상생, 비정규직 문제 등은 기업들의 자발적 참여를 유도하는 것이 바람직하다. 기업을 때리고 기업인을 범죄인처럼 험하게 다루면서 투자를 늘리고 일자리를 확대하라는 것은 언어도단이다. 포퓰리즘의 장막을 걷어내야 한다. 여야나 공정위 모두 냉정히 현재의 경제여건을 살펴봐야 한다.

법안들이 이중 규제나 과잉 규제는 아닌지, 글로벌 스탠더드에 맞지 않는 점은 없는지 점검해봐야 한다. 기업의 기를 살리는 데 방해가 되거나 투자 촉진에 저해 요인이 되는 법안을 만드는 것은 중단해야 한다. 여야와 공정위가 강조하는 경제민주화 3종 세트 입법화는 신중해야 한다. 대주주 적격성심사를 보험·증권·카드 등 제2금융권 전반으로 확대하는 금융회사지배구조법 제정안, 산업자본의 은행 지분 한도를 9%에서 4%로 낮추려는 금융지주회사법 개정안, 대기업 금융사의 비금융계열사 의결권을 15%에서 5%로 차단하는 공정거래법 개정안이 바로 경제를 위축시키는 경제민주화 악법 3종 세트다.

하지만 어쩌랴. 여야는 산업자본의 은행 지분 한도를 4%로 낮추는 금융지주회사법을 통과시켰다. 금융산업의 경쟁력 강화와는 거꾸로 가는 행보를 보인 것이다. 다른 경제민주화 법안도 정기국회에서 통과될 가능성이 높아졌다. 여의도 권력이 금융산업과 기업경쟁력을 약화시키는 데 앞장서고 있다.

백면서생 윤평중의 역진

　윤평중 한신대 교수가 박근혜 대통령에 대해서 메스를 가했다. 대선 레이스가 막판으로 치닫던 지난해 말 무렵이다. 경제민주화 공약에서 발을 빼고 있어 패배 가능성이 높다고 지적한 것이다. 《조선일보》 칼럼을 통해서다. 재벌의 기존 순환출자에 대한 의결권 제한을 하지 않는 박근혜 경제민주화는 경제민주화의 역진(逆進)이라고 단정지었다. 한국 사회의 업그레이드를 위해 필수적인 시장경제의 합리화를 거역하고 있다고도 지적했다. 이는 보수의 필패와 진보의 필승을 가져올 것이라고 예언(?)했다. 과거 세력의 박 후보와 미래의 야당 단일 후보(소위 문철수) 간 대결 구도를 만들 것이라고 경고했다.

　윤 교수가 강조하는 경제민주화는 좌파의 이데올로기를 그대로 대변하고 있다. 그가 경제민주화의 근거로 제시하는 재벌에 대한 인식은 편협한 도그마로 가득 차 있다. 선무당이 사람 잡는다고, 경제 전문가도 아닌 사람이 단순하게 재벌을 난도질하고 있다. 재벌들로부터 광고와 협찬을 받아 경영하는 국내 최대 보수 신문이 이런 극좌파의 기고문을 실고 있다는 것도 놀라울 뿐이다.

윤 교수가 얼마나 우리 현대 경제사에 대해 무식하고, 좌파적 이데올로기의 포획돼 있는지 살펴보자. 먼저 그는 박근혜가 시장경제의 합리화를 거부하고 있다고 했다. 이 무슨 황당한 이야기인가? 시장경제는 시장의 링에서 차별 없이 치열한 경쟁을 통해 가격과 품질 경쟁, 마케팅 등에서 우위 요인이 있는 상품이나 서비스만이 살아남는 발전 친화적인 시스템이다. 여기선 차별이나 특권이 통하지 않는다. 이게 진정한 시장경제의 힘이다.

윤 교수가 주장하듯이 시장경제는 무슨 설계된 회로를 따라 움직이는 것이 아니다. 정해진 코스만을 지키도록 하는 것은 공산주의, 사회주의 이데올로기와 다를 바 없다. 우리는 이미 구소련과 동유럽 그리고 북한에서 이 같은 설계주의의 처참한 실패와 참혹상을 보았다. 시장경제는 창의와 자율, 경쟁, 효율을 통해서 합리화되고 극대화된다.

윤 교수식의 시장경제 합리화는 학문적인 용어도 아니다. 그가 요즘 열풍이 부는 존 롤스식이나 마이클 샌델식의 정의, 상생과 동반 성장 등을 염두에 두고, 재벌들의 탐욕을 제어하고 규제해야 한다는 의미에서 이런 말을 쓴 것인지는 모르겠다. 그가 이런 식의 시장경제 합리론을 주장한다면 자율과 창의를 질식시키고, 경쟁과 효율을 말살시킬 뿐이다. 합리화란 명분으로 거대한 규제의 덫을 씌우고, 공평 분배와 형평의 이름으로 기업들의 동물적 본능과 투자, 치열한 경쟁을 후퇴시킬 것이다. 경제학에 대해 제대로 공부하고 비판해라. 정치학자들의 허장성세, 권모술수적인 유치함만 드러날 뿐이다.

둘째 기존 순환출자 의결권 제한이 경제민주화의 핵심이란 주장도 몰라도 한참 모르는 좌파 사회학자의 공허한 주장이다. 경제와 경영의 세계를 전혀 모르는 백면서생의 위험한 칼춤에 불과하다. 기존 순환출자는 왜 형성됐는가? 그는 순환출자가 뭔지도 모른다. 순환출자 자체가 경제민주화 정책이다. 왜 그런가? 이는 경제 역대 정부의 경제정책에 따라 이루어진 우리 기업들의 고유한 특징이기 때문이다. 박정희 정부부터 전두환, 노태우, 김영삼 정부는 대기업들의 경영 성과를 전 국민이 골고루 누려야 한다는 취지에서, 재벌 오너들의 지분률이 높은 주식을 많은 국민이 취득할 수 있게 했다. 좋은 주식 소유를 통해 국민들이 재산을 형성할 수 있도록 한 것이다. 이른바 경제력 집중을 막고, 경제성장에 따른 혜택이 중산층에게도 골고루 가도록 하는 데 초점을 맞춘 것이다.

재벌들이 3공 정부 이후 산업화를 위해 중화학공업 등에 대한 선택과 집중식 산업정책 육성과 특혜 금융으로 성장한 것은 부인할 수 없다. 국민들의 아낌없는 사랑과 성원, 희생도 컸다. 그래서 역대 정부마다 재벌이 우량기업을 상장해서 국민들에게 재산 형성의 기회를 제공하도록 했다. 이 과정에서 역대 정부는 대주주들이 지분을 낮추도록 유도했다. 정부는 각종 인센티브를 통해서 대주주의 지분률 하락 유도와 우량 계열사 상장을 압박해 왔다. 이에 따라 삼성가의 이병철 창업주-이건희 회장, 현대가의 고 정주영 회장-정몽구 현대차 회장, 구자경 LG 명예회장-구본무 회장, 최종현 고 SK회장-최태원 회장 등 대주주 일가의 지분은 갈수록 낮아졌다.

정부는 대주주 지분 하락에 따른 인센티브로, 재벌들이 순환출자를 통해 경영권을 방어하고 신규 사업을 위한 투자 재원을 확보하도록 했다. 삼성과 현대차 등은 계열사 간 순환출자 방식을 통해 든든한 그룹 경영체제를 구축하고, 신규 및 전략 사업에 대한 공격적인 투자와 마케팅으로 세계적인 기업으로 부상했다. 한국식 경영을 특징짓는 그룹 경영은 최초의 경제민주화인 순환출자를 통해 태동한 것이다.

윤 교수는 기존 순환출자를 규제하면 대기업 총수가 순환출자로 실제 지분보다 훨씬 큰 의결권을 누리면서, 회사 전체의 공익보다는 자기 가문의 사익을 앞세우는 통폐를 막을 수 있다고 했다. 소위 좌파 시민단체와 야당에서 이야기하는 소수 지분을 갖고도 황제 경영을 하고 있다는 논리를 그대로 재탕하고 있는 것이다. 그는 사실상 재벌해체를 겨냥한 것으로 보인다. 기존 순환출자의 연결고리를 없애면 사실상 오너 경영이 힘들어지고, 그룹 경영도 점차 해소될 것으로 본 듯하다. 순환출자는 우리만의 기업시스템이 아니다. 일본·미국·유럽 등 선진국 대부분의 기업이 순환출자 형태로 기업을 운영하고 있다. 도요타와 GE 등 미국과 일본을 대표하는 기업도 순환출자 방식으로 그룹 경영을 하고 있다. 구글의 창업자인 세르게이 브린과 투자의 현인으로 추앙받는 워런 버핏도 적은 지분으로 경영권을 행사하는 것은 어떻게 설명할 것인가?

브린과 버핏은 1주 1표가 아닌 차등의결권을 바탕으로 황제 경영을 하고 있다. 미국은 한국과는 달리, 경영자나 창업주의 공로를 중시하는 측면에서 1주가 일반 소액주주에 비해 수십 주, 수백 주, 심지어 수천 주의 표결권을 갖는 황금주 방식을 허용하고 있다. 스웨덴의 발렌베리 그룹도 마찬가지로 오너들이 소액주주에 비해 수천 배의 의결권을 갖고 안정적인 경영을 해 나가고 있다. 왜 한국에선 순환출자를 하면 안 되는가? 오너가 순환출자를 통해서 황제 경영을 한다고 했는데, 이것은 뭘 몰라도 한참 모르는 무식의 소치다. 오너는 소액 지분을 갖고 있지만, 주력 계열사를 통해서 정당하게 다른 계열사의 경영권을 행사하고 있다. 이는 하등 문제가 될 게 없다. 상법상 계열사가 다른 계열사 지분을 소유할 경우, 지분에 따라 의결권을 허용하고 있기 때문이다. 계열사가 타 계열사 지분을 갖고 있는 건 결코 가공 자본이 아니다. 상법에선 이들 지분들도 정당한 지분으로 인정하고 있다. 오너가 자기 지분과 계열사 지분을 바탕으로 주총과 이사회를 통해 신임을 받아 경영권을 행사하는 것은 전 세계기업들의 공통적인 현상이다.

순환출자가 가공 자본이므로 오너 일가가 사적 이익을 편취한다는 것도, 대기업에 대한 증오와 질투가 반영된 강퍅한 생각이다. 오너 일가가 5% 미만의 주식을 갖고 거대 그룹의 경영권을 장악하는 게 타당하냐는 좌파 시민 단체와 학자들의 시각을 그대로 반영하고 있다. 얼핏 타당한 논리처럼 보인다. 하지만 잘못된 생각이다. 무엇보다 기업의 경영 성과는 대주주 일가가 독식하지 않는다. 지분에 따라 배당을 받을 뿐이다.

삼성전자, 현대차, SK텔레콤 등은 외국인 지분이 절반이 넘는다. 이건희 회장과 정몽구 회장, 최태원 회장은 이들 주력사에서 지분에 따라 성과를 받을 뿐이다. 배당의 절반 이상이 외국인에게 돌아가고 있다. 국내 소액주주들이나 기관투자자들도 지분에 따라 배당을 가져간다. 소액 지분을 가진 오너 일가가 회사 이익을 편취한다는 주장은 실상과는 전혀 다른 재벌 때리기의 일환일 뿐이다.

오너 일가가 적은 지분으로 경영을 하더라도 실패하면 주총이나 이사회에서 퇴출될 수밖에 없다. 이사진들이 거수기여서 대주주가 마음대로 경영을 한다고 해도, 무능한 오너가 무리한 경영을 하다간 시장에서 퇴출될 수밖에 없다. 그리고 대주주는 대부분 격심한 국내외 시장경쟁에서 살아남은 경영의 달인들이다. 이건희 회장이나 정몽구 회장 등은 경쟁사들을 제치고 글로벌 기업으로 부상시키고 국가 브랜드도 높였다는 점에서 한국을 빛낸 최고의 지도자들이다. 노벨상에 경영의 귀재나 달인에게 주는 노벨경영학상이 있다면, 이 회장과 정 회장은 당연히 가장 먼저 받아야 할 경영자들이다.

오너들이 사운과 가운을 걸고 키운 기업의 주식과 뒤늦게 차익이나 배당을 노리고 투자한 소액주주들의 소액 지분이 어떻게 똑같은 대우를 받아야 하는가? 이는 법인 설립 초기부터 온갖 리스크를 안고 사업을 한 사람에게 성과와 과실을 주는 자본주의 원칙에도 맞지 않다. 자본주의의 원조국들인 미국이나 유럽에서 대주주에게 차등의결권을 부여해서 경영권 안정을 도모하도록 한 것은 이런 이유에서다. 윤 교수가 지탄의 대상으로 삼는 가공 자본은 비단 삼성·현대차 등에만 있는 것이 아니다. 공익과 배려의 기업으로 평가받는 안철수연구소도 자회사에 투자한 것을 모회사와 자회사가 모두 자본으로 계산했다. 몇 개의 계열사를 갖고 있는 중소 및 중견그룹도 모두 이런 식으로 사업을 확장하고 투자를 한다. 공부 좀 하고 비난했으면 한다.

계열사 간 순환출자를 못하게 막으면 한국 경제의 미래는 없다. 그동안 대기업들이 글로벌 기업으로 도약하고, 시장점유율을 높여온 데는 미래 먹을거리에 대한 투자가 감소할 것이기 때문이다. 그룹 계열사의 도움이 없이는 천문학적인 돈이 들어가는 미래 산업에 대한 투자가 위축될 수밖에 없다. 오늘날 한국 경제를 먹여 살리는 반도체·LCD·스마트폰·자동차·조선 등은 계열사 간 지원과 지분 출자를 통해서 이루어졌다.

단일 기업의 자본으로만 사업을 한다면 어떻게 우리 기업들이 미국과 일본, 유럽의 거대 기업과의 경쟁에서 살아남아 승전보를 울릴 수 있었겠는가? 반도체에 출사표를 던진 삼성 이병철, 이건희 회장은 당시 백면서생들의 거센 반대와 비판에 휩싸였다. 반도체 전문가를 자처하는 서울대 공대 교수는 삼성이 반도체 사업에 참여하면 삼성이 망한다고 극언했다. 정부나 언론들도 말렸다. 하지만 이병철—이건희 회장 부자는 그룹의 사운을 걸고 미래에 대한 통찰력과 예지를 바탕으로 반도체 사업을 벌여, 삼성을 오늘날 세계 1등 전자 기업으로 부상시켰다.

윤 교수가 지탄의 대상으로 삼는 재벌의 선단식 경영은 우리 경제를 선진 부국으로 끌어올릴 최대의 효율적인 시스템이다. 몽골 칭기즈칸의 군대가 세계를 지배한 데는 강력한 기마 부대와 신속한 이동 전술이 결정적이었다. 우리 기업들의 그룹단위 경영은 칭기즈칸의 기마 부대나 다름없다. 미국 맥아더 사령부가 미쓰비시, 미쓰이 등 일본 재벌 체제를 해체한 것은 군사력을 해체하려는 것도 있지만, 미국을 바짝 추격하는 일본 재벌들의 강력한 경쟁력을 약화시키려는 숨은 의도도 포함돼 있었다. 일본의 전자 기업들이 최근 삼성전자에 완패해서 그로기 상태로 전락한 것은 그룹 경영 해체와 전문경영인 체제 전환에 따른 리더십 취약과 과감한 투자결정 실기 등이 겹쳐서 이루어진 것이다. 일본의 전문경영자들은 한국의 삼성전자나 LG전자 등 오너 경영에 비해 위험을 기피하고, 재임 중 적자가 나는 것을 꺼렸다. 이것이 쌓이면서 삼성과 LG와의 경쟁에서 밀리게 된 것이다. 빵집이나 순대집도 주인이 하는 것과 월급쟁이가 하는 것은 다르다. 책임과 헌신, 성실 등에서 오너를 따를 수가 없다.

수출과 해외시장 개척으로 먹고사는 우리 경제는 앞으로도 상당 기간 선단식 경영과 그룹 경영으로 외국의 골리앗들과 전쟁을 벌여야 한다. 우리나라의 단일 기업이 미국이나 일본·독일 등의 거대 기업과 맞서 이겨내기에는 아직도 갈 길이 멀다. 삼성·현대차·LG 등은 당분간 그룹 계열사를 동원해 자본이나 마케팅, 품질 경쟁력을 최대한 높여 글로벌 승부를 벌여야 한다.

윤 교수가 주장하듯 선단식 경영이 무책임한 경영 행태는 절대 아니다. 뭘 알고 비판하라. 국부를 살찌우고 글로벌 시장을 장악하는 데 가장 효과적인 시스템이다. 가령 신흥 시장, 예컨대 러시아나 우즈베키스탄, 중동, 아프리카에서 발전소나 유화플랜트, 석유 개발 프로젝트 발주가 있다고 하자. 미국이나 유럽, 일본의 경우 글로벌 메이저들이 참여할 것이다.

우리 재벌들은 규모나 인지도, 자본력 등에서 다소 뒤질 수 있다. 하지만 건설 플랜트 외에 조선·자동차·전자 등의 계열사를 동원해 이들 공장까지 지어 주는 패키지 전략을 제시할 수 있다. 발주 국가에선 국가적인 인프라 확충과 기간산업 육성 측면에서 해당 발주 사업에만 참여하는 선진국 기업보다는 다양한 패키지 사업을 제안한 우리 재벌을 선택할 가능성이 높다. 실제로 1970년대 이후 삼성과 옛 현대·옛 대우·LG 등은 이런 방식으로 해외 수주 등에서 외국 골리앗들을 누르고 놀라운 성과를 거뒀다.

미국·유럽·일본의 기업들은 대형 항공모함이나 마찬가지다. 우리는 항공모함은 없지만, 기동성이 뛰어난 구축함과 순양함 등을 총동원해서 항공모함에 화력을 집중해서 침몰시켰다. 이게 우리 재벌들의 빛나는 역사다. 당분간 이 같은 신화는 지속돼야 한다. 우리는 아직도 배고프기 때문이다. 이제 겨우 국민소득 2만 달러에 불과하다. 언제 다시 1만 달러로 추락할지 모른다. 우리 원화가 기축통화가 아니기 때문이다. 외환위기에 취약한 나라이다.

재벌을 필두로 한국 기업들이 글로벌 경쟁력을 키우면서 약진한다면

출처: 국제금융센터(2012. 12 기준)

국민소득은 수년 내 4만 달러로 올라가고, 외환보유액도 현재의 3000억 달러에서 4000억 달러, 5000억 달러로 차츰 올라갈 것이다. 중국과 일본은 외환보유액이 3조 달러, 1조 달러가 넘는다.

이런 국가적 과제를 누가 하는가? 대기업, 재벌밖에 없다. 물론 재벌의 폐단도 적지 않다. 윤 교수 같은 좌파 학자들이나 좌경화된 인사들에게 재벌 개혁의 빌미를 주는 사례는 아직도 많다. 골목상권 침해 문제, 부당 내부거래 문제, 중소기업 기술 탈취 및 납품단가 후려치기, 대주주 2~3세가 대주주인 계열사에 대한 일감 몰아주기를 통한 기업가치 키우기와 이를 통한 편법적인 부의 승계 논란 등이 대표적이다. 이런 재벌의 문제점은 공정법과 상법 등 각종 법규 체제를 정비해서 규제하고 개선하면 된다. 오너 일가도 좀 더 사회적책임경영에 나서고, 나눔·배려·희생·헌신의 행보를 활성화해야 한다. "내 기업 경영하기도 바쁜데……"라며 사회적 요구와 민심을 수용하지 않으면 재계가 성난 민심의 파도에 휩쓸릴 수도 있다.

이건희 회장과 정몽구 회장, 최태원 회장, 구본무 회장, 신동빈 롯데 회장, 조석래 효성 회장, 조양호 한진 회장, 박삼구 금호아시아나 회장, 허창수 전경련 회장 겸 GS 회장 등은 사회적 약자들을 자주 찾아가서 돌보고, 중소기업과 동반 성장하는 모습을 자주 보여줘야 한다. 임직원이나 전문경영인에게만 맡기지 말아야 한다. 솔선수범해야 한다.

150

박근혜 대통령이 경제민주화 공약에서 기존 순환출자에 대한 의결권 제한을 두지 않기로 한 것은 합리적이다. 윤 교수는 집토끼 잡으려다가 과거로 회귀하고, 경제민주화에서 역진했다고 비판했다. 그러나 이것이 오히려 한국의 미래를 생각하는 현명한 정책이다. 과거식 정책이 아니요, 성숙한 미래 정책이다.

윤 교수는 박 대통령이 김종인의 경제민주화 방안을 거부한 것도 문제 삼았다. 김종인이 누군가? 좌파의 프레임인 경제민주화를 보수 정당인 새누리당에 과격하게 침투시키려 한 야당의 '트로이 목마'에 불과하다. 그가 경제민주화로 마구 칼춤을 추면서 보수층과 기업들은 할 말을 잃었다.

좌파의 프레임에 갇혀 정체성을 잃어버린 새누리당에 대해서도 집토끼들이 다 달아날 지경이었다. 김종인은 당초 기존 순환출자도 규제하고, 기업인 재판에 국민참여재판, 대규모 집단법 제정 등을 추진했다. 야당보다 더 심한 재벌 때리기 방안이었다. 재벌들의 숨통을 끊어 놓겠다는 것이나 다름없었다. 재갈을 물려 옴짝달싹하지 못하게 하려 했다.

박 대통령이 대선 막판에 김종인의 무책임한 칼춤을 중단시킨 것은 그나마 다행이다. 비단 그의 대선 승리 여부를 떠나서 국가경제, 우리 산업의 미래 먹을거리를 위해 경제민주화는 독배나 다름없기 때문이다. 그가 김종인식 경제민주화를 거부했다고 해서 최소한의 보수적 개혁조차 거부했다고 강변하는 윤 교수의 좌편향적 이데올로기에는 우려를 금할 수 없다. 그가 제시한 경제민주화만 해도 엄청난 보수의 개혁이다. 이것만 해도 우파의 가치를 일탈했다는 게 정통 경제학자들과 재계의 우려다.

박 대통령이 내놓은 신규 순환출자 금지, 공정위의 전속고발권 폐지,

집단소송제 및 징벌적 손해배상제, 금산분리 강화 등은 과도한 규제로서, 향후 기업들의 급격한 투자 위축과 해외 투기 자본에 의한 알짜 기업과 금융회사의 인수 등 부작용을 가져올 수 있다. 여기에 기업인 횡령과 배임죄에 대해 집행유예 금지 및 실형 원칙 방안은 기업인에 대한 과도한 역차별을 가져올 수 있다. 특히 배임죄의 경우 부작용이 심할 수 있다. 독일·일본은 경영자가 회계원칙을 준수했을 때 폭넓게 경영 행위를 보장하고 있다. 그러나 우리나라는 검사나 판사의 재량이나 가치관, 소신, 신념, 그때그때의 여론에 의해 이현령비현령식의 구형과 선고가 벌어지고 있다.

배임 문제에 대한 사법부의 중구난방식 처벌이 지속되면 수십조에서 수백조 원의 매출을 올리는 그룹 총수나 기업인들이 담벼락 위에서 경영해야 하는 불안한 상황을 맞이할 수 있다. 한화 김승연 회장에 대한 배임 혐의 선고가 대표적이다. 김 회장은 외환위기 이후 부도 위기에 몰렸던 특수 계열사에 자금 지원을 했다가 주주에게 손해를 끼친 혐의로 실형을 선고받았다. 당시는 대주주가 책임지고 부실사를 회생시키라는 게 정부 정책이었다. 이를 충실히 따른 김 회장에 대해 뒤늦게 검찰과 판사가 중형을 선고한 것은 정책 따로, 사법부 따로의 전형적인 사례다. 성공한 구조조정에 대해 사법부가 엉뚱하게 단죄했기 때문이다. 이래 갖고 어떻게 안정된 경영을 할 수 있는가?

재벌이 사회적 책임과 경영윤리에는 소홀하고, 경영 성과는 재벌과 총수 일가가 독식한다고 주장한 것도 한심한 소리다. 요즘 같이 불황에 따른 저성장 및 청년 실업 시대에 재벌들의 사회적 책임은 무엇인가? 무엇이 가장 중요한 사회적책임경영인가? 경영을 잘해서 한 해 수천 명에서 수만 명의 새로운 일자리를 창출하는 게 진정한 사회적책임경영이다. 여기에 삼성과 현대차 등은 한 해 수천억 원에서 조 단위의 사회적 기부와 나눔 활동을 펼치고 있다. 기업과 재계의 현실에 대해 까막눈이 그냥 일부 언론에서 나오는 골목상권 침해 문제, 중기 납품단가 인하 및 물량 조정 문제, 오너 일가의 소송 등을 과장해서 이 문제를 제기한다면 서푼짜리 학자의 우물 안 시각이라고 하지 않을 수 없다.

우리나라의 모든 국민이, 그중에서도 학교를 졸업한 젊은이들은 삼성과 현대차·LG·SK·롯데·한진·효성·GS 등 대기업에 입사하는 것을 최대 소망으로 삼고 있다. 부모들도 자녀들이 대기업에 입사하는 것을 가장 뿌듯해 한다. 글로벌 경쟁에서 살아남은 대기업들과 재벌들이 지금보다 더욱 커져야 양질의 일자리도 창출하는 것 아닌가? 윤 교수식의 재벌해체, 다시 말해 재벌의 목에 칼을 들이대고, 강력한 오너십 경영을 못하게 하면 이런 양질의 일자리는 누가 만들 것인가? 오너 아닌 월급쟁이 경영자들이 만들면 된다고? 천만의 말씀이다. 그룹 경영은 전략 사업의 경우 초기 적자를 무릅쓰고 과감한 투자를 할 수 있는 장점을 갖고 있다. 이것을 못하게 되면 중요 사업에 대한 신규 투자가 차질을 빚을 것이다. 그러면 미래 경쟁력이 없어진다. 글로벌 시장에서 도태될 수밖에 없다. 윤 교수가 이를 만들 것인가? 아니면 재벌 때리는 데 혈안이 된 좌파 시민 단체와 정당이 창출할 것인가?

사농공상의 유교적 신분 사상에 매몰돼 상인들의 이윤 활동을 터부시하고, 폄하하는 교수들 특유의 오만한 작태가 윤 교수의 이번 칼럼에서 명백히 드러나 보인다. 생산적인 일이나 사업을 해서 수익을 낸 적이 없는 서푼들이 곡학아세하느라 난리다. 이상한 말들로 대중들을 타락시키고 있다. 재벌 체제에서 나타나는 시장 지배력 남용이나 불공정 경쟁, 일가 친척에 대한 부의 터널링(tunneling) 문제는 엄격히 규제해야 한다. 이와 관련한 각종 법과 제도는 홍수를 이루고 있다. 일부의 문제를 전체 재벌의 문제로 확대 재생산해서 반기업 정서를 부추기는 것은 자제해야 한다. 지금의 법만 제대로 지켜도 된다.

윤 교수가 총수 일가가 경영 성과를 독식하고 그 비용과 손실은 사회화해서, 불공정과 특혜의 관행이 여전하다고 주장하는 것도 도대체 상법이나 공정법 등을 알고서 하는 말인지 궁금하다. 총수가 어떻게 성과를 독식하는가? 윤 교수의 주장대로 오너들은 소수 지분만큼 배당을 받고, 이것도 대부분 증자 등으로 기업 내부에 유보시킨다. 오너들의 재산은 현금이 아닌 대부분 주식 형태로 이뤄져 있다. 우리 기업인들은 가업 상속에 대한 의욕이 강하고, 단순 배당보다는 기업을 키워서 후세에 물려주고, 국가에도 기여하려는 의식이 강하다. 미국의 대주주들이 배당에 치중하는 것과는 사뭇 다르다.

총수 일가가 비용과 손실을 사회화한다는 것도 어불성설이다. 기업이 실패하고 쓰러지면 기업주, 오너들은 경영권을 대부분 박탈당한다. 오너라도 경영을 잘못하면 시장에서 퇴출되는 게 시장경제의 냉엄한 경쟁 환경이다. 대우는 외환위기 이후 김우중 회장의 부실 경영으로 공중분해됐다. 세계 경영으로 한국인과 젊은이들에게 꿈과 희망을 주고, 우리 기업들의 나아갈 바를 제시했던 김 전 회장은 이제 낭인 신세로 전락해서 국내외를 전전하고 있다. 가혹한 형벌을 받은 데 이어 사실상 경제 사업을 못한 채 불편한 삶을 살고 있는 것이다.

웅진 그룹 윤석금 회장도 그룹이 법정관리에 들어가면서 그의 지분은 사실상 소각되거나 감자되어 경영권을 내놓아야 했다. 오너들이 무슨 경영 실패를 사회화했다는 것인지 도무지 이해할 수 없다. 외환위기 이후 30대 그룹 중 16개 그룹이 망했다. 총수들은 다 경영권을 빼앗겼다. 공적자금이 들어간 부실 회사들은 워크아웃과 법정관리 등을 거쳐 외국기업이나 투기 자본 등에 상당 부분 넘어갔다. 국내 기업에 넘어간 사례도 적지 않다. 재계 13위까지 부상한 STX그룹 강덕수 회장도 그룹이 공중분해 되면서 공수래공수거의 신세가 됐다.

삼성이 국가기구를 포획해 국가 안의 국가로까지 커졌다는 비난도 타당하지 않다. 삼성은 대한민국 기업 가운데 경영을 가장 잘해서 전자 부문에서 세계 1등 기업으로 부상했다. 이건희 회장을 정점으로 한 강력한 오너 리더십, 회장을 보좌하는 그룹 조직의 컨트롤타워 기능, 계열사 등 삼각 편대가 신속하고 효율적으로 움직여서 오늘날 대한민국을 상징하는 글로벌 기업으로 성장했다. 삼성식 오너 경영과 그룹 경영으로 인해 소니, 파나소닉 등 일본 전자 메이커들은 녹아웃됐다. 기술을 가르쳐 주던 일본의 선발 기업들이 후발인 삼성에 줄줄이 패퇴한 것이다. 삼성은 미국의 자존심인 애플마저 코를 납작하게 만들고 스마트폰 분야 세계 1위로 올라섰다. 얼마나 자랑스러운 한국 기업인가? 삼성전자 휴대폰 사업부 연구원은 휴일이 없다. 일 년 365일 연구에 비지땀을 흘린다. 그래서 애플을 누르고 스마트폰 제왕이 됐다.

학자들이 이런 대기업과 오너들의 건곤일척의 삶과 경쟁 스트레스, 경영 성과를 무책임하게 난도질하는 것은 우습다. 삼성이 왜 국가기구를 포획하는가? 지독한 반삼성 편향성에서 비롯된 독설이다. 재벌들은 청와대 등 권력 기관의 무소불위의 힘과 과잉 규제, 관치 경제에 따라 기업 경영이 지나치게 영향받는 것에 대해 두려움을 갖고 있다. 한국의 정부나 청와대, 권력 기관들이 워낙 기세등등하고, 규제 지향적이고, 고압적이어서 언제든지 경영 활동에 변수가 된다.

삼성 등 재계가 본연의 경영 활동 이외에 정치 및 사회 분야의 동향을 체크하고, 네트워크하는 것은 기업 경영의 안보 차원에서 불가피했다. 삼성이 국가기구를 포획했다고? 오히려 재벌들이 이런 경영 외의 것까지 신경 쓰는 것에 대해 정치권과 사회 지도층의 통렬한 반성이 선행돼야 한다. 기업하기 좋은 나라, 투명하고 규제가 없는 나라, 정치 논리가 경제 논리를 압살하지 않는 나라 건설을 위해 정치권이나 정부, 학계가 건설적인 방안을 제시하는 게 타당하다. 기업을 욕하기에 앞서 학자들부터 원인 진단을 해라.

윤 교수가 결론적으로 제시하는 것, 다시 말해 박 대통령이 경제민주화 공약을 온전히 지키는 길이 대선에서 이기는 길이라는 주장도 편견일 뿐이다. 보수 정당의 후보에게 생뚱맞은 제안을 하고 있다. 그가 김종인식 경제민주화를 수용하고, 문재인식 경제민주화에 추종한다면 그것은 오히려 과거 세력에게 굴복하는 것이고, 나라의 미래를 도외시하게 악수를 두는 것이다.

김종인과 박 대통령 간의 동거는 애초부터 불가능했다. 좌파 이데올로기와 야당의 2중대 프레임에 불과한 경제민주화로 승부를 건다는 것 자체가 보수 후보에겐 맞지 않다. 몸에 맞지 않는 옷을 입고 외출하는 것과 같다. 윤 교수가 편향적인 좌파 논리로 박 대통령의 경제민주화 공약을 재단하는 것은 그만의 자유일 것이다. 하지만 김종인의 경제민주화를 거부한 것에 대해 과거로의 회귀이며 경제민주화의 역진이라고 강변하는 것은 억지 논리요, 자기가 보고 싶은 것만 보는 것이다.

재벌 때리기만 난무하고, 우리의 미래 먹을거리 문제를 도외시하는 것은 무책임하다. 10년, 20년, 50년 후의 먹을거리를 고민하는 사람들은 정치인도 아니요, 서푼짜리 학자도 아니요, 우리 경제를 이끌어 가는 재벌 총수들이다. 이건희 회장은 요즘 등에 식은땀이 날 정도로 그룹의 신수종 사업 발굴과 육성에 고심하고 있다. 반도체 스마트폰 LCD는 잘해야 10년 후면 경쟁력이 약화될 가능성이 높기 때문이다. 이로 인해 2차전지, 바이오, 태양광사업 등을 어떻게 조기에 안정시켜 그룹의 미래 주력 사업으로 삼을지 고민에 고민을 거듭하고 있다. 정몽구 회장, 구본무 회장도 마찬가지다.

기업 규제완화, 성장과 친기업 정책을 이야기하면 과거 세력인가? 재벌을 해체해서 투자를 약화시키고, 일자리도 급감시켜 대한민국을 다시금 국민소득 1만 달러 국가로 추락시키는 것이 윤 교수식의 경제민주화인가? 그와 김종인식 경제민주화는 좌파 정부, 좌파 경제정책으로 인해 시장경제와 자본주의의 건전한 발전을 질식시키고, 장기적으로 모두가 못사는 사회주의국가로 가자는 것밖에 안 된다. 통일 이후의 경제 부담을 생각해서라도 지금 기업을 못살게 굴어서 투자를 위축시키는 것은 교각살우 같은 처사다.

다시 한번 강조하지만, 기존 순환출자를 규제하지 않은 박 대통령은 그런대로 합리적인 판단을 했다. 김종인을 거부한 것은 만시지탄이다. 국가를 운영하려는 지도자다운 모습을 보여준 것이다. 나라야, 기업이야 결딴나건 말건, 정권만 잡으면 된다는 식의 야당 후보들의 무책임한 행태와는 다르다.

윤 교수는 좁은 안방만을 보지 말고, 더 넓은 해외를 봐라. 거기서 글로벌 기업들이 어떻게 피 튀기며 목숨을 걸고 싸우는지 조금이라도 살펴보기 바란다. 공부 좀 해서 박사 학위 따고 대학교수하면서 한 달에 몇 푼 월급받는 사람으로서 일 년에 200조 원, 300조 원의 매출을 올리면서 20~27조 원의 영업이익을 올리는 정몽구 회장, 이건희 회장의 고민과 고뇌, 편집중적 위기의식을 역지사지해 봐라. 재계 총수들은 자신들을 매도하는 학자들에 비해 수천 배, 수만 배의 세금을 내고, 국민들에게 소중한 일자리도 제공한다.

우리나라에는 무익한 백면서생이 너무 많다. 그들은 상인들의 눈부신 성공에 대해 질투와 증오를 퍼붓는다. 책 몇 권 읽고 정의를 자기 것인 양 고담준론하는 선비들이 오히려 과거 세력이요, 대한민국을 후퇴시키는 반동의 세력이다. 우리 사회의 미래를 가로막는 역진(逆進) 세력이다. 막스 베버는 공부 좀 했다는 책상물림들이 대중을 선동해 자본주의를 붕괴시킨다고 했다. 곡학아세하는 서생의 질투를 직시해야 한다. 그들에게 우리의 미래를 맡기기에는, 우리 체제는 너무나 소중하다.

김탁구 신화 죽이는
동반성장위 출점 규제

황해도 출신 허창성 씨는 북한 김일성의 공산 독재를 피해 1948년 남하했다. 서울에 어렵게 삶의 터전을 마련한 그는 을지로4가에 '상미당'이란 간판으로 빵집을 열었다. 해방 공간에는 모든 국민이 빈곤에 허덕였다. '상미당'은 먹을거리가 궁핍한 상황에서 신선한 재료와 정성이 듬뿍 들어간 빵으로 승부했다. 고객들의 반응은 폭발적이었다. 1964년에는 공장 빵의 효시가 된 삼립 크림빵을 내놓았다. 이어 삼립호빵과 보름달을 선보였다. 이 빵들은 어린 시절 추억이 깃든 간식의 대명사가 되면서 대박 행진을 이어갔다.

허창성이 타계할 때 삼립식품은 장남인 허영선에게 상속됐다. 둘째 허영인은 1972년 삼립식품 매출의 10분의 1도 안 되는 샤니 성남공장을 물려받았다. 허영인은 이것을 밑천 삼아 양산빵 생산에 전력투구했다. 세계 최고의 빵을 만들겠다는 일념으로 미국으로 건너가 미국제빵학교(AIB) 정규 과정을 이수했다. 국내에 돌아와선 제빵업계 최초로 정부

공인 식품연구소를 설립하는 등 품질 고급화를 주도했다.

허영인은 샤니의 양산 빵들이 히트하자 1970년대엔 고급 케이크를 선보였다. 1980년대에는 프랑스풍 고급 빵인 파리바게뜨와 파리크라상을 잇따라 설립했다. 먹을거리 확장은 여기서 그치지 않았다. 베스킨라빈스와 던킨도너츠 등을 관리하는 비알코리아를 세워 국내 최고의 제빵 그룹으로 성장했다.

창업주로부터 삼립을 물려받은 허영선은 리조트 등 비주력 사업에 몰두하다가 외환위기 때 법정관리에 들어가면서 무너졌다. 허영인은 형님의 삼립을 인수해서 가업을 이었다. 허영인은 국내 최고의 제빵 황제로 등극했다. 2010년 모 지상파 방송에 방영된 〈제빵왕 김탁구〉의 실제 모델이기도 하다. 그가 거느린 파리바게뜨 매장은 3,200개에 달한다. 국내 제빵 시장점유율 1위다. 재벌인 CJ그룹 계열 뚜레주르(2,000여 개)에 비해 매장 수가 1.5배가 넘는다. 매장당 매출도 뚜레주르보다 2배 이상 많다.

허영인 회장이 샤니로 출발할 당시 제빵 시장에는 고려당, 뉴욕제과, 삼성 그룹 계열의 신라명과 등 막강한 선두 주자가 득시글거렸다. 영세 기업인 파리바게뜨가 상대하기에는 벅찬 골리앗들이었다. 허영인은 품질 고급화와 맛있는 빵 만들기, 한 우물 경영으로 골리앗들을 제치고 제빵 시장의 왕좌에 올랐다.

동네 빵집으로선 대단한 성공스토리다. 영세가게가 중소기업으로, 중견기업으로, 다시 대기업으로 성장했기 때문이다. 전자와 반도체에서 삼성 이병철-이건희 회장, 구인회-구자경-구본무 회장, 자동차에서 정주영-정몽구 회장으로 이어지듯이, 제빵 시장에서도 허창성-허영인 회장으로 이어지는 눈물겨운 성공 신화가 이루어졌다.

전자와 자동차는 좁은 내수를 벗어나 이젠 글로벌 강자가 됐다. 허영인 회장도 미국·중국·프랑스 등의 선진국과 신흥 시장에 출사표를 던지고, 대대적인 해외시장 공략에 나서고 있다. 파리바게뜨는 벌써 중국에 107개, 미국에 25개, 베트남 7개, 싱가포르 1개 매장을 운영 중이다. 앞으로 글로벌 매장은 더욱 가속화될 전망이다. 허 회장의 눈은 좁은 내수가 아닌 해외시장으로 향하고 있다.

그런 허 회장의 어깨가 요즘 축 처지고 있다. 파리바게뜨가 동네 빵집을 다 죽인다는 비난이 커지고 있기 때문이다. 동네 빵집들은 같은 동네 빵집에서 출발한 파리바게뜨의 손과 발을 묶어야 한다며 연일 정부와 정치권을 압박하고 있다. 제과 제빵 한 우물만 판 기업이 재벌 계열의 신라명과와 뚜레주르 등을 누르고 1위로 올라섰으면 갈채를 받을 만한데, 현실은 그 정반대다. 급기야 동반성장위원회는 제과업과 외식업을 중소기업 적합 업종으로 지정하는 강수를 뒀다. 이번 지정으로 매출 200억 원 이상의 대기업은 3년간 빵집이나 음식점을 확장할 수 없게 됐다. 파리바게뜨 같은 프랜차이즈 제과점은 동네 빵집과 걸어서 500m 이내에 점포를 새로 낼 수 없게 된 것. 점포 수도 전년 말 대비 2% 이내에서만 새로 낼 수 있도록 했다.

대기업 계열 외식업체와 프랜차이즈 외식업체도 새로운 브랜드로 매장을 열거나 인수합병(M&A)을 통한 사업 확장이 차단됐다. 동반성장위의 결정은 골목상권을 보호하고, 대·중소기업 간 상생을 촉진하겠다는 취지에서 나왔다. 대기업 프랜차이즈 본사가 가맹점을 과도하게 출점해서 전체 점주들에게 피해를 주는 것은 자제돼야 할 것이다. 공정위는 이를 감안해 편의점과 프랜차이즈 제과점의 신규 출점 시 거리 제한을 두고 있는 상태다. 동반성장위의 이번 출점 규제는 이중 규제라 하지 않을 수 없다. 골목상권 보호 효과는 거의 없는 반면, 상당한 부작용을 가져올 수밖에 없게 된 것이다. 시장경쟁을 저해하는 최악의 반시장적 조치라 하지 않을 수 없다. 대기업 프랜차이즈점은 골목상권에 아예 들어오지 말라는 초강력 규제이기 때문이다.

퇴직한 베이비부머들의 제과·제빵 창업 기회도 박탈했다. 일자리를 늘리겠다는 정부가 오히려 일자리를 줄이고, 기존 프랜차이즈 점포 권리금만 올려놓는 우매한 짓들을 벌이고 있다. 소비자들도 피해를 볼 수밖에 없다. 시장경쟁에 따른 가격 및 품질 혁신이 차단되면서 질 좋은 빵을 싸게 먹을 수 있는 기회가 줄어들기 때문이다.

골목상권을 죽이는 대명사로 비난받는 파리바게뜨를 보자. 파리바게뜨가 동네 빵집을 고사시킨다는 주장은 전혀 설득력이 없다. 파리바게뜨가 동네 빵집을 몰아낸 것이 아니다. 오히려 동네 빵집이 파리바게뜨로 상호를 바꿔 달았기 때문이다. 파리바게뜨는 현대화한 동네 빵집이다. 왜 그런가? 파리바게뜨의 프랜차이즈 운영 방식은 기존 동네 빵집 주인이나 새로 제빵점을 오픈하려는 창업자들에겐 여러 가지 장점이 있다.

수익성이 높고, 제빵 프로세스도 표준화, 단순화돼 기술 없는 퇴직자들에겐 파리바게뜨식 점포 관리가 안성맞춤이다. 예컨대 아침에 신선한 빵을 내놓기 위해선 새벽 4시부터 반죽을 시작해야 한다. 이는 무척 고된 일이다. 기술 없는 사람이 점포를 운영할 경우 제빵사에게 휘둘리는 것도 커다란 부담이다. 파리바게뜨는 이 같은 고충을 해결했다. 본사에선 생지(반죽)와 신품목 개발, 브랜드 관리를 주도하고, 가맹점은 본사에서 보내온 반제품을 오븐에 구워내면 신선하고 맛있는 빵과 케이크가 매장에 진열되기 때문이다.

이 같은 방식은 점주들이 효율적으로 매장을 운영할 수 있도록 해주고, 소비자들도 갓 구운 빵을 즐길 수 있게 했다. 기존 빵집 주인은 물론, 새로 점포를 내려는 사람들이 앞다퉈 파리바게뜨 브랜드로 문을 열기를 희망했다. 기존 동네 빵집 주인들이 파리바게뜨와 계약을 맺은 것은 빵 만들기가 수월하고, 소비자들의 구매와 함께 매출도 늘어났기 때문이다. 파리바게뜨 점포 매출이 개인 빵집보다 3배나 높은 것도 장점이다. 요컨대 파리바게뜨는 대기업 프랜차이즈와 동네 빵집이 상생과 동반 성장의 모범적인 길을 걷고 있는 사례다(김정호 저, 『다시 경제를 생각한다』 참조).

빵집 종업원 입장에서 봐도 파리바게뜨는 안정적인 직장이다. 과거엔 제빵 학원을 나와 취업하려면 동네 빵집 외에 별다른 대안이 없었다. 월급도 70~80만 원에 불과했다. 연간 1000만 원도 안 됐다. 하지만 파리바게뜨의 초임 제빵사 연봉은 2200만 원으로, 동네 빵집에서 일할 때보다 훨씬 높다. 파리바게뜨는 훨씬 안정된 직장인 셈이다.

우리나라처럼 정부가 업종별로 친절하게 안내하는 나라는 없을 것이다. 신규 프랜차이즈점은 기존 점포의 500미터 이내에 출점하면 안 된다. 어떤 업종은 대기업이 진출하면 안 된다. 나중에 정부가 우리 기업은 물론, 모든 국민의 삶과 일자리까지 책임지지 않을까 한다. 지나치게 친절한 정부는 국민과 기업의 자율책임 경쟁의식을 말살시키고, 정부 의존적이고, 게으른 국민들로 타락시킬 것이다.

동반성장위의 이번 조치로 인해 앞으로 파리바게뜨나 뚜레주르는 점포 신설이 사실상 막혔다. "서울에서는 북한산이나 관악산 외에 없을 것이다(전경련 임상혁 상무)." 빵집이 파리바게뜨나 뚜레주르가 과점할 것이라는 주장도 근거가 없다. 시장경쟁의 원리를 모르고 하는 소리다. 지금은 파리바게뜨가 국내 1위를 달리지만, 어느 날 혜성처럼 또 다른 프랜차이즈점이 새로운 혁신을 바탕으로 파리바게뜨를 위협할 수 있다.

시장경제 원리상 한 빵집이 어느 한 독점기업에 의해서 모두 흡수되는 것은 아니다. 여러 개의 빵집이 생성되고 발전했다가 소멸될 수 있다. 경쟁에서 밀리고 고객의 외면을 받으면 언제든지 도태될 것이다. 과거 우리 주변엔 정육점, 이발소가 많았다. 지금은 대부분 프랜차이즈화하고 있다. 약국과 중개업소도 그런 변화 과정을 겪고 있다.

프랜차이즈 점포의 신설을 2% 이내로 규제한 것도 반시장적이다. 올해 경제성장률은 2%대의 저성장이 예상되고 있다. 동반성장위가 신규 점포를 2% 이내로 못박은 것은 최소한의 성장도 하지 말라는 것이나 다름없다. 사회주의나 공산주의 국가에서 국가가 기업을 통제하는 것과 무슨 차이가 있는지 답답할 뿐이다. 한국은 자본주의국가이면서 가장 사회주의국가 성향을 보인다고 한다. 중국은 사회주의국가이면서 가장 자본주의적인 경제 운용을 하고 있다. 동반성장위의 반시장적, 반기업적 포퓰리즘 조치들은 사회주의국가가 기업을 폭력적으로 규제하는 것과 하등 다를 게 없다.

파리바게뜨의 경우 한 해 문을 닫거나 이전하는 점포 수는 1백여 개에 이른다. 이번 권고안은 점포를 더욱 줄이는 부작용을 가져올 전망이다. 뚜레주르도 파리바게뜨와 비슷한 수준의 점포들이 폐점한다.

매장은 감소하는데, 사실상 신규 점포를 차단하는 것은 기업에게 더 이상 성장하지 말고, 쪼그라들라는 것이다. 이런 행정적 폭거가 어디 있는가? 헌법상 보장된 자율과 창의, 시장경제, 사유재산권을 부정하는 조치다. 경쟁을 촉진해야 할 정부가 별다른 실익도 없고 효과도 없는 중기적합업종제도를 밀어붙여 경쟁을 제한하고, 영세기업이 중견기업을 넘어 대기업으로 성장하는 것을 원천적으로 막고 있다.

이는 박근혜 대통령의 공약과도 맞지 않는다. 박 대통령은 "중소기업이 성장해 중견 및 대기업으로 커 나가는 기회의 사다리를 연결해야 한다"고 강조했다. 동반위는 성장의 사다리를 모두 제거하려는 듯이 설치고 있다. 중소기업들로 하여금 온갖 혜택만 챙긴 채 사다리 타는 것을 기피하는 피터팬증후군을 심화시킬 수 있다.

미국은 대기업의 영토 확장을 문제시하지 않는다. 경제력 집중도 견제하지 않는다. 다만 그것이 경쟁을 저해해서 소비자들에게 피해를 줄 경우에만 문제 삼는다. 그래서 스탠더드 오일, AT&T가 회사 분할 조치를 받았다. 마이크로소프트도 독점 문제로 홍역을 치른 바 있다. 허나, 우리처럼 회사가 커졌다고 더 이상 성장하지 못하게 대못을 박지는 않는다. 동반성장위의 조치는 기업의 자유로운 영업과 경영 행위를 막는다는 점에서 세계무역기구(WTO)의 서비스 협정에 위배될 수 있다. 외국계 외식업체들은 잇따른 사업규제로 인해 한국에 대한 투자가 위축될 수 있다며 불만을 표시했다. 출점 제한 등의 규제를 당한 외국기업이 "부당한 대우를 받았다"며 정부를 상대로 법정 소송을 제기할 가능성이 높다.

개방과 무역으로 경제 강국으로 부상한 대한민국이 안방에서 과도한 규제를 하는 것은 국가 브랜드를 추락시키고, 경제자유지수 등에서 국가 순위가 더 떨어질 수 있다. 국내 식품, 외식업, 제빵 대기업의 손발을 묶으면서 앞으론 외국계 기업들이 한국 시장을 장악할 가능성도 커졌다. 과거 전구나 조명기구를 중기 고유 업종으로 지정했다가 독일 오스람과 네덜란드 필립스, 미국 GE 제품이 국내 시장을 장악하는 역효과를 가져온 바 있다. 문구류도 중기 업종으로 묶자 일본제 볼펜들이 판을 쳤다.

한국에선 더 이상 제2의 허영인이 나올 수 없게 됐다. 다국적 식품 기업인 네슬레 같은 글로벌 기업은 기대할 수 없게 됐다. 좁은 내수를 벗어나 해외 공략에 성공한 전자·반도체·스마트폰·자동차·중공업은 제조업 강국의 1등 공신이었다. 이제 유통·식음료·제빵·제과도 미국·유럽·중국·동남아 시장을 호령하는 분야로 커가야 할 때이다. 제조업의 성공 신화를 유통과 서비스 분야에서도 이어가야 새로운 일자리가 창출되고, 신성장 동력을 확보할 수 있다.

우리 경제가 다시 한번 점프하려면 중소기업과 중견기업이 대기업으로 성장할 수 있도록 각종 인프라를 깔아주고 지원해야 한다. 그런데 지금 경제민주화란 미명 아래 이루어지는 동반 성장과 상생 정책, 중기 업종 강화는 신성장 동력을 훼손하고, 동네 빵집과 골목상권의 영세화를 영구화할 뿐이다. 이래서는 일자리가 창출되지 않고, 생산성도 제자리를 걸을 뿐이다.

지나친 영업 규제는 경쟁의 고통을 잠시 잊게 하는 진통제에 불과하다. 동반성장위 유장희 위원장은 그동안 개방과 시장자율을 강조해온 경제학자로 존경을 받아 왔다. 그는 이화여대 교수와 대외경제정책연구원장 시절 우루과이라운드(UR) 협상, WTO 협상 등과 관련, 개방과 경쟁체질 강화만이 경제 강국으로 도약할 수 있는 길이라고 설파했다. 유 위원장은 평소 소신과는 달리 시장경제의 근간을 훼손하고, 반시장적, 반경쟁적인 초강력 규제를 내놓았다. 경제민주화에 편승해서 대기업을 옥죄는 데 숟가락 하나 더 올려놓는 것이다. 골목상권 보호를 공약한 박근혜 정부에 코드를 맞추려는 정치적 행보가 아닌지 궁금하다. 그는 평소 신념과 철학을 팽개쳤다. 대못질로 일관한 동반성장위의 중기 고

유업종 선정을 강행한 것에 대해 역사의 엄중한 평가를 받아야 할 것이다.

사회적 약자를 보호한다는 명분 아래 경쟁과 혁신에서 뒤떨어진 자들만 동정하고, 성공한 기업과 혁신을 주도하는 기업들을 난도질하는 것은 정의가 아니다. 한국은 시장경제와 개방을 바탕으로 성장했지만, 이젠 과잉 규제와 전체주의적 통제를 하는 사회주의국가로 급격히 탈선하고 있다.

순환출자 막으면 경제가 산다고?
국부 유출뿐

1974년 12월 초, 이건희 회장은 선친 이병철 회장과 함께 사운을 걸고 한국반도체의 지분 50%를 50만 달러에 인수했다. 당시 관료와 학자들은 삼성이 반도체 사업을 하는 것은 시기상조라고 냉소적인 반응을 보였다. 반도체 분야 최고 전문가를 자처했던 서울대 모 교수는 심지어 "삼성이 반도체 사업을 하면 망한다"고 극언을 서슴지 않았다. 일부에선 TV도 제대로 만들지 못하면서 무슨 반도체냐며 신랄하게 비판했다.

이병철 선대 회장과 이건희 회장이 출사표를 던진 반도체 사업은 사업 진출 20년 만인 1993년에 일본, 미국 업체를 제치고 세계 1위로 올라섰다. 이건희 회장은 한국반도체 인수 당시 동양방송 이사로 재직 중이었다. 그는 반도체가 미래에 가장 중요한 신수종 사업이 될 것임을 확실히 내다보고 사재를 털어서 반도체 회사를 사들였다.

2013년 현재 삼성의 세계 1등 품목은 반도체에 이어 스마트폰, 가전, 2차전지 등 20여 가지로 늘어났다. 삼성은 선진국을 쫓아가는 추격자에서 선두를 질주하는 퍼스트 무버로 환골탈태했다. 이건희 회장이 1993년 독일 프랑크푸르트에서 마누라와 자식 빼고 다 바꿔 보자며 전사적인 신경영 드라이브를 건 이후 일본·독일·미국 업체를 모조리 제치고 글로벌 리더로 부상한 것이다.

삼성이 세계 최고의 전자 메이커로 도약한 데는 이 회장의 리더십과 그룹 경영이 결정적인 역할을 했다. 계열사들이 힘을 합쳐 전력 사업과 신수종 사업에 대해 힘을 몰아주고 보태줬기에 가능했다. 초기 수년간의 적자를 무릅쓰고 출사표를 던져 마침내 만루홈런을 날린 반도체 사업이나 LCD·가전·2차전지·스마트폰 사업 등은 이익을 많이 내는 계열사의 지원이 있었기에 화려하게 꽃을 피웠다.

이익을 내는 계열사들이 신규 사업 및 계열사에 지분 출자를 통해 대규모 연구개발과 투자를 공격적으로 진행했기에 오늘날 글로벌 초일류 삼성 그룹이 탄생했다. 또 수직 계열화한 그룹 계열사 간의 전사적 공급망관리(SCM) 체제를 구축한 것도 삼성 경영, 삼성 웨이의 최대 강점이다. 삼성이 구축한 SCM은 세계 최고의 경쟁력을 갖고 있다. 고객이 원하는 가격과 품질의 제품과 서비스를 원하는 시기에 원하는 수량만큼 공급할 수 있도록 최적의 자원 운영을 하는 시스템을 갖고 있기 때문이다. 기업이 SCM을 제대로 못하면 원자재 공급자부터 부품 협력업체를 거치는 단계마다 재고가 쌓이는 등 원가 부담이 가중된다. 이로 인해 경쟁력이 떨어지고, 고객의 신뢰도 상실할 수 있다. 이익을 더 낼 수 있는 기회도 놓치게 된다. SCM은 이처럼 계열기업 간의 긴밀하고 신속한 그룹 경영과 협력업체와의 네트워크 구축이 형성돼야 가능하다. 스마트폰은 삼성전자가 조립하지만, 원료 및 부품은 삼성SDI·삼성전기·삼성디스플레이·제일모직 등이 공급한다.

　삼성의 그룹 경영은 순환출자가 있기에 가능했다. 그룹 계열사 간에 지분 출자 등을 통해 한 가족처럼, 한 몸처럼 엮여 있어 스마트폰, 가전 등에서 세계 최고의 SCM을 구축한 것이다. 우리 기업 성장사를 보면 선단식 경영이 결정적인 효자 역할을 했다. 1960년대 이후 산업화를 시작하면서 자원도, 돈도 없는 산업 불모지에서 우리가 가진 자원은 사람뿐이었다. 기업들도 무척 영세했다. 당시 국내 기업들은 외국기업에 비하면 명함을 내밀기 민망할 정도로 규모가 작았다. 그래서 나온 것이 벌떼 전략이다. 수많은 벌이 떼를 지어 먹잇감을 공격하듯이, 소형 초계함·순양함 등이 한데 뭉쳐 항공모함 및 대형 전함과 승부를 겨루듯이 말이다. 선단식 경영은 한국 기업이 가진 최대 강점이었다.

　삼성은 창업 초기의 주력 기업이었던 제일모직과 제일제당, 제일합섬 등을 통해 돈을 벌어 전자·반도체·중공업 등으로 사업을 확대했다. 힘 있고 튼튼한 맏형이 새로 사업을 시작한 신수종 동생들을 키우고 성장시킨 것이다. 이 과정에서 형들이 신규 계열사에 대한 지분을 출자하고, 지급보증도 해줬다. 상호출자와 순환출자 경영은 이렇게 해서 탄생했다.

　현대차 그룹이 글로벌 톱5 자동차 메이커로 도약한 데도 그룹 경영이 크게 기여했다. 부품 및 소재를 생산하는 현대제철·현대모비스·현대파워텍·오토에버넷·위아 등에서 자동차를 조립하는 현대차·기아차에 이르기까지 수직 계열화된 계열사 간의 협력이 시너지효과를 내고 있기 때문이다. 계열사 간에 지분 관계로 얽혀 있는 것도 삼성과 같다. 이익을 내는 주력사나 형들이 새로 사업하는 동생들에게 지분을 출자하거나 지급보증을 해주는 식으로 그룹의 덩치를 키웠다. 글로벌 경쟁력도 이런 순환출자와 상호출자, 선단식 경영 과정에서 강화됐다.

　우리 기업들의 일반적 지배구조 형태인 순환출자 구조는 정부의 정책에 따라 더욱 가속화됐다. 산업화 시절 정부가 대기업들에게 저리의 자금을 제공하는 등 혜택을 제공하는 대신 기업공개를 유도했다. 우량기업 공개를 통해 국민들의 재산 형성도 촉진하자는 것이었다. 대기업도 성장시키면서, 중산층을 두텁게 해서 성장의 과실을 골고루 나누자는 게 당시 정부의 목표였다. 이로 인해 대기업 오너 일가의 지분은 줄어들었다. 대신 경영권 위협을 막고, 안정적인 경영을 위해 계열사끼리 지분을 출자해서 연결시키는 순환출자를 허용했다. 순환출자는 대기업들이 정부 정책에 충실히 따르면서 이루어진 지배구조 형태였다.

1997년 외환위기 후에는 순환출자가 더욱 확산됐다. 당시 국제통화기금(IMF)과 김대중 정부는 재벌 개혁의 주요 잣대로 부채비율 200% 룰을 적용했다. 건국 이후 미증유의 자금난과 고금리 속에서 부채비율을 200%로 강제하면서, 기업들은 살아남기 위해서 대규모 유상증자를 해야 했다. 하지만 발행된 주식을 사주는 투자자는 거의 없었다. 이에 따라 그나마 여력이 있는 계열사가 이들 물량을 인수했다. 순환출자 고리는 이 과정에서 더욱 강화됐다. 만약 당시 계열사들이 다른 계열사들이 발행한 증자 물량을 인수하지 않았다면 그룹 전체가 공도동망하는 상황을 맞이했을 것이다.

당시는 삼성전자도 자금난을 겪고 있었다. 당시 재계에서 사정이 가장 낫다는 삼성 그룹도 수뇌부가 은행장을 찾아다니면서 자금 지원을 부탁했다. 하지만 은행장들이 삼성의 요청을 거절할 정도로 은행도 건전성 위기를 겪고 있었고, 대기업들도 3불(자금 불문, 기간 불문, 금리 불문)을 가리지 않는 등 엄청 고전했다.

정치권이 지금 경제민주화의 핵심 과제로 순환출자 금지를 추진 중인 것은 재계의 성장사와 우리 기업의 강점을 무너뜨리는 화근이 될 수 있다. 국회 정무위 법안심사소위에서 최근 부당 내부거래 규제 법안, 금산 분리 강화 법안 등을 잇따라 통과시킨 데 이어 순환출자 규제 법안도 협의 중이다.

순환출자를 규제하면 심각한 부작용이 우려된다. 이것이 금지되면 적대적 인수합병 방어를 위해 엄청난 비용이 들어갈 수밖에 없다. 박근혜 정부는 2% 저성장 타개를 위한 경제 활성화가 절실한 상황이다. 대규모 투자와 일자리 창출, 창조경제의 만개를 위한 써야 할 기업들의 자금이 경영권 방어 비용으로 전용될 것이다. 기업들이 경영권 방어에 급급하면 고용률 70% 달성은 물 건너간다. 연간 30~40만 명의 일자리 창출도 차질을 빚을 것이다.

재벌닷컴에 따르면 삼성·현대차·LG·SK·롯데 등 10대 그룹 가운데 순환출자 형태인 그룹은 삼성·현대차 등 6개 그룹이며, 순환출자를 해소하는 데 최소한 14조 6000억 원이 필요한 것으로 추산됐다.

미국의 《포춘》지가 2012년 7월 선정한 세계 500대 기업 중에는 우리나라 기업이 14개 기업인데, 이중 삼성전자·현대차·현대중공업·기아차·현대모비스 등 5개사 순환출자 형태로 돼 있다.

순환출자를 해소하는 과정에서 대기업들이 잇따라 외국기업에 팔릴 수 있다는 부작용도 고려해야 한다. 해외 투기 자본 등이 국내 기업을 헐값에 사들일 경우 고액 배당

《포춘》지 선정 2013 글로벌 500대 기업

순위	기업
1	로얄더치셸
2	월마트
3	엑손 모빌
4	석유화공집단공사
5	중국석유
⋮	⋮
14	삼성전자
57	SK홀딩스
104	현대차
167	포스코
206	현대중공업
225	LG전자
235	한국전력공사
239	GS칼텍스
252	기아차
365	한국가스공사
371	에스오일
426	현대모비스
427	삼성생명
447	LG디스플레이

과 유상감자, 기술 유출 등을 통해 어렵게 쌓아올린 국부가 대거 유출될 수 있기 때문이다.

증시에 투자하는 서민들도 막대한 재산상의 피해를 볼 수 있다. 순환출자를 해소해야 할 기업들이 동시다발적으로 주식을 매각하면 주가가 하락할 것이다. 해외 기업이나 외국 자본에 팔리는 우량기업도 많아질 것이다. 공들여 키웠다가 남 주는 꼴이다. 우리나라 기업의 총수들과 일가들은 대부분 재산을 주식 형태로 갖고 있다. 우리 기업인들은 미국과 유럽 등 서양 기업인과 달리 가업 승계에 대한 책임 의식이 강하다.

우리 기업들은 외국 기업과 달리 배당률도 낮다. 오너들이 대부분 배당을 받지 않고 내부유보를 통해 신규 사업이나 전략 사업에 투자하는 경향이 많다. 배당률이 낮으면서 추가적인 지분인수도 쉽지 않다. 반면 미국이나 유럽은 주주 이익 극대화에 치중하면서 배당률이 높은 편이다.

국회 정무위에서 순환출자를 규제하려는 공정법 개정안은 민주당 김기식, 김영주 의원이 주도하고 있다. 김기식 의원은 참여연대 출신으로, 그동안 장하성 고려대 교수, 김상조 한성대 교수 등과 함께 반기업 좌파 운동을 벌여온 시민운동가 출신이다. 이들이 제출한 공정법 개정안을 보면 신규 순환출자 금지를 넘어 아예 기존 순환출자도 규제하자는 입장을 보이고 있다. 지나치게 극단적인 사회주의 운동권 논리다.

박근혜 대통령은 대선 공약을 통해 기존 순환출자는 인정하되, 신규는 규제하겠다는 입장을 발표한 바 있다. 야당의 기존 순환출자 금지는 인정하지 않겠다는 입장이다. 하지만 새누리당 남경필 의원은 박근혜 대통령의 공약에서 더 나아가서 순환출자에 대해 공시제를 도입하고, 기존 순환출자에 대해서도 의결권을 제한하자는 개정안을 발의했다. 여권의 중진인 남경필 의원마저 야당 의원과 같은, 극단적인 재벌해체에 가까운 법안을 제출한 것은 유감스럽다.

　정치권은 세계적으로 순환출자를 규제하는 나라가 없다는 점을 엄중히 인식해야 한다. 여야가 경제민주화의 이름으로 대기업집단의 순환출자를 막으려는 것은 글로벌 스탠더드에 맞지 않는다. 미국·독일·일본 등은 주식상호보유의 긍정적인 측면과 부정적 측면을 동시에 고려하여 최소한의 규제를 하고 있다. 주식상호보유를 지나치게 규제하면 적대적 인수합병의 가능성을 높일 수 있기 때문이다. 최소한의 규제를 통해 대주주가 안정적으로 경영할 수 있도록 배려하고 있다. 예컨대 미국은 순환출자를 직접 규율하는 법령이 없다. 다만 자회사가 취득한 모회사 주식에 대한 의결권을 제한하는 법령은 있다. 독일도 순환출자와 상호출자를 인정하면서 25%를 초과하여 주식을 소유해도, 25%를 초과하는 부분에 대해서만 의결권을 제한하고 있다. 일본은 순환출자와 상호출자를 허용하고 있다. 선진국 기업들을 보면 지배구조에서 순환출자와 상호출자 등 그물 형태로 얽혀 있다. 도요타 그룹은 자동차를 중심으로 다수의 순환출자 고리가 형성돼 있다. 심지어 상호출자까지 하면서 그룹 경영체제를 유지하고 있다. 캐나다 에드워드 피터 브론프만(Edward & Peter Bronfman) 그룹은 지주회사 형태를 보이면서도 일부 계열사에서 순환출자 구조를 보이고 있다. 독일의 도이치방크, 대만의 포모 사, 플라스틱 그룹, 인도의 타타 그룹 등도 계열사 간 순환출자의 지배구조, 소위 선단식 경영으로 지배력을 강화하고 있다.

　공정위나 정치권이 순환출자를 규제하는 전가의 보도로 강조하는 게 가공 자본이다. 총수가 쥐꼬리 지분으로 계열사 전체를 장악하는 황제 경영을 하고 있으므로, 순환출자를 규제해서 황제 경영을 차단해야 한다는 게 이들의 논리다. 하지만 가공 자본은 법인 간 출자에서 얼마든지 발생한다. 출자 형태와 가공 자본 사이에는 특별한 상관관계가 없다. 법인 출자에는 순환출자, 행렬식 출자, 피라미드식 출자, 계열식 출자, 상호출자 등 다양하게 이뤄지며, 모든 법인 출자는 가공 자본을 형성하고 있다. 그룹 경영을 하는 데는 대부분 가공 자본이 들어간다. 안철수가 대주주로 있는 안랩도 가공 자본을 통해 그룹 경영을 하고 있다.

문제는 순환출자가 있는 기업집단의 가공 자본비율과 순환출자가 없는 기업집단의 가공 자본비율에는 특별한 차이가 없다는 점이다. 전경련에 따르면 순환출자가 있는 기업집단의 가공 자본비율은 41.9%(평균 42.9개사)이며, 지주회사 기업집단의 가공 자본비율은 35.4%(평균 29.1개사)로 조사됐다. 이는 계열사 수가 많고, 출자 구조가 복잡하게 얽혀 있다고 해서 반드시 가공 자본비율이 높지 않다는 점을 보여주는 것이다.

현행 공시제에선 연결재무제표 작성이 의무화돼 있다. 주주 채권자들은 가공 자본에 대한 정확한 정보를 얻을 수 있다. 순환출자 규제를 강행한다면 국부 유출 가능성이 높다는 점을 우려해야 한다. 신규 순환출자가 막히면 국내 인수합병 시장은 외국계 투기 자본의 독무대가 될 것이다. 앞으로 인수합병 시장에는 대우조선해양(자산총액 16조 원), STX팬오션(7조 원), 한국항공우주산업(2조 원), 셀트리온(1조 8000억 원), 대한해운(1조 4000억 원) 등이 줄줄이 대기 중이다. 국내 기업들이 순환출자 규제에 막혀 있는 동안 외국 자본이 이 우량기업을 싹쓸이하는 것은 막아야 한다.

기아차와 쌍용차의 인수합병 사례를 보면 이를 실감할 것이다. 기아차는 현대차에 인수된 후 경쟁력이 대폭 강화돼 글로벌 자동차 메이커로 도약했다. 반면 쌍용차는 중국 상하이차에 인수된 후 고용 보장 문제와 기술 유출 등 먹튀 논란을 겪다가 2011년 인도 마힌드라 그룹에 인수되는 우여곡절을 겪었다. 현대차 그룹은 기아차를 인수한 후에 순환출자가 발생했다. 기아차가 다른 외국기업에 넘어갔다면 현대차 그룹이 글로벌 톱5에 부상하기는 힘들었을 것이다. 현대차와 기아차가 시너지효과를 발휘했기에 가능했다.

한국에 진출했던 외국계 자본들은 그동안 고액 배당과 유상감자, 기술 유출 및 투자 불이행, 소액주주 퇴출 후 자진 상장폐지, 경영 간섭을 통한 차익 실현 등에 치중하는 행태를 보였다. 만도를 인수했던 JP모건, 극동건설과 외환은행을 인수한 론스타, SK에너지를 적대적 인수합병하려던 소버린 등 외국계 자본은 한국 기업을 육성하기보다는 어떻게 하면 화장발을 잘해서 크게 이익을 남기고 철수할 것인가에 치중했다.

신규 순환출자가 금지되면 기업들의 구조조정도 차질이 심각해질 것이다. 채권단이 워크아웃을 추진할 경우 해당 기업의 재무구조 개선을 위해 채권에 대해 출자전환을 하고, 이로 인해 순환출자가 형성될 수도 있기 때문이다. 구조조정이 차질을 빚으면 기업 회생, 성장, 투자 확대, 고용창출의 선순환 구조 달성이 어려워질 것이다. 정무위는 순환출자 규제의 문제점을 심각하게 검토해야 한다. 대기업의 경제력 집중을 무조건 막으려 해서는 안 된다. 대기업이 커지는 것이 무조건 총수 일가의 부로 가는 것이 아니다. 우리 대기업들은 대부분 해외에서 매출을 올린다. 덩치가 커지면 오너 등 대주주도 혜택을 보지만, 임직원과 소액주주, 기관투자자, 협력업체 등 모두가 혜택을 공유한다. 이익을 남기면 법인세, 소득세 등 세수도 늘어난다.

기업 규모가 커지는 것은 결코 제로섬 게임이 아니다. 삼성·현대차·LG·SK 등 대부분 대기업집단은 창조적 혁신을 통해 글로벌 기업으로 도약하고, 한국의 국가 브랜드를 높이고 있다. 우리나라 대기업의 순환출자가 형성된 역사적 특성을 감안해야 한다. 현재 시급한 투자 확대 및 일자리 창출, 부실기업 구조조정 촉진, 국부 유출논란 해소 등을 위해선 순환출자에 대해 마냥 규제 일변도로 가지 말아야 한다. 대기업들이 순환출자 해소를 위해 천문학적인 돈을 쓰는 것보다는 창조경제를 위한 투자와 청년 실업 해소 등에 투입하도록 물꼬를 돌려야 한다.

미국의 출구전략과 중국발 경제침체 가능성, 아베노믹스 등 대형 악재가 우리 경제에 해일처럼 몰려오고 있다. 여기서 우물쭈물하면 우리의 성장판이 막힐 것이다. 정부, 정치권, 재계는 순환출자 규제 등 경제 민주화의 수렁에서 헤매지 말고 힘을 합쳐 신성장 동력 확보에 전력투구해야 한다. 10년, 30년을 내다본 국가적 아젠다를 수립해서 밀고나가야 한다. 국부 창출과 국가경쟁력 강화를 위해 모두가 팔을 걷어붙여야 한다.

거꾸로 가는 금산분리 정책, 은행의 삼성전자는 연목구어

금산분리 강화가 춤을 추고 있다. 금융회사가 재벌의 개인 금고화되는 것을 차단해야 한다는 논리다. 국민 정서를 생각하면 맞는 말이다. 고객 돈이나 금융회사 자산이 특정 대기업집단이나 총수 친인척의 주머니로 흘러가는 것은 정의롭지 않다고 많은 사람들이 생각하기 때문이다. 그동안 참여연대나 경제개혁연대 등 반기업 시민 단체, 야당과 종북 좌파 정당 등에선 대기업들에 은행 등을 맡기면 쌈짓돈처럼 꿀꺽해 먹을 것이라며 비난해 왔다. 반 대기업 좌파와 학자들은 입만 열만 이를 전가의 보도처럼 사용하여 대기업에 대한 국민정서법을 악화시켜 왔다.

그들의 소망과 궤변이 마침내 결실을 맺어 가고 있다. 국회 정무위원회와 본회의가 경제민주화 세트 속의 핵심 이슈로 금산분리법안을 통과시켰기 때문이다. 개정된 법을 보면, 산업자본의 은행 및 은행 지주회사 소유 한도를 현행 9%에서 4%로 대폭 축소하는 것이 골자다. 관련 법은 금융지주회사법 및 은행법 개정안이다. 금산분리 강화 법안은 여러 가지 심각한 문제점이 있다. 경제민주화란 미명 아래 은행 산업의 경쟁력을 약화시키고, 은행 산업의 외국 자본 지배도 더욱 심화시키는 우를 범하고 있기 때문이다. 한국처럼 작고 개방된 경제체제는 외환위기가 수시로 발생한다. 통화 주권이 없는 탓이다. 선진국과 신흥국의 경제 위기가 발생할 경우 우리 경제는 금융 부문에서 든든한 방파제가 절실하다.

외국 자본이 지배하는 은행일수록 한국에서 자금을 빼가는 경향이 강하다. 영업이익이 발생하는 즉시 80%가량을 배당금으로 챙겨가곤 했다. 외환위기 이후 한때 론스타가 경영권을 행사했는데, 외환은행의 배당률이 무려 80% 이상이었다. 선진 경영 기법을 전수받고자 했던 초기의 기대감은 무참히 깨졌다. 론스타는 먹튀와 모럴해저드의 나쁜 사례만 보여주고 한국을 빠져나갔다.

외국계 은행들은 불황 등으로 자금난을 겪는 기업에 대한 자금 지원에 매우 인색하다. 이런 점에서 국내 산업자본들이 은행 지분을 많이 갖고 있어야 위기 때 회사채 및 기업어음(CP) 발행, 신규 자금 대출 등이 수월해진다. 반면 외국계 은행일수록 비오는 날 우산을 빼앗아 가는 관행이 많았다. 우리는 외환위기 이후 대부분 외국계 은행으로 변해 버린 국내 은행들의 행태에서 이 같은 점을 실감했다. 대부분 《베니스의 상인》의 샤일록처럼 피도 눈물도 없는 영업을 했다. 조선 및 해운 불황으로 신음하다가 은행 관리에 들어간 STX 그룹의 경우를 보자. 외환은행의 경우 지난해 이후 STX 그룹에서 무려 8000억 원을 회수했다. 다른 은행들도 경쟁적으로 여신을 거둬들였다. 지난해 이후 1조 3000억 원이 회수됐다. 이 정도로 빨아들이면 멀쩡한 기업도 살아남기 힘들다. 한번 쓰러지면 국내 은행들은 이처럼 가혹하게 기업 여신을 줄이고 문을 닫아 버린다. 금산분리 강화는 글로벌 스탠더드와 정면으로 배치된다는 점을 우려하지 않을 수 없다. 세계 각국은 산업자본이 은행을 소유하는 데 특별한 제한을 두지 않는다. 오히려 은행 산업의 대형화를 위해서도 규제를 풀고 있다. 세계 각국이 은행 간 합병을 통해 메가뱅크를 탄생시켜 자국 금융 산업의 글로벌 경쟁력을 강화하고 있다. 금융허브를 지향하는 나라일수록 금융에 대한 규제를 풀고 있다. 진입 장벽을 낮춰 은행 산업의 대형화 등 금융빅뱅을 유도하고 있다.

유럽을 보자. 유럽은 산업자본의 은행 소유에 제한이 없다. 일본도 산업자본이 은행을 경영하는 데 규제가 없다. 금산분리의 벤치마킹 대상으로 원용되는 미국도 5%까지는 완전히 허용하고, 5~25%는 미 연방준비제도이사회(FRB)에서 허용 여부를 판단한다. FRB는 보유 지분률을 15%까지는 풀려는 모습을 보이고 있다. 이탈리아와 호주 등도 15% 이내에서 산업자본의 은행 지분 보유를 허용하고 있다. 북유럽의 스웨덴은 50%까지 인정하고 있으며, 스페인은 5% 이상 지분 변동 때마다 사전 신고만 하면 된다.

이명박 정부 시절인 2009년 금융위원회도 산업자본의 은행 소유 한도(당시 4%)가 지나치게 낮다며 금산분리 완화를 강조한 바 있다. 그래서 노무현 정부가 박아 놓은 대못을 뽑는 규제완화와 투자 활성화를 위해서 이를 9%로 확대한 바 있다. 하지만 박근혜 정부나 정치권은 최근 대기업의 은행 지배 가능성이 전혀 없는데도, 경제민주화란 미명 아래 다시금 이를 4%로 축소시키려 하고 있다. 민주당과 종북 정당이 금산분리를 지난 대선 및 총선 공약으로 내걸자, 새누리당마저 글로벌 스탠더드를 모르고 야당과 종북 정당의 공약을 베낀 것이다. 우파와 좌파의 차별성이 없어졌다.

금산분리(金産分離)는 사실상 은산분리(銀産分離)다. 현재 논의 중인 금산분리는 사실상 산업자본의 은행에 대한 소유 지분 제한에 초점을 맞추고 있기 때문이다. 이를 야당과 종북 정당, 반기업적 시민 단체들이 은행 외에 보험·증권·카드 등 제2금융권으로 확대시켜 산업자본이 아예 금융 산업에 진입하거나 현재 영위하는 금융 산업에 대한 경영권을 배제하려는 음모를 꾸미고 있다. 새누리당마저 친구 따라 강남 가는 식으로 야당에 질질 끌려다니고 있어 불씨를 키우고 있다. 은산분리를 강화하면 은행들의 글로벌화와 대형화도 제약을 받을 것이다. 은행 자산 규모를 보면 아직 우리 시중 은행들은 갈 길이 멀다. 국내 1위인 KB은행이나 우리은행, 신한은행 모두 세계은행 랭킹에서 보면 80위권에 그치고 있다. 세계 1위인 도이치은행의 자산 규모는 2조 8000억 달러나 된다. 일본 미쓰비시 UFJ는 2조 6000억 달러로 2위, HSBC 홀딩스는 2조 5000억 달러로 3위를 차지하고 있다.

반면 우리은행은 2천 700억 달러로 83위, 신한은행은 2천 500억 달러로 86위, KB은행은 2천 400억 달러로 88위로 뒤처져 있다. 우리나라 경제 규모가 세계 14위권인 점을 감안하면 우리나라 은행들의 덩치가 얼마나 작은지 실감할 것이다. 아직은 안방 은행에 머물러 있다. 은행 자기자본비율(BIS)도 우리나라 시중 은행이 13.96%(2011년 기준)로 미국(16.07%), 영국(17.04%)에 비해 뒤지고 있다. 은산분리 강화를 통해 은행 소유 지분을 축소해도 사실상 이를 규제받는 기업이 하나도 없다는 점에서 실효성이 전혀 없다. 현재 국내 은행에 대해서 4% 이상의 지분을 가진 대기업집단은 하나도 없기 때문이다. KB은행,

우리나라 주요 은행 자산 규모 (단위: 조 원)

은행	자산 규모
국민은행	257.7
우리은행	233.7
신한은행	215.9
하나은행	150.7
외환은행	96.2

출처: 휴먼앤북스 편집부 취합 자료(2012년 말 기준)

신한은행, 하나은행, 외환은행 등 주요 시중 은행은 국민연금공단을 제외하면 외국계 자본이 대주주로 있다.

공적자금이 투입된 우리은행은 예금보험공사가 대주주이다. 우리은행도 박근혜 정부 들어 민영화를 추진 중인데, KB금융지주 등에 매각하는 방안이 유력하게 거론되고 있다. 우리은행이 KB금융지주에 매각된다면 우리나라 시중 은행은 사실상 외국계가 장악하게 된다. 이 같은 은행 지분 구조 현황을 감안하면 시중 은행들이 대기업집단의 개인 금고로 전락할 것이라는 주장은 악질적인 선전·선동이요, 혹세무민(惑世誣民)에 불과하다. 반 대기업 과잉 입법의 전형적인 사례다. 무리한 규제의 대표적인 케이스다. 선험적으로 대기업집단에 대해서 딱지를 붙여 놓고, 너희는 무조건 안 된다고 하는 격이다.

삼성·현대차·LG·SK 등 주요 대기업집단은 자기 신용으로 회사채 발행과 주식발행 등 직접 금융시장을 이용해 자금을 조달하고 있다. 우량 그룹들은 은행에서 돈을 갖다 쓰라고 해도 '노 땡큐'를 한다. 업종 불황으로 자금난을 겪는 일부 대기업들과는 사정이 다르다.

은행 대출 비중(2012년 기준)을 보면 전체 기업 대출 589조 원 가운데 중소기업 대출이 전체의 76%인 446조 8000억 원이나 된다. 대기업 대출은 24%인 142조 2000억 원에 불과하다. 은행 대출의 대부분이 중소기업으로 흘러가고 있는 셈이다. 이에 반해서 주식발행 등 직접 금융 조달 비중은 대기업이 58조 8000억 원으로 98.8%나 차지하고 있다. 중소기업은 7000억 원으로 1.2%에 불과했다. 대기업들은 주식발행 등 자기자본 확충을 통해 기업 운영 자금을 확보하고 있는 셈이다.

은행이나 보험사의 개인 금고화 사례는 아예 없다는 점도 주목해야 한다. 괜히 야당이나 반기업적 시민 단체의 흑색선전에 현혹돼선 안 되는 이유가 여기에 있다. 예컨대 부산은행은 롯데 그룹이 최대 주주이고, 대구은행도 삼성생명이 3대 주주이다. 하지만 롯데나 삼성이 이들 지방 은행에 대해 불법대출을 받는 사례는 하나도 없었다.

개인 금고화 스캔들은 은행과 보험 등 대형 금융회사는 달리 상호저축은행 등에서 발생하고 있다. 글로벌 금융위기 이후 숱한 저축은행이 도산하거나 문을 닫았다. 이는 금융 산업에 대한 높은 도덕적 책임 의식이 없는 대주주들이 불법적으로 대주주 여신한도와 동일인 여신한도 등의 법규를 어겼기 때문이다. 대주주 자격이 없는 사람들이 고객이 맡긴 저축은행 돈을 마구 갖다 쓰다가 서민들에게 엄청난 피해를 줬다. 엄격한 금융 감독을 받는 은행·보험 등과 상호저축은행을 한 묶음으로 보는 것은 무식의 소치에 불과하다. 더구나 현행법만 지켜도 은행의 개인 금고화를 방지하는 장치는 그물망처럼 촘촘하게 짜여 있다. 은행법상 대주주 감독 제도를 보면 대주주에 대한 신용공여 한도와 상장사 주식 취득 한도가 대표적이다. 대주주는 은행 자기자본의 25% 이상을 보유할 수 없도록 했다.

은행은 상장사의 주식을 자기자본의 1% 이내에서만 갖도록 엄격히 규제받고 있다. 은행이 대주주와 일정 규모(자기자본의 0.1%와 50억 원 중 적은 금액) 이상 거래할 경우 이사회의 의결을 거치도록 법제화했다. 이를 금융위에 보고하고, 증권거래소에도 공시해야 한다. 이 밖에 대주주가 부실화될 경우 대주주에 대한 대출 및 보증 등 신용공여가 차단되고, 대주주가 위법행위를 할 경우 10년 이하의 징역이나 위반 액의 40% 이하의 과징금을 물어야 한다. 보험사 증권사 등 제2금융권도 보험업법과 자본시장법을 통해 대주주나 계열사와의 거래는 이중 삼중으로 철저하게 규제받고 있다. 은산분리를 강화하면 시중 은행의 외국계 자본에 대한 종속은 심화될 수밖에 없다. 신한금융지주가 100% 소유하고 있는 신한은행은 BNP 파리바가 2대 주주로 참여하고 있다. KB은행은 뉴욕 멜론은행이 9.07%로 1대 주주이다. ING은행도 5.02%로 3대 주주로 참여하고 있다.

노무현·이명박·박근혜 정부까지, 역대 정부는 제조업에서 세계 1등을 달리는 삼성전자가 탄생했듯이 은행에서도 삼성전자가 나와야 한다고 강조해 왔다. 서울을 동북아의 금융허브 전략으로 만들겠다며 장밋빛 청사진도 때만 되면 내놓았다. 하지만 금융허브 국가 부상은 요원하다. 지금처럼 온갖 규제가 득시글거린다면 안방 은행의 범위를 벗어날 길이 없다. 삼성전자와 현대차, LG전자의 매출에서 차지하는 해외 비중은 80%가 넘는다. 해외에 나가서 해외 공룡들과 치열하게 승부해서 글로벌 기업으로 도약했다. 하지만 우리나라 시중 은행들은 해외 비중이 거의 없다. 최근 동남아와 중국, 구소련 등지에 네트워크를 구축하고 있지만, 아직은 걸음마 단계다. 그나마 우즈베키스탄 등 일부 지역에선 썩은 은행을 인수해, 코피만 터지는 등 비싼 수업료를 톡톡히 내고 있다.

경제민주화란 미명 아래 자행되는 금산분리, 은산분리 강화는 심각하게 재고해야 한다. 아무 실익도 없고, 은행들의 글로벌 경쟁력도 약화시키고, 외국계 자본에 대한 시중 은행들의 종속만 심화시킬 뿐이다. 금융위기 시 국내 기업들의 자금난을 돌파할 방파제도 취약해질 뿐이다. 외국계 은행일수록 미국의 출구전략 등에 따른 금융위기 시에 한국에서 탈출하려는 성향이 강하다. 불황 업종에 대한 여신 지원에도 인색하고, 오히려 기존의 대출금을 회수하는 데 혈안이 돼 있다. 국내 대기업 등이 일정 지분 이하(예컨대 10~15%)로 다양하게 참여하고 있으면 외국계 자본과는 다른 행태를 보일 것이다. 위기 시 우산을 받쳐줄 것이다. 배당금도 과거 외환은행의 론스타처럼 무지막지하게 빼먹지 않을 것이다.

정치권은 은산분리 강화의 문제점을 심각하게 깨달아야 한다. 국내 금융 산업의 지형도를 냉철하게 살펴보고, 어떻게 하면 금융 부문에서 삼성전자와 현대차를 배출할 것인지를 고민해야 한다. 지금처럼 은산분리를 강화하고, 국내 기업들의 지분 참여를 원천 봉쇄하면 은행의 삼성전자는 요원할 것이다.

그러나 모든 게 끝났다. 여야 의원들은 이미 경제민주화란 미치광이 기차를 타버렸으니 말이다. 현재론 도저히 폭주하는 미치광이 기차를 제어할 방법이 없다. 우리 경제 규모에 걸맞은 은행의 대형화는 꿈도 꿀 수가 없게 됐다. 지금같은 비합리적인 경제민주화 태풍 속에서 은행의 삼성전자는 연목구어(緣木求魚)일 뿐이다. 비싼 수업료를 내야 하는 상황이다.

흥하는 이웃을 두면 나도 잘된다
흥하는 이웃이 있어 내가 망한다

경제민주화가 최대 화두다. 여야는 지난해 총선, 대선을 거치면서 경제민주화에 매달려 왔다. 민주당 등 야권은 시장 만능의 신자유주의가 승자독식과 양극화, 빈부 격차 심화를 가져왔다며, 분배와 평등, 보편 복지, 재벌 개혁으로 민심을 파고들고 있다. 비정규직의 정규직 전환, 대기업의 중소기업 업종 침해 제재, 재벌 지주사 요건 강화, 출자총액제한제 부활 및 순환출자 규제, 부당 내부거래·일감 몰아주기 규제 강화 등…… 무상급식·무상 보육·무상 의료·반값 등록금 등 무상복지 포퓰리즘 광풍도 거세게 불고 있다.

이석기 종북 의원 논란을 빚고 있는 진보통합당은 더욱 화끈하다. 30대 그룹을 3,000개 기업으로 쪼개고, 중소기업 천국과 무상복지 천국을 건설하겠다며 황당한 주장을 쏟아내고 있다.

여당인 새누리당도 민주당에 비해 강도는 다소 약하지만, 경제민주화 공약 실현에 분투하고 있다. 새누리당 김상민·이종훈 의원 등은 '경제민주화실천모임'을 갖고 재벌 경제력집중 억제 방안과 중기 업종 확대, 대기업의 협력업체에 대한 부당단가 인하 시 징벌적 손해배상 적용, 부당 내부거래·일감 몰아주기에 대한 직권조사 등을 위한 법 개정을 주도했다. 이혜훈 최고위원은 재벌식 그룹 경영을 못하게 신규는 물론 기존 순환출자까지 규제한다며 목소리를 높이고 있다. 심지어 민주주의 안에서 시장경제가 있는 것이라며 경제민주화의 당위성을 강조하고 있어 재계를 불편하게 만들고 있다.

여당마저 재벌 때리기로 불황과 실업, 양극화에 지친 국민들의 환심을 사려 하고 있다. 민주당은 아예 1%대 99%의 논리로 국민 분열 정책을 구사하고 있다. 새누리당은 100% 국민 통합을 강조하면서도 민주당에 질세라 경제민주화 목소리를 높여 물타기 전략을 구사 중이다.

여야는 지속적인 성장이나 양질의 일자리 문제는 도외시한 채 경제민주화란 포퓰리즘 나팔만 불어 대고 있다. 모두가 잘살고, 모두가 평등하고, 모두가 반값 등록금으로 서울대 다니고, 모두가 서울과 강남 주민으로 살고, 모두가 정규직으로 살 수 있다는 허황되고 황홀한 공약이다. 이런 것들이 국민 통합과 공평한 사회, 정의로운 사회 구축을 위한 필수 과제라는 시각이다. 정치권은 국민들이 원하는 것은 다 들어 주는 요술 방망이라도 가진 모양이다. 선심 공세치곤 너무 나갔다.

대한민국의 성장을 정체시키고, 양극화를 오히려 부채질하는 경제민주화 정책은 어디에 근거하고 있는가? 우리나라 헌법은 세계 헌법 사상 드물게 경제민주화란 용어를 직접 삽입했다. 1987년 전두환 독재 정권 시절에 만든 현재의 헌법 119조 2항은 "국가는 국민경제의 성장과 안정과 적정한 소득의 분배를 유지하고, 시장의 지배와 경제력의 남용을 방지하며, 경제주체 간의 조화를 통한 경제의 민주화를 위하여 경제에 관한 규제와 조정을 가할 수 있다"고 규정했다. 이 조항은 독일에서 경제학을 공부한 김종인 당시 민정당 의원이 주도해서 삽입한 것으로 알려져 있다. 독일은 미국과는 달리 경제정책에서 정부의 역할과 개입을 확대하는 사회민주주의 성향이 강하다. 김 의원은 이 땅에 경제민주화를 도입해 성장 활력을 잃게 하고, 흥하는 이웃이 있어 내가 망한다는 사회민주주의 이데올로기를 이식한 장본인이다. 유럽의 선진국들이 경제민주화에 바탕을 둔 사회민주주의 정책을 도입한 후 성장 정체에 빠진 것은 지금 유럽 불량 국가들의 침몰에서 드러난다. 분배와 형평, 평등 정책에 입각한 과도한 복지 포퓰리즘 정책을 시행해온 스페인·그리스·포르투갈·이탈리아는 줄줄이 구제금융에 연명해야 하는 위기를 맞고 있다.

정치권은 119조 2항을 근거로 경제민주화가 헌법 정신에 부합한다고 강조해 왔다. 하지만 대다수 헌법 학자는 119조 2항의 경제민주화보다는 1항의 경제자유 조항이 주된 헌법 정신이고, 2항은 보완 개념이라고 보고 있다. 119조 1항은 "대한민국의 경제질서는 개인과 기업의 경제상의 자유와 창의를 존중함을 기본으로 한다"고 규정했다.

119조 1항은 우리나라가 개인의 자율과 창의 재산권 보호를 바탕으로 시장경제와 자본주의를 추구한다는 점을 명백히 하고 있다. 2항의 경제에 관한 규제와 조정은 보완 개념임을 분명히 한 것이다. 시장경제를 지지하는 전문가들은 우리나라가 1980년대 후반 민주화 열풍 이후 분배와 형평, 평등, 공정 사회, 정의 등 경제민주화가 확산되면서 성장률은 정체되고, 소득 격차와 양극화는 좀처럼 해소되지 않고 있다고 비판하고 있다. 일자리 창출은 부진해서 대학 졸업 후에도 제대로 된 일자리를 찾지 못해 방황하는 청년 실업 문제가 우리 사회를 옥죄고 있다.

과거 한강의 기적을 이룬 시절에는 개인의 자율과 자립, 창의, 도전, 희생정신이 확산되면서 가난에서 탈출해서 중진국으로 진입하는 성과를 거뒀다.

3공화국 박정희 정부는 정경 유착, 지역 편중 지원, 재벌 특혜 등의 논란을 낳았지만, 열심히 노력해서 성공한 사람이나 마을, 기업, 지역에 대해서는 차별화한 인센티브를 제공해서 더욱 잘하도록 독려했다. 그게 국민들에게 '하면 된다'는 자율·자립·자조 의식을 심어줬다. 기업들도 투자와 고용을 늘려서 수출에 주력했다. 이게 국부를 살찌우고, 고도성장 신화를 이룩하는 데 결정적인 요인으로 작용했다.

'흥하는 이웃을 두면 나도 잘된다'는 발전 친화적 전략, '하면 된다'는 흥하는 문화 유전자를 창출해 냈다. 박정희 정부는 이 유전자의 복제를 대거 증폭시켰다. 흥함을 만들어 내는 이웃을 경제적으로 차별화하여 동기를 부여했다. 이를 통해 흥하는 유전자를 체화한 경제주체들을 양산했기에 제조업 강국으로 도약하고, 빈곤에서 벗어나 중진국, 선진국으로 갈 수 있었다.

수출진흥 정책, 새마을운동, 중화학공업화 전략의 기본 원리는 '하면 된다'는 생각을 갖고 노력하여 흥한 이웃을 대접하는 것이었다. 그래서 중소기업이 잘하는 기업 중심으로 빠른 성장을 이루어 결국 대기업, 재벌로 성장하는 기적이 일어났다. 삼성·현대·LG·SK 그룹 등 한국을 대표하는 재벌들은 '하면 된다'는 자신감과 오너의 기업심과 리더십, 정부의 차별화된 지원 등에, 흥하는 유전자를 마음껏 발휘해서 세계적인 기업으로 성장했다.

시장경제를 제창해 온 좌승희 박사는 경제민주화, 평등, 분배, 형평, 이데올로기가 대한민국을 어떻게 정체시키고, 양극화, 일자리 문제, 빈부 격차 심화, 기업규제정책 양산 등의 부작용을 가져왔는지를 경제철학적으로 규명한 책을 내놓아 주목받고 있다. 《경제발전의 철학적 기초》(서울대학교 출판문화원)라는 책이 바로 그것이다. 좌 박사는 한국 경제연구원장과 경기개발연구원장을 역임했으며, 자유시장경제의 우월성을 줄곧 전파해 왔다.

좌 박사는 이 책에서 자유시장경제는 수명을 다했다는 좌파 학자들의 엉터리 자본주의 비난에 대해 굳건히 맞서고 있다. 그는 자유경쟁을 근간으로 하는 진정한 자본주의는 그 어느 때보다 굳건하다고 강조했다. 우리 경제의 과제인 지속적인 성장과 양질의 일자리 창출, 복지 포퓰리즘 극복을 위해서는 자본주의를 더욱 발전시켜야 한다고 제창하고 있다. 좌 박사는 이 책에서 미국식 주류경제학이 이념과 제도를 사상(捨象)하면서 완전경쟁 모형에 입각한 진공의 경제학, 니르바나 상황에서나 가능한 특수 이론으로 한정시키는 결과를 가져왔다고 신랄하게 비판하고 있다. 실증경제학과 규범경제학을 분리함으로써 보편 타당한 경제학의 발전을 이루려는 주류경제학의 노력은 진공 속의 경제학을 가져왔다는 것이다. 좌 박사는 따라서 실증경제학과 규범경제학의 통합을 통해 이념을 포함하는 제도를 내생화한 실증 정치경제학의 새로운 패러다임을 제시했다.

그가 시장경제에서 더 나아가 신발전 원리로 '기업 경제'란 개념을 제시한 것은 크게 주목된다. 그동안 주류경제학이 소홀히 다뤄온 기업의 경제발전 역할을 집중 조명한 점이 돋보인다. 그는 자본주의 경제는 '기업 경제'라는 새로운 관점을 부각시켰다. 자본주의 경제를 시장경제라고 하기보다는 기업 경제로 부르는 것이 더 적절하다는 것이다. 유한책임 주식회사인 기업은 자본주의 경제발전에서 중요한 역할을 해왔기 때문이다.

그가 사명감을 갖고 발전 경제학을 새로 쓰는 작업을 진행해온 것은 성장 정체로 위기를 맞고 있는 대한민국 경제를 더욱 발전시켜야 한다는 절실한 사명감에서 나온 것이다. 저자는 자본주의 경제에 대한 기존의 세계관에 심각한 문제가 있다고 지적하고 있다. 20세기 중반 이후 인류가 지향해온 수정자본주의체제나 일부 선진국들이 도입한 사회민주주의체제나 이미 몰락한 사회주의체제나 모두 정도의 차이가 있을 뿐, '자본주의 경제는 부의 불평등을 초래하는 모순된 체제'라는 잘못된 인식을 바탕으로 하고 있다는 것이다.

그는 잘못된 자본주의에 기초하여 모순을 교정하려는 정치·경제·사회체제나 정책이 부의 불평등을 완화하기보다는 오히려 심화시키는 부작용을 가져왔다고 통렬히 비판하고 있다. 자본주의 경제의 본질은 무엇인가? 그는 다음과 같이 강조하고 있다. "흥하는 이웃이 있어 내가 망하는 계급투쟁의 장이 아니라 흥하는 이웃이 있어야 나도 흥할 수 있다." 이게 진정한 상생이요, 동반 발전이라는 것이다. 내 주위에 나보다 흥하는 이웃을 두고 따라 배워 더 높은 차원으로 창발하는 것만이 내가 발전할 수 있는 유일한 길이라는 신자본주의 경제관을 바탕으로 하는 점이 특징이다.

저자는 그동안 우리나라가 정치 민주화에 이어 경제민주화를 비롯, 결과의 평등, 실체적 기회 균등과 분배정책 등 민주주의 포퓰리즘을 추구해 오면서 경제가 잠재성장률 이하로 추락하고, '중진국의 함정'에 빠졌다고 진단하고 있다. 일본과 서구 유럽이 경제민주화에 입각한 사회민주주의 정책을 잇따라 도입하면서 성장이 더뎌지고, 복지 포퓰리즘에 의한 재정 위기와 함께 '선진국 함정'에 빠진 것도 마찬가지다.

그동안 경제민주화, 분배·형평·균등정책으로 어려움을 겪는 한국 경제를 보자. 한국 경제는 '한강의 기적'을 창출한 개발 연대 이후 1980년대부터 국가 지역의 균형과 경제사회적 평등을 추구하는 반차별화 전략을 선진화 전략으로 채택했다. 개발 연대가 초래한 대기업 중심의 경제를 청산하고자 대기업을 특별 규제하고, 중소기업을 획일적으로 지원하여 중소기업 중심의 경제를 구축하려 했다. 수도권의 집적을 해체하여 자원을 지방에 재분배함으로써 지역 균형을 이루고 교육 평준화를 강화함으로써 수월성 교육을 청산하고 모든 학생이 행복한 교육 환경을 만들고자 했다. 나아가 중소기업육성 정책이나 농업육성 정책이나 지역 육성 정책이나 우수대학육성 정책이나 연구개발육성 정책이나 모든 경제사회 육성 정책이 차별화에 기초한 경제정책이 아닌 반차별화, 평등주의에 기초한 사회정책으로 추진돼 왔다.

이 같은 한국적 민주주의는 발전 역행적이었다는 게 저자의 진단이다. 오늘날 우리나라는 반부자, 반재벌, 반수도권, 반기득권(강남 지역, 서울대학교 출신, 조·중·동 등) 정서라는 독특한 발전 역행적인 이념의 함정에 빠져 있다. 저자는 1980년대 이후 정부와 정치권이 이 같은 발전 역행적인 이데올로기와 정책을 재생산하여, 한국인의 문화 유전자를 포퓰리즘 정치로 바꿔 버렸다며 통탄하고 있다.

또한 경제민주화 시대 이후 한국 경제가 조로증을 앓고 있는 것은 흥하는 이웃을 홀대하기 때문이라고 했다. 흥하는 이웃을 폄하하고, 대신에 취약한 주체들을 우대한답시고 평등하게 n분의 1로 지원하는 정책이 주류를 이루고 있다. 이로 인해 우수한 경제주체들은 열심히 부의 창출에 나설 유인을 잃어버렸고 취약한 경제주체들은 도덕적 해이에 빠졌다. 한국 경제의 성장 동력이 지속적으로 약화된 것은 이 같은 요인들 때문이라는 게 그의 시각이다.

한국 경제를 이끌어 가는 기업 총수들은 죄인, 재벌은 죄벌로 몰리고 있다. 이건희 삼성 회장, 정몽구 현대차 회장, 구본무 LG 회장 등은 제조업 강국과 코리아 브랜드를 상징하는 글로벌 기업인이다. 그런데도 안철수 서울대 교수, 장하성 고려대 교수, 김상조 한성대 교수 등 얼치기 교수들이 재벌과 이 총수들을 삼성 동물원, 현대 동물원, SK 동물원으로 폄하하며, 중소기업들을 못살게 하는 악당 그룹, 악당 총수로 비아냥거리고 있다. 삼성과 현대차, LG 등 흥하는 재벌이 있어 중소기업이 망한다는 이분법적 시각에서 벗어나지 못하고 있다.

정부 정책 개입도 시장의 동기부여 기능에 역행하는 방향으로 확대돼 왔다. 국민의 정부, 참여정부 동안 이 같은 경향은 더욱 확대됐다. 이명박 정부의 공정 사회, 동반 성장 패러다임도 같은 맥락에서 이루어지고 있다. 좌 박사는 오늘날 빈부 격차, 양극화, 성장 정체, 청년 실업 등 한국 경제의 고질적 문제점들은 발전 역행적인, 시장의 차별화 기능에 역행하는 정부의 과도한 개입으로 빚어졌다고 비판하고 있다.

저자는 결론적으로 한국 경제의 재도약을 위해서는 다음과 같은 신발전 전략을 제시하고 있다. 첫째, 흥하는 이웃이 있어야 나도 흥한다는 이념을 제도적으로 구현해야 한다. 둘째, 시장의 동기부여 기능에 역행하는 제도적 장치를 구축해서는 안 된다. 셋째, 실체적 기회균등 혹은 결과 평등의 이름으로 경제발전 정책을 사회정책으로 접근해서는 안 된다.

저자는 경제민주화를 통해 결과의 평등을 추구하는 것은 실현 불가능한 환상을 좇는 것에 불과하다고 비판하고 있다. 정의 사회, 공정 사회, 평등 사회, 양극화 등의 문제는 일자리 없는 문제, 부의 창출에 참여하지 못하는 문제에서 연유한다. 그런데 일자리 창출은 경제발전의 문제다. 이를 해결하려면 경제발전 정책으로 접근해야 답이 나온다.

경제민주화와 사회민주주의식 재분배 사회정책으로 접근하면 부의 창출이 원활하지 못하고, 모두가 하향 평준화될 수밖에 없다. 따라서 모든 경제제도를 일자리를 창출하는 주체, 즉 기업에게 유리하게 조성하는 것이 자본주의 경제의 지속 가능한 발전을 담보하는 길이다. 저자는 기업과 기업의 투자가 대접받는 경제만이 일자리 천국을 만들 수 있으며, 지속 가능한 성장을 가져올 수 있다고 강조하고 있다. 그가 '시장경제' 대신 '기업 경제'란 신개념을 제시한 것은 그래서 주목할 가치가 있다.

그는 정의, 공정 문제를 규범적 배분 정의 차원에서 벗어날 것을 설파하고 있다. 이젠 실증과학적 차원에서 부의 창출 문제로 접근해야 한다는 것이다. 모든 경제제도의 개혁을 기업 투자의 유도를 통한 일자리 창출과 국민들의 고용 극대화에 초점을 맞출 것을 제안하고 있다. 이를 통해 많은 국민이 국부 창출에 참여하고, 그에 상응하는 분배를 향유하게 할 것을 촉구하고 있다. 이래야 정의롭고 공정한 부의 분배와 지속 가능한 발전이란 두 마리 토끼를 한꺼번에 잡을 수 있다.

차별화 정책, 발전 친화적 정책의 사각지대에서 고통받고 소외받는 사회적 약자는 어떻게 배려할까? 저자는 이에 대해 일할 능력이 없는 주체나 일시적 어려움에 봉착한 주체들에게는 선택적 복지를 제공함으로써 공동체 유지에도 힘써야 한다고 제안하고 있다.

저자가 이 책을 통해서 줄곧 강조하는 것은 '흥하는 이웃이 있어 내가 망한다'는 칼 마르크스적 세계관을 버려야 한다는 점이다. 그는 이와 반대로 '흥하는 이웃이 있어야 나도 흥한다'는 자본주의 신발전 원리를 제시했다. 경제적 차별과 차등, 다름이 모든 발전의 동인이요, 본질적 현상이라는 것이다.

그는 지난 반세기는 소득과 부의 평등이라는 정치 이념을 내건 포퓰리즘 민주주의 시대였다고 지적하고 있다. 이것이 바로 오히려 없애려던 양극화를 조장해온 주범이라는 것이다. 경제적 평등을 내건 포퓰리즘 민주주의는 결코 시장의 차별화 기능과 같이 갈 수 없기 때문이다. 그는 인류가 이제는 모두 불행해지는 하향 평준화된 '마차 경제'를 선택할 것인가, 아니면 상대적 불평등이 있더라도 모두가 향상하는 '자동차 경제', '비행기 경제'를 지향해야 할 것인지를 고민해야 한다고 제안하고 있다. 경제학도 배분 경제학 세계관과 자본주의 모순관에서 벗어나 비선형적, 호혜적 만남의 발전 경제학적 세계관으로, 이념도 발전 친화적으로 그 패러다임을 전환할 것을 촉구하고 있다.

좌 박사는 거친 광야에서 메시아의 도래를 외치는 선지자와 같다. 무척 외로워 보인다. 그의 신발전 정책은 우리나라 경제에 드리워진 성장 정체의 먹구름을 걷어내고, 양극화, 일자리 문제를 해결할 최적의 해법으로 보인다. 하지만 우리나라는 이미 포퓰리즘 광풍이 거세게 불어 '흥하는 이웃이 있어 내가 망한다'는 망국적인 분배·평등·형평 이념에 매몰돼 있다. 열심히 노력하고 일해서 성공한 기업과 개인들을 무조건 깎아내리고, 규제의 덫을 씌우는 수평적 평등 및 분배 이데올로기가 너무나 팽배해 있다. 여야 대선 후보들은 경쟁적으로 경제민주화, 보편 복지, 대기업 규제로 표심을 잡으려 하고 있다. 이는 일자리를 빼앗고, 투자를 위축시키고, 성장을 더디게 하는 발전 역행적인 포퓰리즘 정책들이다.

새누리당과 민주통합당 등 정치권의 경제민주화 광풍을 보면 우리가 '중진국의 함정'에서 벗어나는 것은 힘들어 보인다. 대부분이 분배·형평·공정·정의에 바탕을 둔 경제민주화만 강조할 뿐, 좌 박사식의 차별화 원리에 바탕을 둔 신발전 원리 전략이 보이지 않기 때문이다. 그만큼 우리나라 정치·경제·사회 풍토가 사회민주주의적인 이데올로기에 매몰돼 있는 실정이다.

우리는 남유럽의 국가부도 위기와 구제금융 소식을 강 건너 불구경할 처지가 아닌 것 같다. 지금 같은 포퓰리즘 광풍과 경제민주화 열풍이 확산될수록 조만간 우리도 남유럽의 전철을 밟을 수밖에 없을 것이다. 지금 같은 추세라면 10년, 20년 후도 문제지만, 우리들의 2세, 3세들은 우리들이 뿌린 발전 역행적인 포퓰리즘 정책으로 끔찍한 고통을 겪을 것이다. 미래의 후손들은 좌 박사의 책을 뒤늦게 접하고 "이런 선지자가 있었나" 하고 탄식할 것 같다.

안철수의 사치

"기업의 목적은 수익이라는 것에 의문을 품었다. 공익과 이윤 추구가 서로 상반된 것이 아니라 공존할 수 있다는 것을 보여주고 싶었다. 기업을 경영하면서 영혼 있는 기업을 만들고자 애써 왔다."

안철수 의원이 지난해 야권 대선후보를 노리고 펴낸 대담집 《안철수의 생각》에서 강조한 말이다. 영혼(靈魂)이 있는 기업을 경영하고, 이윤보다는 공익적 가치를 앞세우는 것은 이 시대 경영자가 명심해야 할 가치로 느껴진다. 사적 이익보다는 국민들과 공동체 발전에 헌신하려는 바람직한 기업관으로 보인다. 일자리가 없어 고민하고, 양극화 심화에 분노의 감정을 갖고 있는 젊은이들의 가슴을 뜨겁게 하는 말이다. 젊은 청춘들은 이미 '청춘콘서트' 등을 통해 안 의원에게 열광적인 지지를 보여 왔다. 이들은 안 의원을 우리 사회의 병폐와 정치·경제 문제를 해결해줄 '메시아'처럼 떠받들어 왔다.

진보 성향이 강한 20~40대는 안 의원에 열광할 수밖에 없다. 대기업의 승자독식과 불공정거래, 납품단가 후려치기, 경제력 집중, 부당 내부거래, 재벌 2세들의 편법·불법 승계 등을 질타하는 안 의원에 공감해왔다. 공익적 가치를 위해 헌신하고 싶다는 그에게 박수치지 않는 게 이상할 것이다. 새로운 정치에 대한 기대감도 높다. 보스 위주의 파벌정치와 당리·당략 정치, 공중부양 및 최루탄 국회에 찌든 구시대 정치를 타파하고, 정의가 강물처럼 넘치고, 희망과 소통의 정치를 펼치려는 그에게 박수를 치고 있다.

경영학 교과서에는 기업의 목적에 대해 이윤 추구와 영리 행위를 강조하고 있다. 이와 반대로 안 의원의 공익적 가치를 중시하고 영혼이 있는 기업을 경영하자는 주장은 새로운 기업관으로 비친다. 안 의원은 경영자 시절 컴퓨터 바이러스를 퇴치하는 백신을 정부와 공기업 등에 무료로 공급했다. 공익적 가치를 솔선수범한 것. 공익 경영 중시 발언은 돈벌이에 여념이 없는 '냉혈 기업인들'을 질타하는 목소리로 들린다.

허나 안 의원의 경영철학대로 기업이 이윤이나 수익보다는 공익 가치를 우선시하고, 영혼이 있는 기업을 지향하면 어떻게 될까? 삼성·현대차·LG·SK 등 대기업들이 수익을 내팽개치고 사회적 기업으로 변신하게 되면 어떻게 될까? 삼성전자는 연간 18조 원의 영업이익을 낸다. 삼성이 이윤의 대부분을 공익사업에 출연하고, 제품을 거의 원가에 소비자들에게 팔면 어떻게 될까? 영업이익을 거의 내지 않는 기업이 돼야 공익적 가치에 충실한 기업이 될까? 삼성전자에 납품하는 협력업체도 치열한 원가절감과 품질 경쟁력을 갖춰야 글로벌 시장에서 살아남는다. 협력업체에 원가절감을 요구하지 않고, 품질이 떨어지는 데도 값을 후하게 쳐서 납품받는다면 어떻게 될까?

정부가 지분을 갖고 있거나 재정 지원을 받는 공기업과 정부 소유 금융회사들은 이윤을 포기하고, 공짜로 국민들에게 각종 서비스나 상품을 팔아야 할까? 공익적 가치 중시와 영혼이 있는 기업을 강조하는 것은 좋지만, 이를 현실 경영에 접목할 때는 사정이 달라진다.

기업들은 매일매일 전쟁을 치른다. 삼성전자는 지금 이 시간, 애플과 피 말리는 특허 전쟁을 치르고 있다. 최지성 부회장은 팀 쿡 애플 최고경영자와 죽기 아니면 살기식의 특허 협상을 벌였다. 모든 협상이 실패로 끝났다. 최 부회장이 영혼이 있는 기업을 만들고, 미국·유럽 등 글로벌 시장 고객들의 공익적 가치 제고를 위해 쿡에게 대폭 양보하거나 특허 전쟁에 패배하면 어떻게 되는가? 삼성전자 주주들과 국내외 20만 명의 임직원은 치명상을 입게 된다. 삼성의 갤럭시와 애플의 아이폰은 세계 스마트폰 시장의 최후 강자가 되기 위해 특허 및 마케팅 전투를 살벌하게 벌이고 있기 때문이다. 반대로 팀 쿡이 삼성전자의 고객을 위한다는 명분으로 양보하면 애플이 치명타를 입게 된다. 스마트폰 시장에서 갤럭시의 독주를 쳐다봐야만 하기 때문이다. 삼성전자가 공익 경영에 치중한답시고 이익을 공익재단에 내놓거나 마진을 거의 없애 버리면 주가는 폭락할 것이다. 회사채 발행 금리가 높아져 투자 재원이 부족해지고, 원리금 상환 부담도 높아진다. 이익이 줄어들면 신규 채용도 할 수 없게 된다. 주주들에 대한 배당도 줄어든다. 미래 먹을거리를 위한 신수종 사업에 대한 과감한 투자도 못해 협력업체의 일감이 없어지고, 본사의 미래 경쟁력도 불투명해진다.

삼성전자가 매년 납부하는 수조 원대의 법인세도 격감해 재정 수입도 줄어든다. 상대적으로 많은 임금을 받아온 삼성전자 임직원들에 대한 급여 등 복리후생이 줄어들어 가뜩이나 어려운 내수 소비 시장의 침체를 가중시킨다.

삼성과 애플의 영업이익률을 비교해 보자. 삼성전자는 13% 선이다.

반면 애플은 35%가량 된다. 삼성전자가 세계 최고의 경쟁력을 바탕으로 이 정도의 영업이익률을 내는 것도 경이적인 것이다. 그런데도 삼성전자가 거둔 천문학적인 영업이익은 국내 소비자들의 희생을 담보로 했다거나 협력업체의 등골을 빼먹었기 때문이라는 비난이 좌파 진영에서 제기되고 있다. 하지만 한 꺼풀 벗겨 보면 근거가 없는 비난이다. 삼성전자의 영업이익은 대부분 해외에서 거둔 것이기 때문이다. 미국·유럽·중국·중남미·동남아 등 해외에서 피땀 흘려 벌어들인 것이다. 수출 비중이 90%가량 된다. 내수에서 벌어들이는 것은 거의 없다. 삼성전자의 영업이익률이 늘어나는 만큼 협력업체의 영업이익률도 늘어나고 있다. 삼성전자가 온정적으로 부품업체를 대했다면 지금과 같은 협력업체의 경쟁력은 기대할 수 없었을 것이다. 삼성전자 본사도 엄청나게 쥐어짜기 경영에 부심하고 있다.

본사가 이럴진대 협력업체에 대해서도 같은 수준의 품질 및 원가 경쟁력을 요구하는 것은 불가피하다. 피눈물 나는 원가절감에 성공했기에 삼성이나 협력업체 모두 세계적인 경쟁력을 갖추고, 막대한 영업이익을 내게 된 것이다. 본사가 많은 이익을 내야 협력업체에 돌아가는 파이가 커지는 것은 당연한 이치다.

애플의 영업이익률을 생각하면 부품업체를 후려치는 세계 최고의 악덕 대기업이다. 그렇다고 미국 내에서 애플을 비난하는 소리는 많지 않다. 애플의 공장은 중국 등 전 세계에 걸쳐 있다. 중국의 폭스콘 등에서 일하는 해외 종업원은 70만 명이 넘는다. 미국 본사에는 제조 라인이 없다. 본사와 유통대리점 등에서 일하는 임직원을 합쳐야 5만여 명에 불과하다. 삼성전자는 국내에서만 10만 명 이상의 종업원을 고용하고 있다.

안 의원이나 삼성에 비판적인 진보 좌파 인사들은 삼성전자가 이익을 많이 내는 것에 대해 드러내고 불만을 토로한다. 협력업체의 납품단가를 후려쳐서 혼자만 배를 불렀다는 것이 골자다. 법인세도 실효세율이 낮아 세금 특혜를 보고 있다는 비판도 함께다. 전 세계 국가가 투자 촉진 차원에서 투자를 왕성히 하는 기업들에게 법인세 인하 등 각종 파격적인 인센티브를 주는 것을 감안하지 않는 편견이다. 재벌 때리기와 경제민주화 광풍이 불면서 생긴 비이성적인 현상이다. 안 의원이 저서에서 재벌 개혁을 강한 톤으로 강조한 것도 같은 맥락으로 보인다. 출자총액제한제도를 부활하고, 재벌 경영의 일반적 형태인 순환출자를 수년 내 완전 해소토록 하고, 부당 내부거래를 차단하자는 재벌 개혁 구상을 내놓았기 때문이다. 순환출자를 해소하라는 것은 사실상 그룹을 해체하는 효과를 가져오는 것이다. 안 교수의 재벌 개혁안은 민주당과 진보당의 경제민주화 공약과 똑같다. 기업을 경영해 본 안 의원이 이렇게 재벌 때리기에 의욕을 보이는 것은 의외이다.

글로벌 초경쟁 시대에 기업은 잠깐 조는 순간 도태된다. 세계 1위 휴대폰업체였던 노키아가 스마트폰 출시 늑장으로 순식간에 투자 부적격 등급으로 추락한 것은 반면교사가 되고 있다. 글로벌경영 현장은 강자만이 살아남는 승자독식이요, 약육강식의 전쟁터나 다름없다. 경쟁이 일상화된 기업 생태계에서 공익과 영혼이 있는 기업 운운하는 것은, 세계 골리앗들을 상대로 치열한 전투를 벌이는 삼성·현대차·엘지·SK 등 대기업들에겐 사치스런 주장이요, 한가한 소리다. 현대차도 마찬가지다. 현대·기아차는 품질경영과 글로벌 생산 기지 확충, 공격적인 해외 마케팅으로 연간 650만 대의 생산체제를 구축하는 성과를 거뒀다. 세계 5위 완성차 메이커로 도약했다. 올해는 르노를 제치고 세계 4위로 한 단계 점프하는 것을 목표로 하고 있다.

현대차가 공익 경영을 위해 판매 가격을 마진이 거의 없는 수준으로 책정해서 영업이익이 격감하면 투자 재원이 없어질 것이다. 현대차 지분을 사들인 외국인 투자자들이 대거 떠날 것이다. 현대차 주가는 추락하고, 신용등급도 떨어져 글로벌 플레이어의 위상을 내놓아야 한다. 현대차가 흔들리면 당장 국내외 공장의 생산량을 줄여야 한다. 근로자들의 일자리가 불안해지고, 수출 차질도 불가피해진다. 경상수지가 감소하고, 법인세 수입도 감소할 수밖에 없다.

기업은 경쟁력이 있어야 고객에게 사랑받고 수익도 내게 된다. 기업이 이윤을 내야 지속적으로 성장할 수 있다. 매년 쏟아지는 청년들에게 좋은 일자리도 제공할 수 있다. 이런 기업들이 진정으로 영혼이 있는 기업이다. 공익적 가치에 충실한 기업이다. 이 시대 최고의 복지는 일자리이다. 공익적 가치와 영혼이 있는 기업을 강조하는 것은 이제 본격적으로 정치에 나선 안 교수의 명예를 드높일 것이다. 대의에 헌신하는 지도자의 자질을 보여주는 것일 수 있다.

하지만 이를 지나치게 강조하는 것은 양질의 일자리를 제공하는 대기업들을 폄하하는 것으로 비칠 수 있다. 재벌 때리기와 경제민주화에 편승해 재미를 보려는 정치공학적 슬로건으로 보일 수 있다. 공기업들이 공익 가치 실현을 위해 공짜로 제품을 판매하거나 서비스를 한다면 경영 부실로 국민 세금을 펑펑 쏟아부어야 한다. 되레 국민들에게 더 큰 피해를 주게 된다.

공산주의와 사회주의 국영기업이야말로 공익 목적에 충실한 기업들이다. 하지만 사회주의국가 국영기업들의 무능·부패·비효율·부실 경영은 세계가 인정하는 최악의 실패 사례다. 안 의원의 공익관은 나이브하다. 안철수연구소라는 조그마한 내수 전문 정보·보안 회사만 키워 봐서 그런지 세계적 기업들과 격심한 경쟁을 치르는 대기업들의 살아남기 위한 수익추구 경영을 지나치게 폄하하는 것 같다. 안 의원이 경영 일선에서 물러났을 때 안철수연구소 매출은 600억 원대에 불과했다. 종업원은 수백 명이었다. 지금은 매출이 1000억 원으로 커졌다. 그는 경영자 시절 자금이 부족해지면 원청 업체로부터 받은 어음을 시장에서 할인받아 현금화하는, 이른바 어음깡을 해봤다고 했다. 납품업체의 어려움을 고스란히 겪어온 것이다. 눈물 젖은 빵도 먹어온 셈이다. 때문에 이 시기에 대기업에 대한 원한이 형성된 것은 아닌지 궁금하다.

하지만 대기업에 납품하려는 중소기업이 줄 서 있는 것을 감안하면 격심한 스트레스와 피로감, 서러움 등은 겪어야 할 통과의례인지도 모른다. 이는 우리나라 중소기업만 겪는 서러움은 아닐 것이다. 전 세계 중소기업이 자국의 대기업에 납품하려고 온갖 신산 고초를 겪고 있다. 대기업에 납품하는 데 성공하면, 그 자체가 보증수표가 돼 안정적인 경영을 할 수 있는 기반을 마련한다. 납품 과정의 치열한 경쟁을 거쳐서 살아남아야 하는 게 중소기업들의 숙명이다. 공익 가치, 영혼 운운은 매일 전쟁을 치르는 기업들에겐 사치스런 말이다. 안 의원이 진정으로 젊은이들에 희망과 꿈을 주려면 땀과 정열, 희생정신을 갖도록 격려해야 한다. 대기업만 바라보지 말고, 중소·중견기업에 입사해 꿈을 펼쳐보도록 멘토 역할을 해야 한다. 현실에 대한 불만과 분노만 부추겨 젊은이들을 오도시키는 것은 바람직하지 않다. 국민들에게 반기업 감정만 부추길 수 있다.

안 의원은 여러 가지 강점을 갖고 있다. 막스 베버가 강조한 대로 대의에 헌신하려는 신념 윤리와 이를 수행하려는 책임 윤리가 돋보이기 때문이다. 안철수연구소의 보유 지분 절반을 팔아 공익 목적의 재단에 출연하는 결단을 보인 것도 노블레스 오블리주의 대표적인 사례다. 재산의 사회 환원을 솔선수범한 것. 그는 "우리 사회로부터 과분한 은혜와 격려를 받았으므로, 이의 과실을 사회에 내놓겠다"고 했다. 안 의원은 성공의 정의에 대해 "삶의 흔적을 남기는 것"이라며, 저소득층 청소년들에게 꿈과 희망을 주는 '마중물'이 되고 싶다고 했다. 언젠가는 없어질 동시대 사람들과 의미 있고 건강한 가치를 지키며 살아가다가 '별 너머의 먼지'로 돌아가길 희망했다. 그가 앞으로 잠룡으로서의 위치를 확고히 해나가려면 후진적인 정치문화를 업그레이드시키고, 경제민주화와 복지, 성장, 재벌 개혁, 대·중기상생 등 갈등형 이슈에 대한 해법 찾기에 더욱 골몰해야 할 것이다.

그가 던지는 메시지 하나하나는 20~40세대들에게 많은 영향을 미친다. 그는 누가 뭐라 하든 이 시대의 아이콘이 됐다. 하지만 그가 진정으로 이들에게 희망과 꿈, 위안, 격려를 한 후 별 너머의 먼지로 돌아가려면 공허한 말이나 현실에 뿌리를 두지 않은 메시지는 지양했으면 한다. 국가를 경영하려 한다면 성장과 투자, 일자리 창출의 견인차인 대기업을 마냥 비하하거나 깎아내리는 것은 부정적 영향을 줄 수 있다. 대기업들의 공과를 냉정히 평가하는 것은 필요하다. 이들의 단점은 해소하되, 장점을 최대한 살려 국부 창출과 국민소득 3~4만 달러의 주역이 될 수 있도록 해야 한다. 대기업에 대한 열린 마음과 포용력을 가졌으면 한다. 그래야 소통과 통합의 리더이자, 안정감을 바탕으로 희망을 주는 국가 지도자로 자리매김할 것이다. 좌파 경제학자나 시민 단체의 포로가 되어 재벌 때리기 마녀사냥에 편승하는 것은 희망을 주지 못한다. 안 의원은 자기 스스로의 길로 들어서서 희망의 패러다임으로 나아가야 한다. 그것이 우리 국민이 안 의원에게 기대하는 새로운 정치다.

현대차 농성의 역설

현대자동차 울산공장의 송전탑에서 장기 농성을 벌였던 비정규직 노조 지도자는 누굴 위해 투쟁했는가? 투쟁을 가장해 자신들의 밀린 임금을 받으려는 얄팍한 술책인가? 자본주의체제 전복과 사회주의 혁명을 노린 반체제 투쟁의 일환인가? 아니면 진정으로 비정규직 근로자들의 정규직 전환을 위한 선의의 투쟁인가?

현대차 울산공장 정문 주차장 인근의 송전탑을 장기간 점거, 농성을 벌였던 사람들은 사내 하청 노조지도부 최병승 씨와 사무국장 등 2명. 이들은 장기 농성을 주도했다가 2013년 임·단협 협상 직전 철탑에서 내려왔다. 현 노조지도부는 사내 하청 등 비정규직 6,500명 전원을 정규직화 해줄 것을 사측에 요구하는 등 막무가내식 투쟁을 일삼아, 정작 상당수 노조원에게 외면을 받고 있다. 대선에 나섰던 안철수·심상정·이정희 후보 등 진보 좌파 야권 후보들이 잇따라 현장을 방문해 불법 농성 중인 집행부를 격려한 것도 사태 해결을 더욱 꼬이게 만들었다.

심상정 후보는 심지어 현대차가 순이익의 5%를 6,500명의 비정규직을 정규직으로 전환하는 데 써야 한다는 포퓰리즘 발언을 하기도 했다. 비정규직인 사내 하청 근로자들은 집행부의 막가파식 강경 행태로 정규직 전환의 소중한 꿈이 한순간에 날아가 버리지 않을까 잔뜩 불안해하고 있다. 회사 측이 2015년까지 3,000여 명의 비정규직에 대해 정규직 전환을 약속한 데다, 추가 협상을 통해 이를 확대하는 등 전향적인 입장을 보이고 있기 때문이다. 한 노조원은 "회사가 3,000명을 정규직으로 전환시켜 주기로 한 것은 상당히 파격적인 제안"이라며 "지금처럼 노조 집행부가 강성 투쟁을 벌이는 것은 그들의 명분과는 달리 우리들의 간절한 희망과 염원을 오히려 앗아가게 만들 수 있다"고 비판했다.

현대차 비정규직 근로자는 총 6,800여 명. 이 중 1,200명이 비정규직 노조지부에 가입해 있어 실제 자동차 생산엔 큰 차질이 없다. 현대차 비정규직의 임금은 웬만한 중소·중견기업의 정규직 못지않다. 이들은 평균 월 453만 원(특근, 월 2회 잔업 포함)씩 받는다. 연 평균 5500만 원의 임금을 받는 셈. 이는 제조업 평균 임금(3300만 원)보다 2200만 원이나 높다. 제조업의 비정규직(1800만 원)에 비해서는 3배가량 많다. 현대차 비정규직은 정규직에 비해서는 덜 받지만, 그래도 일반 근로자들에 비해서는 상당히 많이 받는 편이다. 우리 사회에선 그래도 혜택받는 비정규직들이다.

현대차 비정규직 노조집행부는 노조원의 신임을 잃고 있다. 일을 못해 생계에 어려움을 느끼는 노조원들의 조직적인 이탈이 가속화하고 있기 때문이다. 사내 하청 노조 해고자 중 일부도 복직을 반대하는 노조집행부의 지침에 강력히 반발해, 개별적으로 사내 하청업체에 복직을 요청하여 재입사하는 현상도 늘어나고 있다. 노조집행부가 자신들의 밥줄부터 끊어 놓는 황당한 행태에 대거 등을 돌리고 있는 것이다.

사실 현대차가 3,000명을 정규직으로 전환키로 한 것은 비정규직 처우를 개선하고, 대기업의 사회적 책임을 다하려는 용단으로 풀이된다. 지금 같은 호황기는 별 문제가 안 된다. 하지만 글로벌 경제침체로 자동차 판매가 급락할 경우 정규직 확대는 회사로서는 커다란 리스크 요인이다. 현대차는 외환위기 직후 판매 급감으로 1만 명을 구조조정 하는 등 엄청난 위기를 겪은 바 있다. 외환위기 후 경영 상태가 호전되면서 상당수 퇴사직원들을 복귀시켜 직원들의 고용 안정에 책임 있는 모습을 보이기도 했다.

우리나라처럼 고용의 경직성이 높고, 정규직으로 구성된 대기업 노조의 이기주의 성향도 강한 나라에서 기업이 생산 현장의 근로자들을 정규직으로 다 채우는 것은, 불황기에 회사 존립을 어렵게 할 수 있다. 송전탑에서 장기간 농성 중인 최병승 씨는 노조원들의 임금 등 복리후생을 위한 노동운동보다는 개인적인 이익 챙기기를 염두에 두고 있다는 의혹을 받고 있다. 그는 현대차를 상대로 13억 5000만 원가량의 임금 청구 소송을 제기한 것으로 알려져 도덕성도 도마에 올라 있다. 이는 개인이 제기한 임금 청구 소송 가액 중에서 가장 큰 규모이다. 최 씨는 사내 하청 근로자로 2년간 근무했던 것을 계기로 정규직 전환 소송을 벌여 1, 2심에선 패소했지만, 최근 대법원이 이를 파기환송하면서 정규직 자격을 획득한 상태다.

그는 이번 소장에서 지난 8년(2005년 2월 3일~2012년 6월 30일)간 현대차 직원으로서 받았어야 할 임금 소급분 13억 5000만 원과 임금 미지급에 따른 지연 이자(시기별 연 6~20%)를 요구했다. 또 2012년 7월부터 향후 복직 시까지 매달 1840만 원(월 평균 611만 원의 300%)의 급여 지급도 해달라고 소송을 낸 것으로 법조계의 한 관계자는 전했다. 이를 합산하면 임금 청구 금액만 14억 원(지연이자 제외)이나 된다. 임금으로 따지자면 천문학적인 돈이다.

이 같은 소송이 사실이라면 충격적인 일이다. 정규직 전환을 명분으로 불법 농성을 벌이고 대선 후보들로부터 위로와 동정까지 받으면서, 정작 뒤로는 사익 챙기기에 급급했다는 의심을 지우기 어렵게 됐기 때문이다. 비정규직의 아픔을 팔면서도 뒤에서는 엉큼한 속셈을 갖고 있는 것은 아닌지…….

그동안 숱한 노사 분규와 투쟁만 벌여온 최 씨가 임금 청구 소송에서 승소할 경우 성실히 땀 흘려 일해 온 대다수 근로자의 심리적 박탈감이 심각해질 것은 불 보듯 뻔하다. 더구나 최 씨는 과격 노동자 단체에 가입해 활동해온 것으로 알려져 있다. 노동계에 따르면 최 씨는 수도권의 모 대학을 중퇴한 후 노동자혁명당추진모임(노혁추) 등 사회주의 단체에 가입해 노동운동은 물론, 반체제 활동을 해온 것으로 전해지고 있다. 그가 활동해 온 노혁추는 사회주의노동자정당건설공동실천위원회(사노위) 등 자본주의 전복과 공산주의 혁명을 추구하는 반체제 단체의 하나로 알려지고 있다. 실제로 노혁추의 인터넷사이트에는 '건설하라 붉은 당', '한국 사회주의 운동의 역사적 전진, 사노위 출범', '사회주의 노동자 정당 건설! 기치를 들다' 등의 우리나라의 국체(國體)를 부정하는 반자본주의, 사회주의, 공산혁명 운동을 암시하는 표어로 도배질돼 있다.

최 씨의 무단 및 불법 농성 행보는 화려하다. 이번 현대차 송전탑 농성 이전에도 2010년 11월 울산 1공장 CTS공정 무단 점거, 현대미포조선 굴뚝 점거 농성 등 8차례의 걸쳐 불법행위를 벌여왔다. 이 과정에서 그는 특수폭행죄, 특수손괴죄, 업무방해죄, 건조물침입죄, 폭력처벌법 위반, 직원 및 경비 폭행, 잔업 거부 및 파업 주도, 라인 가동 중단, 공장 무단 점거 등의 혐의로 200억 원이 넘는 막대한 손실을 야기했다. 두 차례나 유죄판결을 받았으며, 한 차례 체포영장을 발부받은 전력을 갖고 있다.

극렬 노조 인사가 현대차에 복직한다는 것은 사측은 물론 근로자들에게도 상당한 부작용을 가져올 것이다. 복직 시에 근로자로서 성실히 근로 제공 의무를 다할지 극히 의문이 들기 때문이다. 현대차가 대법원의 판결 이후에 곧바로 최 씨를 복직시키지 않고 해고의 정당성을 묻는 행정소송을 제기한 것은 이런 점에서 당연한 법적 조치다. 그가 저지른 온갖 불법행위에 아직 법원의 최종 판결이 가려지지 않은 상태다. 법원이 그의 온갖 불법행위를 주목한다면 정규직 근무 복귀는 허용하지 않을 것으로 보인다.

최 씨의 속셈은 사내 하청 근로자들의 처우 개선을 위한 노동운동을 표방하면서, 실제론 생산 현장을 사회주의 이데올로기 투쟁의 장으로 만들겠다는 것으로 보인다. 이는 우리가 소중히 가꾸고 지켜야 할 자본주의체제를 전복시키려는 불순한 책동이라고 하지 않을 수 없다. 최 씨 문제의 경우 대법원의 파기환송에 따른 복직 이행 여부가 중요한 게 아니다. 더욱 중요한 것은 우리 체제를 부정하는 사회주의 혁명 세력에 맞서 우리 국체를 보호하고, 현장의 근로자들이 이들의 혁명 투쟁의 '일꾼'들로 악용되는 것을 차단하는 관점에서 봐야 한다. 법원의 현명한 판결을 기대한다.

노조원들도 과격 지도부의 투쟁 지침에 불응해야 한다. 지금처럼 집행부의 투쟁 일변도에 끌려간다면 정작 정규직 전환을 더욱 어렵게 만드는 악수가 될 것이다. 임금 등 복리후생과 근로조건 개선 등 본연의 노동운동에서 벗어난 정치투쟁, 불순한 사상 투쟁을 일삼는 과격 노조에 대해서는 근로자들이 강력한 반대 의사를 표시해야 한다. 최 씨나 일부 정치권, 과격 노조가 이번 송전탑 불법 농성을 빌미로 제2의 촛불 사태나 제2의 한진중, 쌍용차 사태로 확산시키려고 한다면 이는 절대 안 될 일이다. 국민들도 그들의 불순한 책동에 대해 외면할 것이다. 공권력 은 정당한 노조 활동은 보장해야 하지만, 불법 무단 투쟁에 대해서는 엄정한 법 집행을 통해서 법치주의를 회복해야 한다.

현대차는 국가의 기간산업이다. 모든 제조업 가운데서 전후방 연관 산업 효과가 가장 크고, 한 해 수백억 달러를 벌어들이는 수출 효자 업 종이다. 세계적인 경기 침체 속에서도 일본 등 경쟁사를 제치고 미국, 중국 등 신흥 시장과 유럽 등에서 비약적인 신장을 거듭하며 글로벌 톱 5위의 위상을 확보했다. 현대차가 전 세계를 질주하면서 국민들의 자부 심도 덩달아 올라가고 있다. 정몽구 회장의 강력한 오너 경영과 리더십, 품질경영, 디자인 경영, 공격적인 마케팅이 결정적인 효력을 발휘하고 있 는 셈이다.

외국 경영학자들은 현대차의 놀라운 성장에 대해 정 회장의 '타이거 경영'이 주효했다고 평가하고 있다. 세계시장을 호령하고 있는 도요타, 폭스바겐 등 최고의 메이커들도 현대차를 두려운 상대로 인식하며 현대 차 경쟁력 연구에 골몰하고 있다. 현대차는 여기서 멈출 수 없다. 상승 의 호기를 최대한 살려 글로벌 톱3에 들어가기 위해선 경영진의 노력과 임직원의 땀도 필요하지만, 생산 현장의 평화와 노사 화합이 절실하다. 그래야 글로벌 넘버원으로 우뚝 도약할 수 있다. 현재 정 회장 등 오너 들의 강력한 리더십과 신속한 노사 화합, 글로벌 품질 및 투자전략에다 임직원들의 헌신과 땀, 열정이 어우러지면 도요타와 폭스바겐을 제치고 세계 1등 오토메이커로 올라갈 것이다. 반도체와 스마트폰, LCD 등 전자 부문과 조선 등에선 세계 정상에 올랐다. 자동차도 저 높은 고지를 반드시 등정해야 한다. 그와 같은 목표치를 두고 보면 단 하나 문제되는 게 노사 문제다. 강성 노조의 이기주의와 내 몫 찾기가 고착화되고, 이 번 철탑 농성처럼 생산 현장을 체제와 이데올로기 투쟁의 장으로 만들 려는 극렬분자들의 책동이 해소되는 게 급선무다.

삼성 탐욕론의 궤변

벤처 신화의 주인공 황철주 주성엔지니어링 사장(54)이 박근혜 정부 초대 내각에서 중소기업청장 내정자로 발표됐을 때 많은 사람이 기대감을 표시했다. 불굴의 투지와 혁신. 기업가정신을 바탕으로 중견기업을 일군 그가 중소기업 정책을 획기적으로 업그레이드할 적임자로 보였기 때문이다.

그의 경영 인생은 반도체 장비를 세계 1등으로 만들겠다는 야심찬 포부에서 시작됐다. 우리나라가 세계 최대 반도체 생산 국가이면서도 반도체 장비 분야에선 최대 수입국이라는 오명을 벗어나야 한다는 사명감이 그의 가슴을 끓게 만들었다. 유럽 반도체 장비 회사에서 경험을 축적한 그는 1995년 주성엔지니어링을 설립하고 꿈을 현실화하는 대장정에 돌입했다. 주성은 2011년 3000억 원의 매출을 올리는 중견 반도체 및 디스플레이 장비 메이커로 도약했다.

무에서 유를 창조한 그가 중기청장에 앉으면, 박근혜 정부의 핵심인 중소기업 정책이 활짝 꽃피워 대·중기 동반 성장이 결실을 맺을 것이라는 기대감이 많았다. 창업 절차를 간소화하고, 중소 벤처기업의 정부 인증 기간도 대폭 단축시켜 상업화를 앞당겨줄 것이라는 희망도 적지 않았다. 박근혜 대통령이 여러 차례 "중소기업 대통령이 되겠다"며 중기에 대한 남다른 애정을 보여준 것도 그에게 힘을 실어 주는 듯했다.

마침 미국 정보기술(IT) 업계에서 성공한 김종훈 씨가 여야 간의 정부조직법 정쟁에 실망해 미래창조과학부장관 후보직을 던진 상황이어서 황 내정자에게 거는 기대감은 더욱 컸다. 그를 통해 김종훈 씨가 펴 보지 못한 창조경제를 꽃피워 주길 기대하는 대리만족도 있었다. 하지만 그가 중기청장 내정자에서 사퇴한 후 보인 행적을 보면 고개가 갸우뚱거린다. 그는 《조선일보》와의 인터뷰에서 우리나라 대기업들은 탐욕스런 짐승과 다름없다는 맹비난을 했기 때문이다. 그는 "강자가 지배하는 정글의 법칙은 자연 질서예요. 그러나 우리나라의 대기업과 중소기업 간 생태계는 정글보다도 못한, 그야말로 탐욕이 판치는 짐승들의 세계였어요"라고 강조했다.

그의 대기업을 향한 독설은 이어진다.

"한국의 기업 경영 환경은 불공정이 판치는 약육강식의 세계일 뿐이다."

그는 삼성전자에 반도체 장비를 납품하다가 거래가 갑자기 중단된 것에 대해서도 "삼성의 눈 밖에 나면서 회사가 지탱하기 어려웠다", "납품 중단으로 회사가 문 닫을 위기에 몰렸었다"고 술회했다. 그의 인터뷰를 보면 삼성전자가 주성엔지니어링의 목숨줄을 단칼에 끊은 것처럼 보인다. 그는 주성이 반도체 장비업체로서 너무 뜨다 보니 재벌(삼성 지칭)이 "머슴 주제에 너무 컸다"고 생각한 것 같다고도 했다. 그의 삼성에 대한 독설은 이어진다. 삼성전자가 납품을 중단시킨 후에 일본계 반도체 장비업체와 합께 회사를 설립해 주성에서 납품했던 화학증착장비(CVD)를 대신 납품받았다는 것이다.

삼성전자는 이에 앞서 주성에 대한 납품 비리 감사과정에서 주성의 모든 핵심 서류를 가져갔다고 했다. 마치 주성의 기밀 서류를 감사를 명분으로 몽땅 가져가서 이를 토대로 새로운 회사를 만들었다고 불만을 토로하는 듯하다. 초원의 포식자(삼성전자)가 연약한 사슴(주성엔지니어링)을 잡아먹으려 했다는 것처럼 들린다. 삼성전자는 황 사장의 말처럼 약자를 마구 잡아먹는 포식자인가?

당시 사정을 추적해 보면 삼성전자는 짐승이 아닌 것으로 판명되고 있다. 주성이 결코 삼성의 눈 밖에 나서 거래가 중단된 것도 아니었다. 삼성이 거래를 중단한 것은 납품 비리가 결정적으로 작용했다. 삼성전자 감사팀은 2001년 주성엔지니어링과 삼성전자 반도체 장비구매팀 및 엔지니어 간의 비리 의혹을 입수한 후 대대적인 감사를 벌였다. 감사 결과, 주성 측에서 삼성전자 반도체 공정설비 엔지니어 6명에게 거액의 주식 등 금품을 제공한 것으로 드러났다. 주성은 당시 코스닥의 대장주로 각광을 받고 있을 때였다. 삼성전자 핵심 임원 A씨는 주성엔지니어링 간부로 있는 친동생 계좌를 통해 주성 주식 1만 주를 우회해서 받은 것으로 밝혀졌다. 또 다른 간부 B씨도 자기 매제의 증권 계좌를 통해 80억 원어치의 주식을 받은 것으로 드러났다. 핵심 임원 A씨의 경우 당시 8인치 웨이퍼를 12인치 웨이퍼로 교체할 때 프로젝트 리더였다. 웨이퍼를 깎는 식각 장비를 납품했던 주성으로선 8인치 웨이퍼가 12인치 웨이퍼로 교체될 경우 제조공정을 완전히 바꾸어야 하는 상황이었다. 이는 티코를 제작하다가 그랜저를 만드는 것으로 패러다임이 바뀌는 것과 같다.

납품업체로서는 삼성의 투자계획과 공정 개발 스케줄에 지대한 관심을 가질 수밖에 없다. 모기업의 신공정에 사전 대처하면 다른 경쟁사에 비해 결정적인 비교 우위를 갖기 때문이다. 주성이 무리수를 두면서까지 신공정 설비 등에 관한 정보를 얻으려는 것은 이 같은 이유에서 비롯된 것으로 보인다.

삼성전자는 대규모 납품 비리를 적발한 후 연루자 6명을 전원 파면하는 등 중징계했다. 재계에서 가장 투명한 납품 거래 문화 정착에 힘써온 삼성 경영진도 큰 충격을 받았다. 이 기술자들은 하급 기술자가 아닌, 핵심 기술자였기 때문이다. 연루자 중에는 차세대 공정 엔지니어로 선정된 핵심 인재도 포함돼 있었다. 납품의 투명화, 납품 비리 척결을 유난히 강조해온 삼성으로선 핵심 기술자일지라도 명백히 비리가 드러난 이상 일벌백계하지 않을 수 없었다. 비리를 저지른 협력업체와 거래를 지속하기도 불가능했다.

주성엔지니어링은 삼성전자의 핵심 협력업체였다. 원가 경쟁력도 있었고 기술력도 있어 삼성전자에선 납품 물량을 급격히 늘렸다. 주성은 삼성의 A급 협력사였다. 하지만 납품 비리가 드러난 이상 결별은 불가피했다. 삼성은 협력업체와의 비리에 대해선 지나칠 만큼 중징계한다. 그래서 삼성 감사팀은 막강한 권한을 갖고 있다. 삼성의 감사는 감사원의 감사를 능가한다는 평가를 얻고 있을 정도다.

이건희 회장은 1993년 신경영 선언을 통해 구매의 예술화를 강조한 바 있다. 그는 협력업체와의 상생과 동반 성장에 유난히 많은 관심을 갖고 지원을 해왔다. 제조업체의 특성상 품질 향상과 불량률 줄이기가 원가 경쟁력을 결정하기 때문이다. 이 같은 질 경영은 부품 공급업체들과의 조화와 협력이 없으면 불가능하다. 이 회장의 협력업체 육성론은 경청할 만하다.

"대기업 혼자서만 제품을 완성한다는 것은 현실적으로 불가능하다. 자동차의 경우 부품이 2만 개, 컬러 TV가 400~500개, VCR이 800~900개가 필요하다. 대기업 혼자서 이것을 모두 만들 수는 없다. 70~80% 이상은 중소기업에서 생산하는 부품에 의존할 수밖에 없다."

이 회장이 구매의 예술화를 강조하는 것은 협력업체 육성론과 연관돼 있다. 원가절감을 핑계로 무조건 협력업체를 쥐어짜는 것은 협력업체와의 상생을 포기하는 것이다. 대기업도 중소기업의 발전이 대기업 성장의 관건이라는 인식을 가져야 하기 때문이다. 구매의 예술화는 부품 업체와의 관계에서 모든 것을 예술 수준으로 끌어올려야 품질경영이 달성되고, 초일류 기업이 달성된다는 것에 초점을 맞추고 있다. 원가절감을 도모하면서도 협력업체를 쥐어짜지 않는, 이른바 대–중기 동반 경쟁력 강화의 지혜를 발휘해야 한다는 것이다.

삼성이 납품의 투명화를 삼성의 헌법처럼 중시하는 상황에서 황 사장이 진실을 호도한 채 삼성이 주성을 고사 위기로 몰아넣었다는 식의 강변은 금도를 벗어난 것이다. 지나친 견강부회다. 납품 비리가 황 사장의 지시로 이루어졌는지는 알 수가 없다. 황 사장은 이에 대해 "감옥에 가지 않았으므로 떳떳하다"고 해명하고 있다. 하지만 납품 비리를 저지른 기업의 최고경영자로서 형사책임은 면했을지라도 윤리적 책임을 면할 수는 없을 것이다. 이런 경영자가 중소기업청장에 임명됐다면 어떻게 됐을까? 이런 사람이 박근혜 대통령의 참모 행세를 하며, 중소기업 정책을 조언하고 대기업 비난에 앞장서는 것은 문제가 있다. 왜냐하면 박 대통령과 경제정책 주도자들에게 대기업에 대한 편견과 왜곡된 정보를 줄 수 있기 때문이다.

황 사장의 짐승과 탐욕론은 안철수 전 서울대 교수를 떠올리게 한다. 안 전 교수는 지난해 대선 출마 과정에서 '삼성동물원', 'LG동물원' 운운하며 재벌들이 중소기업을 육성은커녕 고사시키기만 한다고 비난해 왔다. 삼성과 LG의 협력업체가 되면 빠져나오지 못하고, 죽어야만 벗어나게 된다고 독설을 퍼부었다. 그의 반 대기업 편견이 얼마나 엉터리인지는, 애플은 산업 생태계를 모범적으로 이끄는 대기업으로 극찬하고, 삼성전자는 납품단가를 후려치고 기술을 탈취하는 악덕 기업으로 폄하한 데서 잘 드러난다.

지금 애플은 대만과 중국의 협력업체인 폭스콘 등을 쥐어짜서 자신들의 배만 불린 무자비한 포식자로 악명이 높다. 애플은 일본 납품업체에 대해서도 일방적으로 거래를 중단하는 등의 횡포를 부려 해당 기업이 도산 위기에 몰려 있다. 애플은 30~40%의 영업이익을 올리면서도 폭스콘의 영업이익은 1~2%에 그치고 있는 것이 이를 반증하고 있다.

반면 삼성전자는 원가절감과 기술, 품질 등에선 협력업체를 '쥐어짜지만', 해외 동반 진출과 글로벌 납품선 확보 지원, 경영 및 기술 지도, 적정한 영업이익 보장 등으로 상생의 모델로 재평가받고 있다. 삼성전자의 영업이익은 10%대 후반이고, 협력업체의 영업이익률은 10%까지 올라가고 있다. 삼성전자 협력업체인 반도체 장비업체 유진테크는 지난 5년간 외형이 17배 급증했다. 지난해 매출액은 1636억 원, 영업이익은 536억 원을 기록했다. 영업이익률은 무려 31%나 된다.

황 사장이나 안 전 교수나 자기들이 보고 싶은 것만 보고, 그것도 모자라 자기 입맛에 맞게 각색하고 윤색하는 것 같다. 부품업체 육성은 사실 미국보다 우리나라 대기업들이 더 잘한다. 예를 들어 보자. 미국 GM이 얼마 전에 우수협력업체를 선정한 바 있는데, 미국 업체를 제외하고 한국 협력업체가 가장 많았다. 이들 한국 업체는 한국GM의 우수협력업체였다. 현대자동차도 협력업체들에 대한 채용 지원과 기술 및 자금 지원, 해외 동반 진출을 통해 납품업체들의 글로벌 메이커 도약에 기여하고 있다.

삼성전자는 글로벌 부품업체 육성에 정성을 들이고 있다. 1천여 개 협력업체 가운데 39개사를 '삼성 강소기업' 후보로 선정한 후 기술력, 시장 지배력, 제조 역량 등을 평가해 최근 14개사를 최종 선정한 것이다. 정부가 상생 협력을 강조하지 않아도 삼성은 모기업 경쟁력 강화를 위해 자발적으로 협력업체 육성에 적극 나서고 있다. 삼성 강소기업에 선정된 기업들은 평균 영업이익률이 12%대로, 대기업 평균 영업이익률(5~6%)을 앞서고 있다.

삼성과 협력업체가 동반 성장하면서 매출 증대, 영업이익 증가, 글로벌 시장점유율 확대 등 트리플 크라운의 효과를 가져오고 있다. 이젠 모기업도 클러스터 경쟁력을 키우지 않으면 살아남을 수 없는 시대에 살고 있다.

삼성전자나 LG전자, 현대자동차, 기아자동차 등 대기업이 모든 협력업체를 책임질 수는 없다. 오직 경쟁력이 있어야만 클러스터의 일원이 될 수 있다. 경쟁력만이 알파요, 오메가이다. 자선을 기초로 협력업체를 도와줄 수는 없다. 그

삼성전자 주요 협력업체 매출 증가율 (단위: 조 원)

업체	매출 및 매출 증가율	2011	2012	2013 추정
파트론	매출	4259	8731	13981
	전년 대비 매출 증가율	–	105%	60%
인탑스	매출	6534	9765	11700
	전년 대비 매출 증가율	–	49%	20%
인터플렉스	매출	5177	7654	11010
	전년 대비 매출 증가율		48%	44%
KH바텍	매출	3159	3559	7878
	전년 대비 매출 증가율		13%	121%
솔브레인	매출	4813	6636	7375
	전년 대비 매출 증가율		38%	11%
멜파스	매출	2562	3833	6313
	전년 대비 매출 증가율		50%	65%
이엘케이	매출	2360	1839	4972
	전년 대비 매출 증가율		-22%	170%

출처: 《주간 조선》 '삼성전자 협력업체 매출이 1조! 甲보다 나은 乙들'(2013. 5. 27)

러다간 모기업이 망한다. 조동근 명지대 교수는 "시장의 힘은 비인격적이기 때문에 차라리 공정하고 정의롭다"고 강조하고 있다.

황 사장이 박 대통령 주변에서 중소기업 정책과 관련한 조언을 하려면 제대로 해야 한다. 정작 자신이 대기업과의 납품 거래에서 투명 경영, 윤리경영을 제대로 하면서 대·중기 정책을 조언하는 게 바람직하다. 제 눈의 커다란 들보는 보지 못한 채 대기업의 티끌만 보고 비웃는 시각은 없도록 해야 한다.

주성엔지니어링 이사진을 보면 SK하이닉스반도체 등 납품 대기업의 전직 임원이 있다. 퇴직한 대기업의 임원들을 영입해서 거래상의 편의를 보려는 것은 아닌지 궁금하다. 마치 판사와 검사, 공무원들이 옷을 벗은 후 로펌 등으로 가서 전관예우 논란을 빚는 것과 무엇이 다른지……. 주성은 지난해 1000억 원의 적자를 냈다. 심각한 경영 위기를 겪고 있는 셈이다. 회사는 거센 풍랑을 만났는데, 권력 주변을 기웃거리는 것도 좋게 보이지 않는다. 정치권을 기웃거려 뭔가 얻으려는 의도가 있는 것은 아닌지, 오해를 살 수도 있다.

대기업들도 문제가 없지 않다. 협력업체들이 납품 과정에서 불이익을 당할 수도 있고, 눈물 젖은 빵을 먹는 경우도 많다. 단가 책정과 납품 물량 조정 등 과정에서 서운한 일도 있을 것이다. 그렇다고 일부의 문제점을 침소봉대하는 것은 아닌지 걱정된다. 공연히 반 대기업 정서, 반기업인 감정만 부추길 것이다.

우리나라 경제는 지금 위기를 맞고 있다. 엔저로 수출 전선에도 균열이 생기고 있다. 내수는 엉망이다. 7분기째 전 분기 대비 0% 성장했다. 미국은 경기회복 조짐을 보이고, 미국 증시는 사상 최고치를 경신하고 있다. 일본 제조업도 아베노믹스로 무장한 채 부활 찬가를 부르고 있다. 도요타와 닛산 등 자동차업계는 아베 총리의 엔저 정책으로 올해 10조 원 이상의 추가적인 영업이익을 보게 됐다며 콧노래를 부르고 있다.

반면 우리는 자동차·전자 등 주력 제조업에서 일본 제조업의 부활에 위기감이 높아지고 있다. 아베가 엔저를 통한 현대차·기아차·삼성전자 경쟁력 약화 전략으로 매출 및 영업이익 감소, 시장점유율 하락 등의 악재가 우려되고 있다.

내수는 부동산 침체 등으로 살아날 기미를 보이지 않고 있다. 올해 경제성장률은 기껏해야 2% 초반에 그칠 전망이다. 새 정부는 의욕적으로 출범했지만, 경제 환경은 악재로 득시글거리고 있다. 지금처럼 대기업에 대해 부당한 편견이나 왜곡된 시각, 증오로 무장된 사람들이 새 정부에 전진 배치돼 경제민주화를 명분으로 마구 칼을 휘두르지 않을까 걱정된다.

대기업들을 옥죄기보다는 다독거려 성장률을 올리고, 투자와 일자리도 증가시켜야 할 것이다. 대·중기 동반 성장도 채찍질만이 능사가 아니다. 대기업들에게 당근을 줘서 자발적으로 협력업체를 육성토록 하는 정책이 필요하다.

족벌경영 로맨스,
오너 경영 불륜

　재계의 오너 경영이 온통 매도당하고 있다. 재벌들에게 요즘 한창 세도 부리는 공정거래위원회가 63대 그룹의 소유 지분 구조를 공개할 때마다 진보 매체는 물론 보수 언론마저 '재벌=죄벌(罪罰)'로 집단 린치하고 있다. 공정위는 삼성·현대차·LG·SK·롯데·현대중공업·한진·한화 등 10대 그룹 총수의 평균 지분률이 0.94%(2012년 기준)로 나타났다고 밝혔다. 좌파 매체와 보수 언론들은 이를 근거로 총수가 쥐꼬리 지분으로 그룹 내 수십 개 계열사를 주무르는 황제 경영을 하고 있으므로, 재벌 지배구조에 대해 대대적인 개혁을 해야 한다고 지적했다.

　《조선일보》는 10대 그룹 총수들은 1%도 안 되는 지분으로 작년 매출액 958조 원, 국내총생산(GDP) 1237조 원의 77%를 점유하고, 자산총액은 763조 원으로, 정보 보유 총자산 1523조 원의 절반 수준인 거대 집단을 지배하고 있다고 강조했다.

　《조선일보》는 총수의 지분률은 최근 수년간 낮아지고 있는데, 총수의 영향력은 정반대로 더 확대됐다며 반재벌 정서를 부추겼다. 총수들이 계열사 간 순환출자 방식을 통해 자기 돈 들이지 않고 계열사를 손쉽게 마음대로 주무르고 있다는 것이다. 또한 총수들은 쥐꼬리 지분으로 황제 경영하고, 일감 몰아주기로 자녀들에게 세금 없이 부를 물려주고, 상속세 탈루 등 편법 승계, 횡령, 배임 등 탈선을 벌이는 것이 관행이라는 듯이 몰아붙이고 있다. 더 나아가 세계 경제 전문가들을 빗대 한국 기업이 '오너리스크' 때문에 주가가 낮게 평가받는다는 엉뚱한 소리까지 했다. 《조선일보》는 결국 현재의 재벌식 오너 경영 구조는 지속 가능하지 않으므로 다른 대안을 찾을 것을 촉구했다.

《조선일보》의 주장처럼 오너 경영은 정말 한국 사회에서 양극화와 빈부 격차, 승자독식을 고착화시키는 악의 지배 체제인가? 오너 경영은 즉시 개혁돼야 할 나쁜 지배구조인가? 오너 경영을 당장 청산하고, 전문경영인 체제로 전환해야 하는가?

《조선일보》를 비롯한 주요 신문사, 심지어 지상파 방송까지 재계의 오너 경영에 대해 지나치리만큼 부정적으로 보도하는 경향이 확산되고 있다. 거의 융단폭격 수준이다. 지식인의 허위의식이 신문 논조에도 그대로 반영되고 있다. 반재벌을 주장해야 진보요, 정의에 부합한다는 맹목적인 먹물 근성이 유감없이 발휘되고 있다.

《조선일보》 등의 오너 경영 비판은 과녁을 벗어났다고 볼 수밖에 없다. 오너 경영은 청산 대상이 아니라 세계적으로 가장 보편적인 지배구조이기 때문이다. 유럽에선 오히려 가족경영, 오너 경영이 지배적인 지배구조 형태다. 파찌오 & 랭(2002)이 서유럽 13개국 상장사 5,232개 사의 소유 현황을 분석한 보고서에 따르면 프랑스와 독일의 가족경영 비율은 전체의 64.8%, 64.2%로 나타났다. 이어 포르투갈(60.3%), 이탈리아

(59.1%), 스페인(55.8%)도 가족경영 비율이 높았다.

미국의 가족경영 비율도 꽤 높으며, 멕시코 등 신흥 국가, 개도국의 가족경영 비율은 절대적이다. 오너 경영은 경영 효율성 측면에서도 전문경영인 체제에 비해 훨씬 높다. 언스트 & 영(2010)이 유럽 3만 4,000개 기업을 대상으로 분석한 결과에 따르면 가족경영은 2007년 신규 고용창출 효과가 2005년에 비해 두 배나 더 높게 나타났다. 매출신장세도 비가족경영 기업보다 3%포인트 높았다. 오너 경영 또는 가족경영 기업은 연구개발 투자율과 총주주 수익률에서도 비가족경영 기업보다 더 높았다.

오너 경영체제는 개도국과 후진국에서만 두드러진 것이 아니고, 시장경제의 발상지인 유럽에서도 지배적인 구조임이 통계적으로도 증명되고 있는 것이다. 세계적으로 가족경영이 지배적인데도 국내 언론들과 좌파 시민 단체, 야당 등은 오너 경영을 죄악시하고, 나쁜 지배구조라며 여론을 호도하고 있다. 일부 그룹의 탈법과 불법 승계 등을 확대·재생산시켜 재계 전체를 범죄시하는 오류를 범하고 있는 것이다. 구성의 오류라고나 할까.

삼성·현대차·LG·SK·한진·롯데·한진중공업·한화·동부 등 주요 그룹들의 총수 지분이 1% 이하로 낮아진 것도 무척 긍정적이다. 총수들이 경영권 방어 등을 위해 내부에 돈을 쌓아 놓지 않고 그만큼 열심히 투자와 일자리 창출에 나섰다는 것을 반증하기 때문이다. 오너들이 지분 감소를 감수하면서까지 외부 자본을 끌어들여 주력 업종의 글로벌 경쟁력 강화와 생산성 향상, 신규 고용에 주력한 셈이다.

계열사 간 상호출자를 통해 유대 관계를 맺는 게 후진적이라는 공정위와 언론들의 비난도 어불성설이다. 총수와 그 친인척의 지분이 낮아도, 계열사들이 순환출자를 통해 경영권 위협을 방어하고, 신수종 및 주력 사업에 과감하게 투자해서 단시간에 경쟁력을 키우기 때문이다. 그룹 단위 경영, 즉 선단식 경영은 독립기업의 경영에 비해 경영 효율성과 생산성, 경쟁력 강화, 초기 시장 진입 및 안정화 등에서 절대적으로 유리하다.

총수의 지분만 지분으로 인정하고, 계열사들이 갖고 있는 지분을 인정하지 않는 것도 시장경제와 자본주의의 근본원리를 부정하는 것이다. 상법에는 1주 1권을 인정하고 있다. 총수 지분뿐만 아니라 계열법인이 보유한 지분도 정당하다고 인정하는 것이다. 이를 인정하지 않는다면 상법에 정면으로 거스르는 것이다. 상법상 1주 1표는 정치처럼 1인 1표와는 다르다. 상법과 정치 민주화는 근본적으로 다른 범주이다.

한국 대기업은 총수와 계열사들이 보유 지분을 활용해서 적대적 인수합병에 대처하고, 그룹 경영의 장점을 최대한 발휘해서 경쟁력을 높여 가는 게 특징이다. 대기업들이 오늘날 글로벌 플레이어로 성장한 것은 계열사를 최대한 총동원해서 선단식 경영을 한 것이 주효했기 때문이다. 선진국의 항공모함급 경쟁 기업과의 싸움에서 구축함, 순양함, 쾌속정 등 보유 선단을 최대한 동원해서 이겨 왔기 때문이다.

삼성·현대차·SK·현대중공업·한화·롯데 등이 글로벌 위기 속에서도 휴대폰·자동차·반도체·LCD·조선·에너지·태양광·유통 등 주력 분야에서 세계시장 점유율을 높여 가는 것은 무엇 때문인가? 오너 경영과 선단식 경영이 시너지효과를 발휘하고 있는데서 그 답을 찾아야 한다.

오너 경영은 결코 청산돼야 할 지배구조가 아니다. 지금 같은 전 세계적인 경제 위기의 격랑을 헤쳐 가는 데 더욱 강점이 있는 지배구조임은 의심의 여지가 없다. 지배구조는 정부나 언론이 감 놔라 배 놔라 할 사안이 결코 아니다. 지배구조에는 모범 답안이 없다. 오너 경영 체제로 가느냐, 전문경영인 체제로 가느냐는 기업과 주주가 결정할 사안이다. 공정위가 오만방자하게 그룹 경영과 순환출자를 해체하고, 지주회사로 전환할 것을 채찍질하는 것은 재벌들의 경쟁력과 강점을 망치는 것이다. 참으로 우매한 짓이다. 국가경쟁력과 수출, 투자, 일자리 등에서 두고두고 엄청난 화근을 불러올 작태라 아니할 수 없다.

공정위는 반기업적 행태를 지양해야 한다. 삼성과 현대차 등이 낸 세금으로 정년 보장과 함께 안정된 봉급을 받는 공정위 관료들이 해외 경쟁 기업들과 격렬한 전쟁을 치르는 재계를 도와주지는 못할망정, 뒤에서 총질해 대는 매국노 같은 역할을 하고 있다. 지배구조는 기업들이 경영 판단에 따라 선택하는 것임을 다시금 알아야 한다. 총수들이 전횡을 일삼는 지배구조가 아니다. 관료들이 과도하게 지배구조에 간섭하는 것은 백해무익하며, 우리 기업의 경쟁력을 심각하게 훼손하는 짓이다. 총수는 계열사 보유 지분을 바탕으로 안정되게 그룹 경영권을 행사하고 있다. 위법이 아니다.

불공정 경쟁과 탈법, 불법 승계 문제 등은 법률로 엄히 다스리면 된다. 1달러라도 해외에서 피땀 흘려가며 벌어본 적이 없는 공정위 관료들이 지배구조까지 설계해 주겠다며 설치는 것은 가소로운 짓이다. 공정위는 반시장적인 경제민주화 포퓰리즘에 편승해 재계의 지배구조를 손보겠다는 망상을 거둬라.

보수 언론도 문제가 많다. 《조선일보》의 경우 초지일관 재벌의 오너 경영을 질타하고, 전문경영인 체제로 갈 것을 유도하고 있다. 하지만 보수 언론이야말로 족벌경영, 세습경영의 전형이다. 조선·동아·중앙일보는 창업주에서 2세, 3세, 4세로 내려가며 세습경영을 하고 있다. 조선일보의 필사들이 자기네 오너 경영에는 꿀 먹은 벙어리이고, 광고와 협찬 등 먹을거리를 제공하는 삼성·현대차 등의 오너 경영이 나쁘다며 매도하고 있는 셈이다. 삼성은 그룹 경영, 순환출자 지배구조를 바탕으로 연간 순익만 30조 원 이상을 내고 있다. 현대차도 12조 원을 올리는 글로벌 메이커가 됐다.

삼성과 현대차는 세계 최고의 경영 효율을 자랑하고 있다. 보수 언론들이 자기네 오너들은 수대에 걸쳐 무소불위의 황제 경영, 오너 경영을 하는 것에는 눈감고, 세계의 경쟁 기업들이 무서워하고 미국 등 세계 유수대학의 경영학자들이 삼성과 현대차의 지배구조를 연구 대상으로 삼는 것은 애써 외면하고 있다. 오히려 재벌들의 강점을 깎아내리기 바쁘다. 자해 수준의 필치를 휘두르고 있다.

보수 언론들이 자기네 회사의 세습경영은 로맨스고, 재벌의 오너 경영은 불륜이라고 손가락질하는 꼴이다. 한국식 오너 경영은 해외 시장점유율 제고와 전략 사업 투자, 경쟁력 강화 등에서 가장 효율적인 지배구조이다. 수출 확대로 외환보유액 확충과 천문학적인 세금 납부로 재정 건전성에 기여하고 있다. 30대 그룹은 매년 100조 원 이상 투자하고, 수십만 명의 정규직을 고용해 성장을 견인하고, 일자리 창출과 청년 실업난 해소에 결정적인 역할을 하고 있다. 지금은 삼성과 현대차 등을 끌어내릴 게 아니다. 오히려 삼성과 현대차 같은, 그룹 경영을 하는 기업들이 더 많이 나와서 한국 경제를 살찌우고 국민들에게 양질의 일자리 제공해야 한다. 양극화와 빈부 격차 해소, 복지재원도 결국 이들 대기업들의 경영에서 나온다는 점을 잊어서는 안 된다.

절망으로 가는
희망버스

지난 7월 중순 울산 현대차 정문 앞은 그야말로 무법천지였다. 불법 폭력과 쇠파이프, 죽봉(竹棒)이 난무했다. 과거 급진 노조의 과격 시위를 상징했던 죽봉이 이번에 다시 등장해서 현대차 임직원들을 마구 때렸다. 현장의 직원들이 피투성이가 되는 등 부상자가 속출했다. 추상같은 권위를 가져야 할 경찰은 공권력(公權力)이 아닌 공권력(空權力)이 됐다.

경찰은 시위를 지켜만 봤다고 해도 과언이 아니다. 민노총 산하 금속노조를 중심으로 한 3,000명의 불법 시위대들은 죽창과 쇠파이프를 휘두르며 울산3공장 명촌 정문 펜스와 철조망을 무너뜨렸다. 경찰은 이를 저지하는 현대차 관계자들이 죽창에 찔리는 등 심각한 부상을 당하고 있는데도 수수방관했다. 시위 주동자 7명을 잡았다가 곧바로 풀어주는 관용(?)도 보여줬다.

박근혜 정부는 법치가 살아 있는 국가를 건설하겠다고 강조했다. 초대 총리도 법치를 잘 아는 검찰 출신의 정홍원 씨를 임명하는 등 의지를 보였다. 하지만 여전히 공권력은 불법 시위 주동자들을 추상같은 법의 잣대로 처리하지 않고 수세적으로 막는 데 급급했다.

정문 앞 송전탑에서 9개월째 고공 농성을 벌이는 최병승, 천의봉 씨 등 비정규직 노조 간부 2명을 장기간 방치한 것도 이해가 안 간다. 경찰은 그동안 이 불법 고공 농성자들을 몇 차례 형식적으로 해산시키려는 움직임을 보인 데 그쳤다. 고공 농성자들은 공권력을 비웃으며 장기 농성하다가 스스로 내려왔다.

현대차 울산공장은 한국 제조업의 상징이요, 한국 수출의 메카이다. 이런 전략적인 생산 거점에서 폭력 투쟁과 불법 시위가 장기간 이루어지도록 묵인하는 듯한 인상을 주는 것은, 공권력이 얼마나 무력한지를 상징적으로 보여주는 사례다. 법치대통령, 법치총리는 어디서 무엇하는지 궁금하다.

금속 노조의 폭력 시위는 엑센트·벨로스터 등 현대차 울산공장의 라인 가동에 차질을 줬다. 정문이 시위대로 가득 차, 협력업체들의 부품 공급이 막혀 공장이 일시 중단되는 사태가 벌어졌기 때문이다. 금속 노조의 이번 행태를 보면 희망버스가 기업들을 절망에 빠뜨리고 있음을 알 수 있다. 희망버스는 불법 폭력 버스에 불과하다. 떼법으로 한국 제조업을 무력화시키려 하고 있다. 공장 가동을 막아 중소 협력업체에까지 피해를 주는 파괴 버스에 불과하다. 저주와 증오의 버스다.

이번 희망버스 폭력 시위에는 민노총·금속 노조 외에 급진 성향의 대학생연합회, 노점상, 철거민연합단체, 보건·의료 노조 등 70여 개 좌파 진보 세력이 가담했다. 이 외부 세력들은 한진중공업, 쌍용자동차, 제주도 강정마을 사태 등에 어김없이 얼굴을 드러내 대한민국의 법질서를 우롱했다. 금속 노조가 시위 명분으로 삼은 현대차 비정규직 전원의 정규직 요구는 정당성을 상실했다. 사측의 자율적인 경영을 부정하는 것이다.

현대차는 그동안 비정규직 문제에 대해 최대한의 성의를 표시했다. 사내 협력업체와 하도급업체 근로자 6,800여 명 중 절반가량인 3,000명 이상의 정규직화를 단계적으로 추진 중이기 때문이다. 현대차는 재계의 리더로서 경영상의 막대한 인건비 부담을 안고서도 정부 정책에 화답해 왔다.

현대차 비정규직 근로자의 복리후생은 제조업 근로자 중에서 최상층에 해당한다. 이들의 평균 연봉은 5500만 원으로 제조업 정규직 평균 5000만 원에 비해 높고, 비정규직 평균에 비해서도 세 배나 많다. '절망버스' 세력들이 이를 이슈화하고, 현대차의 조업을 지속적으로 방해할 경우 자칫 비정규직들의 소중한 일자리마저 상실할 위험이 있다. 폭력 시위가 지속되면 이들 중 대다수가 정규직으로 전환하는 데도 차질을 빚을 수 있다. 절망버스의 망동은 게도 구럭도 다 놓치게 만들 수 있다. 정작 근로자들을 더욱 어렵게 하는 악수가 될 것이다.

자동차나 조선 등 대기업 사업장은 철밥통인 정규직 노조의 과중한 인건비 부담과 잦은 파업에 따른 생산 차질, 불황에 대비한 인력 운용상의 문제점 등으로 사내 하도급 등 비정규직을 활용할 수밖에 없다. 모든 직원을 정규직으로 할 경우 글로벌 불황 국면에서 판매 부진과 수주 급감 시 경영 위험이 커지는 것도 감안해야 한다. 일본과 독일 등 세계 모든 나라가 비정규직을 채용해서 경영 리스크를 줄이고 있다.

현대차 정규직 노조는 워낙 강성이어서 생산 차종 및 라인 간의 유연 근무시스템을 거부해 왔다. 이로 인해 현대차는 잘 팔리는 차종의 생산을 늘리고 싶어도 제때 하지 못해 발만 동동 구르는 경우가 많았다. 미국·일본·독일의 자동차업체에선 상상도 할 수 없는 정규직 노조의 극단적인 이기주의다.

전주공장에서 벌어졌던 노조의 행태는 이를 생생히 보여주고 있다. 전주공장은 지난해부터 버스·트럭 등의 수출이 증가하면서 1,000명가량을 추가로 채용해 2교대로 전환할 방침이었다. 하지만 노조는 고용을 늘렸다가 나중에 판매가 감소하면 노조 전체가 피해를 본다는 이유로 이를 거부했다가 마지못해 수용했다. 2교대로 전환하면 일자리가 늘어나고, 생산 확대에 따른 회사의 경영 실적도 좋아지는데도 사측을 애먹였다. 노조원들에게도 복리후생 등에서 이익이 돌아갈 것을 알면서도 몽니를 부렸다.

박근혜 정부의 일자리 창출 확대 정책에도 가장 부합하는 것이다. 청년 실업 문제가 최대 사회적 이슈인 상황에서 청년들에게 양질의 일자리를 제공할 수 있는 호기였다. 노조의 이기주의가 상당 기간 일자리 창출을 방해한 셈이다.

절망버스 세력들이 울산공장에서 준동한 것은 급진좌파노조 천국 건설을 목표로 한 비정규직 지도자 최병승의 고공 농성에 대해 우리 사회가 냉담한 반응을 보인 것과 관련이 있다. 국민들이 최병승의 불순한 농성에 염증을 느끼자 급진 좌파 세력들이 다시금 이 불씨를 살리려고 난동을 부린 것이다. 더 나아가 박근혜 정부에 타격을 가하려는 좌파들의 노림수도 강했다.

절망버스 세력들이 준동하면 울산 지역경제에도 악영향을 준다. 울산 시민 수천 명이 죽창과 쇠파이프 세력에 맞서 항의 집회를 연 것은 지역경제를 어렵게 하는 급진 세력들에 대한 반감을 표시한 것이다.

급진 불법 노동운동이 기승을 부리면 한국 제조업의 일자리는 점점 줄어들 것이다. 해외 이전을 가속화할 것이다. 현대·기아차의 생산 물량은 지난해부터 국내보다 해외가 더 많아졌다. 강성 노조가 외부 세력과 결탁해 파업을 반복해 생산 차질을 빚게 하는 한, 현대차의 최고경영자들이 국내 생산 확대를 기피할 것이다.

현대차가 해외에 투자를 한다고 하면 대통령 수상 등 해외의 국가 지도자와 지사 등이 부지 무상 제공과 법인세 등의 감면, 도로 등 인프라 건설, 고용유지장려금 지급 등 파격적인 인센티브를 제공하고 있다.

잦은 파업 및 조업 차질을 빚어온 현대차 국내 근로자들의 생산성은 해외 근로자들에게 점점 뒤쳐지고 있다. 차량 한 대를 만드는 데 소요되는 시간은 국내가 31시간인데 반해, 미국 앨라배마공장과 조지아공장은 19~20시간에 불과하다. 이러고도 매년 파업을 되풀이하고, 금속 노조 등과 연계해 불법 시위를 벌이는 것은 장기적으론 자기 밥그릇을 내차는 우매한 짓이다.

금속 노조는 미국의 자동차 성지 디트로이트 시가 최근 21조 원의 빚더미에 앉아 파산한 것을 반면교사로 삼아야 한다. GM 등 빅3 자동차 업체가 노조원들의 과다한 복지 요구와 고임금에 시달리자 생산 거점을 다른 곳으로 이전하면서 시가 재정난에 빠진 것이다. 울산공장 노조원들은 디트로이트의 파산에 대해 반면교사로 삼아야 한다. 투쟁적 불법 시위를 중단하고, 사측과 경쟁력 강화에 매진해야 한다.

금속 노조는 거대한 특권 집단이다. 금속 노조 산하 현대차 노조원들은 임금에 각종 수당 등을 합치면 실 수령액이 1억 원 가까이 된다. 여기에 노조는 임단협 협상을 통해 직원 자녀의 특혜 채용 등 직장 대물림을 시도하고, 영업이익의 30% 이상을 복리후생비로 쓸 것을 요구했다. 대학에 진학 못한 자녀들을 위한 취업지원비로 1000만 원을 요구하기도 했다. 회사의 미래를 위한 투자 자금 유보 등은 관심이 없고, 오로지 내 몫만 챙기면 된다는 이기주의 노조의 극치를 보여주고 있다.

금속 노조가 이런 불법 시위에 매달릴수록 비정규직의 정규직 확대는 더욱 어려워질 것이다. 더구나 민주노총 신임 위원장이 된 신승철 씨가 취임 첫 행사로 절망버스를 몰고 현대차 폭력 시위를 주도한 것은 지탄받아 마땅하다.

정부는 법치주의를 부정하는 폭력 투쟁 주동 세력에 대해서는 엄정한 법 집행을 해야 한다. 철거민연합, 대학생연합체, 노점상연합체 등 외부 세력의 개입을 철저히 가려내 엄벌해야 한다.

공권력이 공(空)권력으로 전락하지 않기 위한 특단의 노력도 필요하다. 경찰이 시위를 주동한 7명에 대해 풀어준 것은 이해할 수가 없다. 공권력이 불법파업이나 시위를 조장할 수 있는 빌미를 준 셈이다. 기업의 자유로운 경영 활동이 공권력에 의해서도 보장받을 수 없다면 기업이 믿을 곳은 어디인가 묻지 않을 수 없다.

희망버스가 2011년 한진중공업의 희망버스를 재현하려 했던 것은 좌파세력의 보수정권 무너뜨리기와 연관되어 있다. 한진중공업 부산 영도 조선소는 고임금 등에 따른 경쟁력 약화로 수년째 일감을 따내지 못해 정리해고 등 구조조정을 단행했다. 하지만 민노총과 정치인, 좌파 시민단체 등이 총출동해 한진중공업을 온통 들쑤셨다.

민노총 김진숙은 수개월간 부산 조선소 크레인에서 고공 농성을 벌였으며, 이에 호응하는 외부 세력들이 전국 각지에서 5차례나 몰려와 정리해고 철회를 요구하며 영도조선소 일대를 아수라장으로 만들었다. 한진중공업 근로자들은 야당 정치인들과 시민 단체들이 일감 수주에 방해된다면서 제발 희망버스 타고 내려오지 말라고 애원까지 했다. 그런데도 절망버스 세력들은 영도 일대를 한 달가량 폭력 해방구로 만들어 한진중공업뿐만 아니라 현지 지역경제에 심각한 타격을 주기도 했다.

절망버스가 몰려가는 곳마다 쑥대밭이 됐다. 조업에 심각한 차질을 빚었던 한진중공업, 쌍용자동차 등이 대표적이다. 한국 제조업 최대 기지인 현대차마저 좌파들의 혁명놀음기지로 만들려 했다.

박근혜 정부가 국민대통합을 명분으로 진보와 좌파까지 포용하자는 움직임을 보이고 있다. 벌써 국민대통합위원회를 구성하고, 구체적인 활동에 들어갔다. 하지만 대통합은 법치가 우선이다. 불법 좌파 세력까지 무조건 껴안는 것은 곤란하다.

대한민국의 법치와 자유민주주의, 자본주의를 부정하는 세력에 대해서는 법치로 엄히 다스려야 한다. 이것이 국민통합에 맞는 것이다. 두루뭉술식의 포용은 반국가 세력, 반헌법 세력들의 활동 무대만 넓히고, 국가 통합도 저해할 뿐이다. 절망버스, 폭력버스가 더욱 설칠 것이다.

국민과 기업은 박근혜 정부가 대한민국의 헌법을 굳건히 수호하고, 기업 활동을 폭력적으로 유린하는 불순 세력에 대해서는 엄정한 공권력을 행사할 것을 바라고 있다. 법치가 무너지면 나라의 미래가 없다. 법치가 붕괴되고, 공권력이 불법 폭력을 행사하는 노조 세력을 제어하지 못하면 제조업의 탈한국은 가속화될 것이다.

한국 경제를 견인하는
리더십의 진실

박정희의 눈물과
빈사의 사자상

스위스의 호수 도시 루체른의 옛 시가지 빙하공원. 이곳을 찾은 관광객들은 바위에 새겨진 사자상을 보고 발길을 멈추게 된다. 갈기가 무성한 수사자가 고통스럽게 죽어가는 모습이 눈길을 사로잡기 때문이다. 이른바 '빈사(瀕死)의 사자상'이다.

이 사자는 1792년 프랑스혁명 당시 국왕 루이 16세와 왕비 마리 앙투아네트가 살던 튈르리 궁전을 지킨 786명의 스위스 용병을 상징한다. 프랑스 근위대는 혁명군이 몰려오자 저항을 포기하고 대부분 도망치거나 무장해제를 당했다. 하지만 스위스 용병은 끝까지 싸우다 장렬한 죽음을 선택했다.

혁명군에게 항복하면 스위스와 국민의 신뢰, 신의가 추락한다는 이유에서다. 스위스는 지금은 세계 최고의 선진 복지국가다. 하지만 중세와 근세까지만 해도 척박한 땅에 자원도 변변한 게 없어 빈곤했다. 생계유지가 어려운 젊은이들은 프랑스 등 인근 국가로 나갔다. 튈르리 궁전을 지킨 스위스 용병들도 마찬가지였다. 786명의 용병은 조국을 위해, 또 조국의 후세들을 위해 희생했다. 견리사의(見利思義)의 표본이었다. 대의를 위해 자신들의 한 몸을 던진 것이다. 가톨릭 교황이 거처하는 바티칸을 지키는 수비대도 스위스 용병이 맡고 있다. 그만큼 스위스 사람들은 믿음과 신뢰, 신의의 상징이다.

박근혜 대통령의 복지 공약을 둘러싸고 논란이 커지고 있다. 총 252개에 달하는 복지 공약을 실현하는 데 소요되는 135조 원을 5년간 조달하는 게 현실적으로 불가능한 만큼, 출구전략을 마련해야 한다는 주장이 확산되고 있다. 반면 박 대통령은 이들 공약은 충분히 실천할 수 있는 정책이며, 해보지도 않고 벌써부터 출구전략 운운하는 것은 국민에 대한 도리가 아니며, 반드시 실천에 옮기겠다고 강조하고 있다. 그동안 신의와 신뢰의 행보를 걸어온 박 당선인으로서는 복지 공약 실천을 다짐하는 것은 당연하다.

문제는 본격적인 증세(增稅) 없이 5년간 135조 원을 조달하는 것은 쉽지 않다는 데 있다. 재원 조달 계획을 보면 예산 절감 및 세출 구조조정에서 71조 원, 비과세감면 축소 등 세제 개편으로 48조 원, 복지행정 개혁으로 11조 원, 지하경제 양성화 등으로 5조 원을 제시한 바 있다. 하지만 예산 절감과 세출 구조조정의 경우 역대 정부마다 과감한 예산 절약을 했지만 기껏해야 3~4조 원을 줄이는 데 그쳤다는 점에서 탁상공론에 그칠 수 있다. 예산 중에는 의무적으로 지출해야 하는 경직성 예산이 워낙 많다. 이는 특단의 세출 구조조정을 어렵게 만들고 있다. 올해 예산 342조 원 가운데 지방 이전 재원, 공적 연금 등 정부가 손을 댈 수 없는 예산만 162조 원이나 된다.

이명박 대통령도 5년 내내 재정 10% 줄이기를 강조했지만, 고작

1~2% 줄이는 데 그쳤다. 물론 방법은 있다. 전두환 대통령 시절, 예산 동결 같은 극단적 처방을 내리거나 국방 교육 과학이나 사회간접자본 등의 지출 항목을 아예 통째로 없애는 것이다. 예산을 매년 동결하면 10조 원가량을 매년 확보할 수 있다. 하지만 이것은 지금 같은 불황기에다 대규모 복지 공약 실천을 해야 하는 상황에선 불가능하다. 비과세 및 감면 축소도 뜨거운 감자다. 매년 30조 원에 이르는 비과세감면액의 60%가 중소기업, 농어민 등 사회적 약자와 서민 몫이기 때문이다. 여야 의원들도 비과세감면을 대폭 줄일 경우, 차기 선거에서 떨어질 가능성이 크기에 소극적일 수밖에 없다. 비과세감면을 유지하기 위해 수많은 이해관계자들이 여의도와 국회 주변을 기웃거리면서 로비스트 행세를 하고 있다.

이 로비스트들이 이해집단을 대변해 정치권을 압박하는 것도 숨길 수 없는 현실이다. 정치인들이 이 로비스트들로 인해 먹고산다는 말이 나올 정도다. 정부가 매년 비과세감면 법안을 제출해도 여야는 오히려 이를 증액하는 등 거꾸로 행태를 보여 왔다. 이명박 정부에서도 비과세감면 정비계획이 수포로 돌아가고, 오히려 6개나 늘었다.

박 대통령은 대선 공약을 통해 저소득 근로자 가구에 대한 근로장려금을 세금환급 형태로 돌려주는 근로장려세제(EITC)를 확대하고, 국세를 성실하게 납세한 중소기업인에 대한 국세 감면 혜택을 주는 13개의 비과세감면 공약을 제시했다. 비과세감면을 늘리겠다고 하면서 이 분야에서 5년간 41조 원이나 줄이겠다는 것은 앞뒤가 맞지 않다. 여기다 부동산시장 활성화를 위해 취득세를 올해 한시적으로 감면하는 법안도 1월 임시국회에서 통과시킨다는 방침을 갖고 있다. 사회적 약자들에 대한 비과세감면을 줄일 경우, 서민 경제 활성화를 역행하는 무리수가 될 수도 있다. 더 큰 문제는 252개 복지 공약에 필요한 소요 재원이 추산하는 것보다 훨씬 늘어날 수 있다.

예컨대 암·뇌혈관·심혈관·희귀 질환 등 4대 중증 질환 진료비를 국가가 모두 부담하는 공약의 경우 새누리당은 2014~2017년 4년간 6조 원이 소요될 것으로 추정했다. 그러나 보건사회연구원은 이보다 16조 원이 더 많은 21조 8600억 원이 들어갈 것으로 예상했다. 대통령 측의 추산보다 무려 3.5배나 더 많다.

보건사회연구원은 4대 중증 질환 무료 진료와 기초연금 도입, 기초생활보장 확대 등 보건복지 분야의 3대 공약을 실현하는 데 필요한 재정은 총 77조 5000억 원이 필

공약	재정지출
기초연금	39조 3천억
4대 중증질환	21조 8천억
기초생활보장 확대	16조 3천억
무상보육, 일자리 확대, 장애인 지원, 노인복지	27조 4천억
7대 공약 합계	105조

보건복지 7대 공약 실현에 필요한 재정지출 추계(2014~2017 4년간 누계)

출처: 보건사회연구원 '신정부 복지 정책 추진 방향' 정책 토론회(2013. 1. 16)

요한 것으로 추산했다. 이는 대통령 측이 제시한 34조 5000억 원의 두 배가 넘는 수치다. 더욱이 무상 보육과 일자리 확대, 장애인 지원, 노인복지 등 7대 복지 공약을 추진하는 데 필요한 재원도 2014년부터 2017년까지 4년간 매년 평균 26조 4000억 원 등 총 105조 원이 더 들 것으로 예상되고 있다.

복지정책은 한번 시행되면 되돌리기 어렵다. 현금이나 바우처를 주다가 재정 문제로 지원을 중단하면 민심이 되레 나빠질 수 있다. 복지는 실천 가능성을 따져서 우선순위를 정하고, 재정이 감내할 수 있는 한도 안에서 단계적으로 시행해야 부작용을 줄일 수 있다. 박근혜 정부가 4대 중증질환 진료비의 국가부담을 줄이고 기초연금도 하위 70%에게만

10~20만 원 주기로 한 것은 그나마 다행이다. 무상 진료와 노인 전체에 대한 기초연금 지급은 불가능하기 때문이다. 재정이 감당할 수 없다. 박 대통령의 복지 공약을 전부 실천하기 위해선 증세가 불가피하다. 사실상 증세는 시작됐다. 금융소득종합과세 기준이 되는 이자 배당소득이 종전 4000만 원에서 2000만 원으로 대폭 낮아졌다. 대기업의 법인세 최저한세율도 인상돼 사실상 세금 부담이 늘었다. 2014년 세제개편안에서 중산층과 고소득층에 대한 증세 방안이 마련됐다. 하지만 이 증세 방안도 중산층의 부담을 가중시킨다는 불만에 밀려 수정됐다. 하지만 이 정도의 증세로는 복지 공약 재원을 조달하는 데 코끼리 비스킷에 불과하다. 법인세와 소득세 인상은 신중히 하되, 부가세는 고려할 만하다.

세계 각국도 이 같은 추세를 보이고 있다. 특히 법인세는 세율을 인상하지 않는 대신 오히려 낮추는 게 대세다. 조세 경쟁력 강화를 통한 국내외 기업의 투자 촉진을 위해서 법인세율을 경쟁적으로 내리고 있기 때문이다. 재정 위기를 겪고 있는 미국이나 이탈리아·스페인 등 남유럽도 법인세만큼은 낮추는 이유가 여기에 있다. 법인세율을 낮추면 투자가 늘어나고, 이는 경기를 활성화시켜 소득 증가와 성장 활력 등의 선순환을 가져온다.

북유럽의 에스토니아는 법인세를 아예 폐지했다. 기업 투자를 획기적으로 활성화하려는 취지다. 부가세만큼 효율적인 세원은 없다. 모든 거래에 대해 부과한다는 점에서 세금을 거두기 쉽고, 세원 조달 규모도 엄청나다. 현재 10%인 부가세를 2%포인트 늘리는 방안이 유력하게 거론되고 있다. 소득세를 올릴 경우 재원 조달 규모는 얼마 되지 않으면서 중산층의 대거 이탈 등의 후유증을 가져올 수 있다. 사실 우리가 복지 국가의 모델로 부러워하는 스웨덴의 부가세는 무려 25%나 된다. 전 국민이 많이 내는 만큼 복지 혜택도 많다. 고부담 고복지국가인 셈이다.

우리는 아직 저부담 저복지국가다. 그런데 정치권이나 일부 좌파 학자들은 국민들이 내야 할 세부담은 이야기하지 않으면서 혜택만 강조한다. 달콤한 마약을 파는 것에 불과하다. 정치권을 보면 우리의 복지 증세는 거꾸로 가고 있다. 우려를 금하지 않을 수 없다. 부자 증세를 명분으로 법인세부터 올리고, 그 다음에 소득세를 올리겠다는 발상을 갖고 있다. 부가세에 대해서는 언급하길 기피하고 있다. 부가세의 경우 부자나 서민이나 소득에 상관없이 모든 거래에 대해 내는 간접세이다. 그래서 소득 역진성 논란이 불거질 수 있다. 정치권은 이를 우려하는 것 같다.

본격적인 증세가 민심 이반 문제로 쉽지 않고, 국민적 갈등만 불거진다면 출구전략을 마련하는 것이 합리적이다. 모든 공약을 반드시 실천한다는 강박관념에서 벗어나야 한다. 나라 곳간을 감안해 서민들이 체감할 수 있는 복지부터 우선 실천하는 것이다. 재정이 감당할 수 없는 것에 대해서는 궤도 수정을 하거나, 수혜 계층을 줄이는 등의 용단을 내려야 한다.

그러기 위해서는 보편 복지보다는 선별 복지 등으로 가야 한다. 세부담이 적은 나라가 갑자기 부담은 크게 늘리지 않으면서 고복지국가로 점프할 수는 없다. 현재의 우리나라 재정과 경제 체력을 감안하면 저부담 저복지에서 저부담 고복지로 갈 게 아니다. 중부담 중복지가 타당하다.

국채를 발행하는 것도 방법이다. 하지만 재정적자 확대는 재정 건전성을 해치는 데다, 국가신인도를 떨어뜨릴 수 있다. 국채 발행 확대는 우리들의 복지 잔치를 위해 빚 부담을 후세들에 전가시키는 것이다. 무책임한 행태다. 재정건전성은 국가신용도를 유지하는 데 절대적으로 중요하다. 우리나라가 각종 위기를 겪을 때마다 오뚝이처럼 부활한 것도 재정이 튼튼했기 때문이다.

우리나라의 국채 비율은 33.6%로 양호한 수준이다. 예산 관료들은 역대 정권마다 국채 비율 30%대를 마지노선으로 여겨 이를 수호하는 데 전력투구했다. 정권의 압력이 거셀 때도 30% 마지노를 지키기 위해 똘똘 뭉쳤다. 미국이나 프랑스, 그리스, 이탈리아, 스페인은 국가 부채비율이 높아지면서 국가신용등급이 줄줄이 추락했다. 국채를 늘리는 것은 이런 점에서 신중해야 한다.

대통령 측에서 작성한 복지재원 조달 방안은 다소 낙관적이다. 복지 분야 학자들이 자기네 성에 갇혀서 만든 것이기 때문이다. 공약 내용은 좋지만, 재원 조달을 감안하지 않은 게 문제다. 복지도 복지학자만이 아닌 재정 전문가, 재정학자가 주도해야 한다. 나라 예산은 한정돼 있는데, 이를 복지 분야로만 치중하면 다른 분야는 대폭적인 삭감 내지 감축이 불가피하다. 나라 살림살이는 결국 재원 분배의 문제로 귀착된다. 복지만 폭주할 경우 다른 분야는 손을 놓아야 하는 제로섬 게임이기 때문이다. 복지재원 조달 방안도 자기 것만 보는 복지학자에게 맡기지 말고, 재정을 전체적으로 볼 줄 아는 재정 전문가에 맡겨야 하는 이유가 여기에 있다.

무상복지의 후유증은 이미 지자체의 무상급식에서 잘 나타나고 있다. 서울시 등 지차제마다 무상급식을 제공키로 하면서 정작 학생들에게 필요한 화장실 개보수나 교실 책상 교체, 학교 폭력을 예방하기 위한 보안요원 배치 등이 줄줄이 차질을 빚고 있다. 한정된 재원을 급식비에 집중 배정하다 보니 다른 예산은 줄줄이 칼질이 되고 있는 것이다.

방법은 무엇인가? 국민통합위원회 등에서 충분한 숙의와 토론을 거치게 해야 한다. 이곳에서 난상토론을 벌이고, 합리적인 대안을 마련한 다음에 합리적이고 지속 가능한 복지정책의 대안을 수렴하면 된다. 박 대통령은 정치적 부담을 지지 않으면서 국민위원회의 건의 형식을 수용해서 복지 공약을 차근차근 실현하면 된다.

국민들도 박근혜 당선인의 복지 공약을 100% 믿고 표를 준 것은 아니다. 그에게 표를 몰아준 것은 복지 공약 외에도 온건한 재벌 정책, 안보, 보수의 정체성 등 여러 요인이 있다. 복지 공약의 경우 빈곤층을 대상으로 한 복지는 확대하고, 보육·교육·간병·4대 중증·질환·치료비 전액 국고 지원 등 사회서비스는 선별적으로 확충해 나가야 한다. 반면 대규모 재원이 소요되는 노인연금, 무상 보육, 반값 등록금 등은 완급을 가려서 추진해야 한다.

전문가들은 세계 최고 수준의 저출산 고령화로 현재의 복지정책을 실현하는 데도 2050년이면 국가 부채비율이 남유럽 수준으로 나빠질 것이라며 경고음을 내보내고 있다. 일본 민주당의 몰락은 우리에게 반면교사가 되고 있다. 일본 민주당은 2009년 어린이 수당 신설, 고속도로 무료 통행, 휘발유세 폐지 등으로 228조 원의 복지 공약을 내걸고 총선에서 압승했다. 그러나 집권하자마자 재원 부족을 이유로 대부분을 이행하지 못했다. 국민들에게 사과하기 바빴다. 일본 국민들은 민주당의 식언에 분노했다. 그 결과 2012년 12월에 치른 총선에서 아베 신조가 이끄는 극우 자민당이 압승하고, 민주당은 참패했다. 정부는 모든 공약을 이행하려는 조급증을 지양해야 한다. 코끼리를 냉장고에 강제로 집어넣으려는 것을 피해야 한다.

박정희 대통령은 1964년 서독 방문 중 본에서 1시간 거리에 있는 함보른 탄광을 찾아갔다. 돈을 벌기 위해 지하 막장에서 채탄 작업 중인 우리 광부들을 만나기 위해서였다. 박 대통령이 현장의 강당을 찾았을 때 얼굴에 새까만 탄이 묻은 광부들과 간호사들이 모여들었다. "동해물과 백두산이……." 애국가가 울리는 동안 박 대통령과 육영수 여사는 물론, 수행원, 광부, 간호사 모두가 울었다. 눈물바다였다.

박 대통령은 "우리 후손들을 위해 열심히 일합시다" 하고 강조했다. 광부들은 뤼브케 서독 대통령에게 큰 절을 올리며 "우리 열심히 일할 테니 한국을 도와주십시오"라고 사정했다. 광부들의 눈물 어린 호소에 감동한 뤼브케 대통령은 역시 눈물을 흘리며 "한국을 적극 돕겠다"고 약속했다. 간호사들도 시체 처리, 중환자 대소변 받아내기 등 온갖 궂은일을 마다하지 않았다. 광부와 간호사들이 보낸 송금은 한국 산업화의 소중한 밑천이 됐다. 한국의 산업화는 선배들의 피땀 어린 희생과 땀의 결실로 이루어졌다. 스위스 용병들도 죽어 가는 고통 속에서 조국과 후세들을 위해 끝까지 프랑스 튈르리 궁전을 지켰다.

우리 세대들의 만족과 식탐을 위해 나라 재정을 낭비하는 것은 자제해야 한다. 우리는 아직 배가 고프다. 이제 겨우 국민소득 2만 달러 국가에 진입했다. 여기서 멈출 수는 없다. 4만 달러의 선진 부국으로 쉼 없이 달려가야 한다.

복지도 성장 친화적으로 추진해야 한다. 성장을 도외시한 복지만으론 성장과 투자, 일자리 창출이 원활하게 이루어질 수 없다. 성장 동력을 확충하여 자연적으로 세수가 증가하도록 힘써야 한다. 성장에 도움이 되도록 재정지출 구조를 개선하는 것이 시급하다. 잠재성장률을 1% 포인트만 높여도 연간 13조 원의 추가 세수를 확보할 수 있다.

일본 민주당처럼 공약의 저주에서 벗어나도록 복지 공약을 재점검해서 합리적으로 추진해야 한다. 박 당선인은 산업화에 심혈을 기울인 선친의 최종 꿈이 복지국가 건설에 있었다고 강조한 바 있다. 박 대통령의 복지 공약은 선친의 꿈을 이루려는 의지의 발로다. 하지만 공자는 《논어》에서 군자는 가난한 사람만 돕는다고 했다. 공자는 "군자는 곤궁한 사람을 도와주고 부자에게는 보태 주지 않는다고 들었다"고 했다.

나라 곳간을 채워 가면서 국민들의 행복과 복지를 추구해야 한다. 252개의 복지 공약을 다 실현하려다간 곳간이 남아나지 않을 수 있다. 재정 건전성을 지키면서 복지국가를 건설하는 것이 합리적이다. 그렇잖아도 한국보건사회연구원은 우리나라의 복지 지출이 2050년이면 세계 1위가 될 것이라고 경고하고 있다. 이것도 2009년까지의 복지 실적을 근거로 한 것이다. 사회복지 지출 비중은 지난해 국내총생산(GDP) 대비 9.4%에서 2020년 15.4%, 2030년 25.8%, 2050년에는 41.5%로 급증하게 된다고 추정했다.

저출산에 급속한 고령화로 연금·의료비 등 노령의 보건 분야 지출이 기하급수적으로 늘어나는 데 따른 것이라고 한다. 대선 당시 내건 복지 공약을 다 실천하려다간 복지 지출에서 세계 1위 하는 날이 더 앞당겨질 수도 있다. 복지를 확대해야 하지만, 노인복지의 경우 연금 등 돈으로 주는 것은 줄이면서 일자리 지원에 더 치중하는 게 옳다.

더구나 우리는 미완의 과제가 있다. 바로 남북한 통일이다. 통일이 계획대로 되는 것은 아니다. 어느 날 갑자기 도둑처럼 올 수 있다. 독일 통일이 그렇다. 독일은 그래도 재정이 충실해서 통일 이후의 비용을 감당했다. 하지만 우리는 사정이 다르다. 통일에 대비해서 재정을 튼실히 쌓아야 한다. 새도 깃털이 자라지 않으면 높이 날 수 없다. 국가적 과제인 통일에 대비한 대책을 마련해야 한다는 점에서, 재정 관리는 아무리 강조해도 지나치지 않다. 보편 복지로 위장된 퍼주기, 복지 선동가들에게 속아서는 안 된다. 약속은 생명과도 같다. 하지만 재정 악화의 싹이 자라기 전에 이를 제거하지 않으면 차후에 큰 화를 당하게 된다. 싹이 돋아날 때 베지 않으면 결국 도끼를 써야 한다.

박 대통령의 국민 행복, 생애주기별 맞춤 행복, 복지국가 건설은 국민 모두의 공감을 얻고 있다. 대선 공약을 최대한 실행하고, 지키는 것은 신뢰와 신의를 위해 필요하다. 하지만 모든 공약을 다 지킬 수는 없다. 재정 전문가들은 이를 모조리 지키려다가는 남유럽의 전철을 밟을 수 있다고 우려하고 있다. 복지 전문가들의 말만 듣지 말고, 한정된 재원 배분에 대해 깊이 고민하는 재정 전문가들의 말을 더 많이 들었으면 한다. 많이 듣고 삼가면 국정 수행상 실수가 적게 된다. 번지르르한 말, 달콤한 말은 나라를 망칠 수 있다. 복지학자들의 무성한 복지천국론은 재정을 감안하지 않는 것들이다. 깃털도 쌓이면 배를 가라앉힐 수 있다. 그 많은 복지 공약을 다 실행하려다가는 재정이 침몰할 수 있음을 경계해야 한다.

재벌소설의 편향성

《이정구—벌족의 미래》는 재벌의 문제점과 해법을 제시하고 있어 눈길을 끈다. 경제 관료 출신의 이영탁 전 국무조정실장이 펴낸 소설이다.

한국에서 가장 논란이 되는 재벌과 재벌 총수를 다루고 있다. 재벌 개혁 문제는 경제민주화의 최대 화두로, 보수 정당인 새누리당은 재벌 해체 수준은 아니더라도 신규 순환출자 규제, 출자총액제한제도 보완 등을 통해 경제력 집중 문제를 완화하겠다는 입장이다. 반면 진보 색채가 강한 민주당과 종북 의원이 대거 입성한 좌파정당은 아예 순환출자 전면 금지와 금산분리 강화 등을 통해 재벌을 해체하겠다며 잔뜩 벼르고 있다. 민주당 지도부는 전국경제인연합회 허창수 회장 등 재계 회장들과 모인 자리에서 "재벌들은 뼈저린 반성부터 해야 할 것"이라며 엄포를 놓기도 했다.

다시 소설 《이정구》로 돌아가 보자. 이정구는 이 씨, 정 씨, 구 씨를 합성한 이름이다. 삼성가 이병철—이건희 회장, 현대가 정주영—정몽구 회장, LG가 구인회—구본무 회장 등 한국 재계를 이끄는 상위 3대 그룹 총수의 성을 조합한 것이다.

이정구는 3대 그룹의 총수의 성을 합성했지만, 소설 내용을 보면 이정구는 사실상 삼성 이건희 회장을 연상케 한다. 이 회장이 경영하는 삼현 그룹은 삼성과 현대 그룹을 조합한 것이지만, 소설에 등장하는 전자·금융·화학·호텔 등의 업종을 보면 삼성 그룹을 염두에 두고 있음을 알 수 있다. 이정구가 경영하는 삼현 그룹은 '공공의 적'이다. 2세 이성대-이성지에 대한 편법 상속과 불법 비자금 사건, 차명계좌 스캔들로 이 회장의 경영방식에 대한 국민적 반감이 높아지고 있다는 것이다. 시민 단체 등이 주도해 삼현 그룹 제품에 대한 불매운동과 시위도 고조된다.

이에 이 회장은 그룹 위기 타개 방안에 부심한다. 처음엔 재산의 절반을 헌납하는 방안을 생각했지만, 나중에 경영 2선 퇴진, 그룹 해체, 전문경영인 체제 전환, 본인과 부인 재산을 사회에 헌납, 2세인 이성대-이성지에 대한 재산상속 포기 등을 선언한다.

그가 국민들을 깜짝 놀라게 할 정도의 파격적인 그룹 개혁안을 내놓은 것은 젊은 미래학자 백창우와 진보 언론사 기자 주채원의 건의가 중요했던 것으로 그려진다. 저자는 이 회장과 백창우의 대화를 통해 우리 인생은 본래무일물(本來無一物)이라는 점을 강조한다. 무소유를 일깨우신 법정 스님의 말을 빌려 모든 재물을 다 내려놓고 가라고 한다.

"언젠가 한번은 빈손으로 돌아갈 것이다. 이 육신마저 버리고 홀홀히 떠날 것이다. 하고 많은 물량일지라도 우리를 어쩌지 못할 것이다."

공수래공수거(空手來空手去)다. 성경에선 "우리가 세상에 올 때 아무것도 가지고 오지 않았으매, 또한 아무것도 가지고 가지 못할지라"(디모데전서)라고 했다. 본문 중에는 "부자로 죽는 것은 수치다", "죽을 때 입는 옷에는 주머니가 없다"고 강조했다. 저자는 국내 최고의 기업을 넘어 세계 최고의 기업을 일군 이정구 회장에게 재물을 갖기 위해 꽉 움켜쥔 손을 펴서 베풀고, 나눠 주고, 자선사업하며 여생을 마치라고 한다. 그 래야 국민들의 반재벌, 반기업인 정서를 해소할 수 있다고 말한다. 사업 보국에서 이젠 기부 선언을 통해 여생을 홀가분하게, 국민적 존경을 받 으며 살아가라는 메시지를 던지고 있다. 이 소설은 장편소설의 형식을 취해 기업이익의 사회 환원, 재벌 경영 해소 및 전문경영인 체제 전환, 2~3세 경영권 승계 포기 등을 강조하고 있다.

나는 다 읽고 난 뒤 개운치 않았다. 물론, 재벌과 총수들도 과오도 있 고, 불법·편법 논란에 휩싸여 사법적 단죄를 받거나 여전히 송사가 진 행 중인 사례도 적지 않다. 기업인들에 대한 시각도 우호적이지만은 않 은 것도 사실이다. 허나 삼성·현대·LG 등 재계 오너들은 특유의 공격 적인 경영(미국의 한 외국 경영학자는 한국적 오너 경영을 타이거 경영 으로 긍정적인 평가했다)으로 자동차·전자·반도체·휴대폰·조선·중공 업·철강·화학을 세계 최고 수준으로 일궜다. 한국의 재벌들은 한국이 세계 10대 경제 강국으로 도약하고, '밖에서 벌어 안을 살찌운다'는 사 업 보국 이념으로 수출에 힘써 외환보유액을 3000억 달러 이상으로 확 충하는 데 결정적인 기여를 했다. 요즘 일자리와 투자 문제가 이슈가 되 고 있지만, 양질의 일자리를 제공한 것도 단연 대기업들이다.

산업화 과정에서 정부의 특혜자금을 받아 정경 유착 문제가 불거졌 다. 이로 인해 반재벌 정서가 굳어진 것도 부인할 수 없다. 정권이 바뀔 때마다 비자금 스캔들과 편법 및 불법 경영권 승계 문제가 빈발한 것도 재계의 아킬레스건으로 작용했다. 재벌은 한국 경제사에서 뚜렷한 공과 (功過), 빛과 어둠을 남겼다. 외환위기 이후 글로벌 스탠더드가 화두가 되면서 재벌들도 지배구조 선진화와 경영 투명성 제고에 신경 쓰고 있다. 아직도 이들 핵심 문제가 미흡한 것은 사실이다. 최근엔 중소기업과의 상생 문제, 일감 몰아주기를 통한 세금 없는 부의 세습 문제 등도 반재벌 정서를 부추기고 있다.

그럼에도 이 소설에서 삼현 그룹 이정구 회장이 국민적 증오의 대상이라고 규정하는 것에 대해서는 동의하기 어렵다. 총수들이 국민적 증오의 대상만은 아니라고 본다. 부정적인 것만을 들춰냈다고 보기 때문이다. 좌파나 좌파 매체, 시민 단체들의 상투적이고 악의적인 비난을 소설 속에 그대로 옮겨놨다고 본다. 삼성·현대차 총수들은 세계적인 기업가로 부상했다. 이젠 선진국 기업조차 한국 기업들을 따라잡자는, 한국 기업 배우기 열풍이 불고 있을 정도다. 결론이 뻔한 것을 장편소설로 엮은 것뿐이라는 생각도 든다.

해외에선 최고의 예우를 받는 총수들이 정작 국내에선 국민적 증오의 대상으로 전락한 탓에, 자식들에게 경영권 승계를 하지 말고 모든 재산을 다 사회에 내놓고 여생을 살라는 메시지에는 공감이 가지 않는다. 왜 그럴까? 기업인들이 평생 땀 흘려 일군 사업을 다 사회에 내놓으면 그게 정의이고 공정 사회로 가는 것인가? 총수 자녀들은 불문곡직하고 경영권 승계를 하면 안 되는 건가? 주요 업종에서 우리 기업들에게 밀려나고 있는 일본 기업들과 언론들이 한국 재벌의 오너 경영을 부러운 시선으로 바라보는 것은 무엇을 뜻할까? 일본은 전후 재벌해체 이후 전문경영인 체제가 장기화되면서 피로감이 높아지고 있다.

일본 전문기업인들의 경영에는 재임 중 '안전빵'을 선호해 강력한 사업 구조조정을 하지 못하고, 초기 적자를 무릅쓴 전략적 신규 투자를 못하는 현상이 확산되고 있다. 소니·파나소닉 등 일본 전자업체들은 최근 수년간 사상 최대의 적자를 내면서 고전하고 있다. 모 반도체업체는 삼성전자의 공격적인 투자에 밀려나 현재는 매물로 나와 있다. 이는 일본식 전문경영인 체제의 한계를 고스란히 드러낸 사례다.

재벌 총수의 경영권을 박탈하고, 경영권 승계도 차단하는 것이 경제 민주화인가? 이것은 절대 아니라고 본다. 오너 경영체제로 갈지, 전문경영인 체제로 갈지는 주주들이 주총과 이사회에서 결정할 사안이다. 이익을 많이 내고, 투자 많이 하고, 나라에 세금을 많이 내고, 채용을 많이 하는 기업이 강하고 좋은 지배구조를 갖고 있다고 본다. 여기에 상생과 동반 성장, 나눔과 기부 등을 통해 사회적 약자에도 신경 쓰면 금상첨화일 것이다.

재벌마다 사회적 기업 확대, 사재 출연을 통한 재단 출범, 중소기업 지원 확대 등에 적극 나서는 것도 약육강식 시장경제의 문제점을 보완하고, 사회적 책임을 강화하려는 것으로 보인다. 아직은 미흡하지만 사회와 소통하고 국민 곁으로 다가가려는 긍정적 시그널로 보인다.

저자는 오너 경영, 가족경영을 부정적으로 매도하는 듯하다. 우리나라 기업인들의 가업상속에 대한 의무감, 책임감이 유독 강한 것을 모르고 하는 주장인 것 같다. 열심히 일해서 사업을 키워 후세에 물려주는 것이 선친과 가문에 대한 소명이라고 생각하는 경향이 강하기 때문이다. 경영권 편법 세습 문제는 우리나라 대기업 상속세법이 너무 가혹한 것과도 연관이 있다. 상속세율의 경우 경영권 프리미엄을 감안하면 무려 65%나 된다. 100원의 재산을 물려주려면 무려 65원을 상속세로 내야 하는 게 대기업 오너들의 현실이다. 물론 1조 원의 재산을 물려줄 경우 6000억 원을 내고 4000억 원으로 경영하면 된다는 반론도 없지 않다. 이것만도 엄청나게 비싼 금수저를 물고 태어났다고 보는 시각이다.

하지만 우리나라 기업주들은 대부분 재산을 주식으로 갖고 있다. 상속세를 내기 위해 주식을 팔면 경영권이 위협받게 된다. 이러니 기업 총수들이 불법·편법 상속 방안에 눈길을 주는 것은 당연하다. 물론 신세계 이명희 회장의 경우 1조 원가량 되는 상속세를 내고 자녀인 정용진 회장 등에게 경영권을 물려주겠다고 선언한 바 있다. 삼성·현대 등도 아직 경영권 상속이 이뤄진 상태가 아니지만, 조 단위 상속증여세를 내고 경영권 승계를 하겠다는 입장을 밝힌 바 있다.

우리 같은 서민들도 어떻게 하든 세금을 줄이려고 온갖 절세 방안을 찾는 게 인지상정이다. 기업인들도 성직자가 아닌 이상 절세 방안을 강구하는 것은 어쩔 수 없다. 이러다 보니 일부 기업인들은 편법 일감 몰아주기, 불법 비자금 조성 등으로 상속 문제를 넘어가려는 사례가 없지 않다. 사법당국도 최근엔 엄격한 잣대를 들이대면서 해당 총수들이 실형을 선고받는 등 가혹한 처벌을 받고 있다. 불법·편법 상속 문제를 해소하려면 미국처럼 상속 시점이 아닌, 주식 등 재산이 실제로 처분된 것을 기준으로 과세하는 것이 바람직하다. 그래야 2세들이 합법적으로 재산을 물려받아 경영하려는 경향이 확산될 것이다. 법망이 너무 가혹하면 법을 지키려면 의지가 약해지고, 다른 생각을 하게 되는 것이 고금의 이치다.

저자인 이영택 전 실장은 미국식 전문경영인 체제가 지고지선의 선진적인 지배구조로 생각하는 경향이 있는 것 같다. 전 세계기업 중에는 오너 경영, 가족경영을 하는 경우가 더 많다. OECD 보고서에 따르면 회원국별 상위 20대 기업을 보면 멕시코의 경우 거의 100%가 가족기업인 것으로 조사됐다. 한국도 대부분이 오너 경영체제다. 아시아 국가 대부분이 가족경영이다. 유럽과 미국에서도 절반가량이 가족경영 형태를 취하고 있다.

미국은 1930년대 대공황과 카르텔 규제를 거치면서 전문경영인 체제가 활발한 편이다. 석유 재벌 존 록펠러, 철강왕 카네기 등은 부를 축적한 후 재단을 만들어 사회공헌 사업을 벌였다. 미국의 대주주들은 자식들에게 기업을 물려주기보다는 배당을 많이 받았다. 미국 기업들의 배당률은 40%선. 반면 우리 기업들의 배당률은 20% 미만이다. 미국의 대주주들과 달리 우리 기업주들은 회사에 배당을 받기보다는 이 돈을 차곡차곡 회사에 쌓아 설비 증설과 신규 투자 확대에 쏟아부었다. 오늘날 한국의 제조업이 세계적인 수준으로 도약한 데는 배당을 자제한 채 이 돈을 기업 경쟁력에 투입한 것이 큰 역할을 했다.

미국에도 가족경영이 많다. 미국 제조업을 상징하는 포드와 세계 최대의 유통체인 월마트는 여전히 가족경영체제를 유지하고 있다. 우리나라 기업 역사는 일천하다. 기껏해야 50~60년에 불과하다. 미국·유럽·일본의 100~200년 역사에 비해 짧다. 한국의 기업인들은 여전히 현역 못지않게 경영 활동을 하면서 글로벌 경쟁력 강화에 매진하고 있다. 부친이나 선친에게 받은 가업을 키워 물려줘야 한다는 소명의식도 강하다. 미국이나 유럽 기업의 역사가 오래되면서 대주주 지분률이 낮아지고, 전문경영인 체제로 바뀐 것과는 차이가 많다. 이를 무시하고 선진국 기업과 동일한 잣대로 비교하는 건 무리다.

저자인 이영탁은 유능한 경제 관료 출신으로 국무조정실장, 교육부 차관, 증권거래소 이사장 등 주요 공직 경험을 갖고 있다. 하지만 이 소설을 통해 던지는 메시지에는 의문이 든다. 경제 관료로 재벌들의 성장 과정을 누구보다 잘 알고 있으리라 생각되기 때문이다. 이 과정에서 재벌의 부정적인 면도 봤을 것으로 사료된다. 하지만 이 장관의 개인적 신념이 과도하게 소설 속에 반영된 것은 아닐까? 재벌을 훈계 또는 계몽하겠다는 의지는 좋지만, 정말 목숨 걸고 국내외를 뛰어다니는 기업과 기업인들을 매도하는 데 돌멩이 하나 더 던지는 것은 아닐까?

기업 현실은 관료들의 신념이나 이념, 논리로 움직이는 것은 아니라고 본다. 세계 기업과의 경쟁에서 살아남기 위해선 모든 것을 걸어야 하는 살벌한 전투 현장이다. 가족경영, 오너 경영은 한국적 강점을 가진 지배구조라고 본다. 경영학 이론에 나오는 대로 주인과 대리인 이론을 굳이 거론하지 않더라도 오너들은 책임감을 갖고 10년, 20년, 30년, 더 나아가 100년 앞을 내다보고 장기 경영을 한다. 전문경영인처럼 단기 경영에 연연하지 않는다. 삼성·현대차·LG·SK·롯데·현대중공업·한화 등이 글로벌 금융위기 이후 세계시장 점유율을 오히려 높이고 있는 것은, 오너의 강력한 리더십과 그룹 경영의 시너지효과를 최대한 살렸기 때문이다. 불황기에도 과감한 투자로 시장점유율을 높이고, 품질 향상에 나섰다.

애플이 아이폰을 내놓아 스마트폰 시장을 장악한 것을 잘 알 것이다. 애플 태풍에 핀란드의 노키아·블랙베리 등이 잇따라 쓰러졌다. 반면 삼성전자는 갤럭시 시리즈를 대항마로 내놓아 글로벌 판매 대수 면에서 애플을 앞서는 경쟁력을 보였다. 이는 이건희 삼성 회장의 오너 경영과 컨트롤타워 역할을 하는 미래전략실, 계열사 간 협조가 삼각 편대를 이뤄 시너지효과를 최대한 높였기 때문에 가능했던 것이다.

현대차는 어떤가? 현대차는 1990년대 세계 10위권 밖에서 고전하면서 생존 자체가 의문시 된 바 있다. 하지만 정몽구 회장 체제가 들어선 후 강력한 품질경영과 10만 킬로미터 무상 보증 등 파격적이고 공격적인 마케팅으로 마침내 세계 5위 메이커로 도약했다. 현대차는 글로벌 금융위기 때 일본과 미국 메이커들이 축소 경영과 구조조정에 부심할 때 오히려 공격 경영으로 전세를 역전시켰다. 불황일수록 투자를 확대하라는 정몽구 회장의 뚝심 경영과 품질경영이 주효한 것이다. 전문경영인 체제는 장점도 있지만, 약점이 더 많다. 재임 기간이 짧은 전문경영인들은 적자 사업이나 대규모 투자가 소요되는 신규 사업에 대한 투자를 과감하게 결정하지 못한다.

이영탁 실장의 메시지는 잘 알겠다. 경제 관료의 신념을 반영한 것으로 존중한다. 하지만 정말 생사를 걸고 글로벌 현장을 누비며 사운을 걸고 투자하는 기업인과 기업들의 고뇌를 감안해 주었으면 한다. 요즘 경제민주화가 화두가 되면서 반재벌, 반 대기업 정서에 편승해 책을 내지 않았나 하는 생각하면 더욱 씁쓸하다. 재벌들은 많은 문제점도 안고 있지만 삼성·현대차 등 주요 그룹들은 한국 경제의 글로벌 경쟁력을 상징한다. 삼성은 한 해 20조 원의 영업이익을 낸다. 현대차도 10조 원 이상 이익을 내며 글로벌 강자로 부상 중이다. 그룹 경영과 오너 경영을 해체한 후 전문경영인 체제로 전환한다면 이 같은 글로벌 경쟁력을 유지할 수 있을지 의문이다. 일본 기업의 전철을 밟지 않을까 걱정된다.

백면서생의 학자, 편향된 신념에 매몰된 경제 관료들이 사상 최대의 이익을 내며 수출과 일자리 투자를 주도하는 재벌들에게 이래라저래라 훈수를 두기에는 역부족이라는 생각도 하게 된다. 모 진보 언론사의 논설위원은 "우리 회사가 매년 적자를 내고 직원들의 복지도 형편없으면서, 매년 수십조 원의 이익을 내는 삼성에 대해 비판하고 훈수를 두는 것은 좀 머쓱하다"고 했다.

재벌들도 이젠 강한 회사를 넘어 국민과 사회로부터 존경받는 기업으로 가야 한다. 그게 맞는 방향이다. 중소기업을 희생시켜 많은 이익을 내고, 그룹 임직원만 고연봉 혜택을 누리는 것에 대한 비판도 강하

다. 최대 이슈인 양극화의 주범으로 부당하게 몰리는 것도 염두에 둬야
한다.

상당수 재벌 총수들이나 최고경영자들은 목숨 걸고 경쟁 기업들과
사투를 벌인다. 모 그룹 회장은 1년의 절반가량을 중동, 아프리카, 중앙
아시아 등지를 돌아다니며 수주 활동을 벌인다. 지난해에는 이라크 총
리와의 회동 중에 인근 지역에서 폭탄 테러가 터져 생명의 위협을 느끼
기도 했단다. 그래도 이 총수는 여전히 전 세계 오지를 돌아다니며 조
선 중공업 수주는 물론, 에너지 자원 확보에도 열정을 바치고 있다. 또
다른 총수는 매일 새벽 6시에 출근해 경영을 챙긴다. 오너들은 모든 것
을 걸고 사업한다. 잠깐이라도 졸면 죽는 초경쟁 시대에 살고 있기 때문
이다.

총수 가운데 일부가 부도덕하고, 불법행위를 저질렀다고 모두를 매도
하는 것은 바람직하지 않다. 지금처럼 글로벌 경제 위기가 확산되는 위
기 국면에서 실물경제를 이끌어 가는 주역들을 매도하고, 백안시하고,
사기를 저하시키는 반기업, 반기업인 정서는 지양돼야 한다. 김석동 금
융위원장은 지금의 유럽 위기는 30년대 대공황 위기에 버금간다고 하지
않는가? 정말 이런 때일수록 경제를 주도하는 기업들을 다독거려야 한
다. 과도한 반기업 정서는 시장경제의 근간을 훼손하고, 기업심마저 저
하시킨다.

부자로 죽는 것은 수치가 아니다. 총수가 기업을 잘 키워 가족은 물
론 우리 국민들에게 물려준다면 이것이 최고의 사업 기부가 아닐까? 재
산을 내놓는 것만이 존경받는 것은 아니라고 본다. 오너 경영이 잘 이뤄
져 협력업체 등 이해관계자들과 같이 성장하고, 일자리를 많이 창출하
고, 세금을 많이 내고, 해외에서 달러를 벌어 국부를 키우는 데 기여하

는 게 최고의 사회 환원 아닐까?

멀리 보는 자의 리더십 1
– 삼성 이건희 회장

대한민국 국민들은 그래도 행복하다.

삼성전자가 미국 경쟁력을 상징하는 애플을 제치고 세계 전자업계의 황제로 부상한 것은 우리에게 뿌듯한 자부심을 주고 있다. 4년 전 애플이 혜성처럼 아이폰을 내놓고 스마트폰 시장을 장악했을 때, 삼성의 휴대폰 사업은 끝났다는 비관적인 전망이 팽배했다. 전례 없는 위기를 맞은 삼성. 이때 이건희 회장이 전격적으로 경영에 복귀했다. 이 회장과 최지성 부회장 등 경영진과 휴대폰 사업부는 사즉생(死則生)의 투지로 1년 365일 연구과 개발에 몰두, 1년 만에 애플을 따라잡았다.

애플이 아이폰과 아이패드로만 세계시장을 장악하는 동안 삼성은 한 해 수백 개의 다양한 제품군으로 맞섰다. 몽골 기병대 같은 뛰어난 신속성과 기동성을 바탕으로 그룹 가용자원을 모두 투입하는 무서운 집중력을 발휘했다.

세계 스마트폰 시장의 최강자로 부상한 갤럭시는 글로벌 시장점유율

20%를 기록 중이다. 아이폰은 서쪽으로 지는 해라면, 갤럭시는 이제 중천에 올라 찬란한 빛을 과시하고 있다. 삼성과 애플간의 시장 격차는 앞으로 더욱 벌어질 전망이다. 애플이 미국 법원의 맹목적인 애국심에 호소해 숱한 소송으로 삼성의 발목을 잡고 괴롭혀도, 고객들은 삼성의 손을 들어 주고 있기 때문이다.

이건희 회장은 2012년 12월 1일로 회장 취임 25주년을 맞았다. 이 회장의 삼성 치세(治世)는 끝없는 도전과 위기 속에서 일궈낸 값진 열매다. 삼성이 국내 기업에서 글로벌 최강자의 위상을 확보했듯이, 우리나라도 동아시아의 보잘 것 없는 소국에서 세계 10위권 경제 강국으로 도약했다. 삼성은 글로벌 브랜드 톱 10에서 9위를 차지하는 놀라운 성과를 거뒀다. 삼성의 성공한 경영은 대한민국의 위상 강화와 경제 대국으로 가는 길을 닦았다.

숫자로 본 이 회장의 25년은 눈부시다. 세계기업사에서 이보다 더한 성과를 창출한 기업인이 나올 수 있을까 하는 생각이 든다. 선견지명과 혜안, 집중력, 리더십이 글로벌 삼성을 만들어 냈다.

우선 매출을 보면 1987년 9조 9000억 원에서 384조 원으로 커졌다. 어린아이가 슈퍼맨으로 변신한 것 같다. 시가총액은 1조 원에서 3000조 원대로 팽창했다. 당시 주식을 사서 지금까지 보유했다면 90배 이상 오른 셈이다. 임직원은 10만 명에서 40만 명으로 4배가 많아졌다. 협력업체까지 감안하면

출처: 한국은행 경제통계시스템

260

600여만 명이 삼성과 연관돼서 생계를 이어가고 있다는 분석이 가능하다. 수출 실적도 상전벽해다. 63억 달러에 불과했던 그룹 수출은 1567억 달러로 한국 수출의 25%를 담당하고 있다. 전후방 연관 산업 효과를 감안하면 삼성이 대한민국의 가장 양질의 일자리를 창출하고, 우리나라가 총 3000억 달러의 외환보유액을 쌓는 데 1등 공신 역할을 했다.

그가 취임할 당시 삼성 가전제품은 싸구려 3류 제품, 중저가 제품에 불과했다. 삼성 컬러TV와 냉장고, 세탁기 등은 미국 LA 가전매장 구석에 처박혀 있었다. 입구 쪽에는 소니와 파나소닉 제품이 떡하니 차지하고 있었다. 구미 세탁기 공장에선 불량제품을 조립하느라 바빴다. 이것이 그의 분노를 샀다.

이제 삼성 제품은 초일류 제품이 됐다. 전 세계 사람들이 갖고 싶어 하는 명품이 됐다. '마누라와 자식만 빼고 다 바꾸자'고 한 그의 신경영 선언은 천지를 개벽시키는 효과를 가져왔다. 평소 어눌했던 이 회장이 1993년 독일 프랑크푸르트로 임직원 수백 명을 불러다 10여 시간씩 사자후(獅子吼)를 토하며 변화와 혁신을 강조한 것은 한국 기업과 사회에 엄청난 충격을 줬다. 시대적 과제와 문제점을 꿰뚫고, 이를 돌파할 해법을 가진 선각자가 아니면 할 수 없는 위대한 개혁 드라이브였다.

그의 신경영 드라이브는 한국 기업의 고질적인 문제점이었던 양떼기 위주의 경영에 혁명을 가져왔다. 고객 중시의 완벽한 질(質) 경영을 바탕으로 초일류 기업으로 도약시켰다. 이수빈 당시 비서실장이 "그래도 양 경영을 포기할 수는 없다"고 항변하자, 이 회장은 "아직도 내 말을 못 알아듣는다"며 티스푼을 던진 것은 유명한 일화다. 그의 독한 품질경영은 1994년 구미공장에서 애니콜 휴대폰 불량제품 15만 대를 불태운 데서 잘 드러난다. 이른바 '휴대폰 화형식'이다. '불량제품은 회사를 망가뜨리는 암 덩어리'라는 이 회장의 강력한 의지가 아니면 불가능했다. 이 같은 충격요법들이 쓴 약이 돼서 삼성 제품들은 초일류 제품으로 도약했다. 이 회장의 강력한 리더십과 혜안이 주효하면서 삼성은 세계를 호령했던 일본의 소니와 파나소닉 등을 제치고 글로벌 전자 제국을 건설했다. 이제 남은 것은 애플뿐이다. 하지만 애플은 스마트폰과 아이팟, 아이패드뿐이다. 삼성은 가전과 반도체, LCD 등 전자 분야의 사업을 풀세트로 구축하고 있다. 강력한 제조 기술을 기반으로 당분간 삼성의 전자 천하 제패는 지속될 전망이다. 애플은 중국의 폭스콘 사 등 해외 하청업체를 통해 위탁 생산을 하는 데다, 다양한 모델을 개발할 능력이 없다는 점에서 시장과 고객의 니즈 변화에 신속하게 대응하는 데 한계가 있다. 애플이 얼마나 폭스콘과 일본 전자업체 등 해외 하청 및 협력업체의 배를 쥐어짰는지는 폭스콘 직원들이 매년 수십 명씩 자살하고, 일본 협력업체들이 잇따라 도산한 데서 잘 드러난다.

이에 비해 삼성은 협력업체에 대한 기술 및 경영 지원을 바탕으로 적절한 영업이익을 보장해 주는 상생와 윈-윈의 전략을 구사하고 있다. 이 회장은 창업주 이병철 전 회장이 일군 제조업의 씨앗을 알차게 일궈 선친의 업적을 훨씬 능가하는 금자탑을 쌓았다. 한국이 세계 최빈국에서 10대 경제 강국, 인구 5000만 명 이상 국가 중 국민소득 2만 달러를 기록한 나라를 의미하는 '20-50클럽'에 세계 7번째로 가입한 데는 창업주 이병철-이건희 회장으로 이어지는 초일류 기업 삼성의 성공 신화가 견인차 역할을 했다.

현대차도 정주영 창업주와 정몽구 회장의 뛰어난 오너 경영으로 세계 5대 자동차 메이커로 도약했다. 현대차의 성공 신화도 한국이 경제 강국으로 도약하는 데 기여했다. 삼성과 현대가는 창업 초기부터 사업 보국(事業報國)의 경영이념을 갖고 있었다. 단순한 영리 목적의 기업 경영보다는 국가경제에 보탬이 되는 사업을 해야 한다는, 국가 지도자다운 경영철학이 있었기에 글로벌 기업으로 도약하고, 이에 따라 한국 경제도 산업화의 모범생으로 부상한 것이다.

이 회장은 한민족 5,000년 역사상 가장 위대한 기업가이다. 경제 강국 도약을 가능케 한 경세가(經世家)이다. 통일신라시대 해상왕으로 명성을 떨쳤던 장보고도 대상인으로 한 세기를 풍미했지만, 그의 활동 무대는 동북아에 국한됐다. 이 회장은 아시아를 넘어 미국·유럽·남미 등 전 세계를 대상으로 초일류 전자 왕국을 건설했다는 점에서 비교할 바가 아니다. 일본에선 마쓰시타 고노스케 전 파나소닉 창업주와 이나모리 가즈오 교세라 창업주, 혼다 소이치로 혼다자동차 창업주가 전설적인 '경영의 신'으로 추앙받고 있다. 이건희 회장의 업적은 이 일본 창업주들과 비교할 때 손색이 없다. 그가 재임 기간 삼성을 글로벌 최고의 전자 제국을 일궜다는 점에서 이들보다 더 뛰어난 경영의 신으로 평가받을 수 있다. '노벨 경영학상'이 있다면 당연히 이 회장이 받을 만하다.

이 회장은 편집증적으로 위기를 강조하는 리더이다. 삼성이 호황을 구가하며 매년 각종 실적을 갈아치울 때마다 자만하지 말 것을 경고하고 있다. 칭찬을 거의 하지 않는다. 취임 25주년 기념사를 보면 그의 편집증적 위기의식은 잘 드러난다. "아직 갈 길이 멀다"고 한 것이 핵심이다. "초일류 기업이라는 위대한 내일을 향해 새로운 도전을 시작해야 한다"고 했다. 지금까지의 성과에 안주하지 말고, 향후 25년, 아니 100년 앞을 내다본 원대한 항해에 나서야 한다는 점을 촉구한 것이다. 이 회장은 종종 "등에 식은땀이 난다"고 했다. 그만큼 현재의 사업에 안주하지 말고, 항상 미래를 내다보기 때문이다. 그랬기에 나라를 걱정하는 진정한 지도자 반열에 올라 있다.

그의 생각은 항상 미래 먹을거리 개발에 꽂혀 있다. 언제 위기가 닥쳐올지 모르기 때문이다. 삼성에겐 난공불락처럼 여겨졌던 소니와 파나소닉이 추풍낙엽처럼 쓰러지고, 세계 휴대폰 시장을 호령했던 노키아가 가쁜 숨을 몰아쉬고 있는 것이 타산지석이 되고 있다. 그가 새로운 도전에 매진하자며, 연말 사장단 인사에서 세대교체를 단행한 것은 더욱 많은 세계 1등 제품을 만들어야 한다는 또 다른 위기의식에서 비롯됐다.

지금 삼성전자의 1등 제품은 반도체·휴대폰·컬러TV·LCD 등 11개나 되지만, 이것으로 부족하다는 것이다. 그는 여전히 갈증을 느끼고 있다. 그는 최근 "현재의 주력 사업군은 향후 10년 안에 사라질 것"이라며 "새로운 사업과 제품들이 이를 대체해야 한다"고 강조했다. 그가 선정한 신수종 사업들은 태양전지, 자동차용 전지, LED, 바이오 제약, 의료기기 등 5개 분야다. 이들 신수종 사업에 2020년까지 총 23조 원을 쏟아부어 50조 원의 매출을 올리겠다는 게 그룹의 목표다. 이들 사업은 그의 뒤를 이을 후계자 이재용 부회장 때 꽃피울 것으로 보인다. 삼성의 신수종 사업의 성공 여부는 한국 산업과 경제의 미래를 좌우한다. 그래서 삼성의 5대 신수종 사업은 국가경제의 미래를 위해서 반드시 성공시켜야 한다.

이 회장은 우리 경제가 중요 고비를 맞을 때마다 촌철살인의 말들로 재계와 국민, 정치권을 깨우쳤다. 1995년 베이징 기자회견에서 말한 "기업은 2류, 관료와 행정은 3류, 정치는 4류"는 당시 대한민국을 뒤흔들었다. 그가 작심한 듯 이 같은 발언을 한 것은 개방화·세계화 시대에 기업들의 발목을 잡는 정부의 과도한 규제를 염두에 두었기 때문이다. 당시는 골프장 하나 짓는 데에도 도장 1천여 개가 필요했다고 한다. 기업들이 과도한 규제에 신음했다. 그는 이 발언으로 곤욕을 치르기도 했다. 하지만 한국과 한국 경제를 걱정하고, 어떻게 해야 선진국으로 진입할 수 있는지를 정치권, 정부, 국민들에게 제시했다는 점에서 지도자다운 발언이었다는 게 중론이다.

재벌 개혁을 밀어붙였던 노무현 정부 시절 그는 "현재의 주력 사업들은 10년 안에 무대에서 사라질 것"이라며 한국 산업의 업그레이드를 촉구한 것도 미래를 걱정하는 선지자다운 발언이었다. 그의 나라 사랑은 정치인들이 저마다 복지 포퓰리즘과 경제민주화를 내걸며 국민들의 표를 사기에 급급한 것과는 차원이 다르다. 정치인들은 국민들에게 후세를 위한 피와 땀, 눈물을 흘리자고 호소할 생각이 애초에 없다. 정치권은 그동안 벌어 놓은 곳간을 헐어서 공짜 티켓을 주고, 현금 주겠다고 난리를 피우고 있을 뿐이다. 재계가 힘들게 해외에서 벌어 놓은 달러와 나라 곳간을 갖고 생색을 내고 있다.

국가 지도자라면 당장의 국민의 삶을 챙기는 것도 중요하지만, 미래 후세들을 위한 곳간을 채우는 것에도 관심을 가져야 한다. 그가 그토록 비판했던 4류 정치권은 여전히 변한 것 같지 않다. 오히려 더욱 후퇴한 것 같다. 4류에서 5류로 떨어진 것 같다. 대기업들이 글로벌 시장에서 눈부신 실적으로 일류로 도약한 것과 대조적이다. 경제민주화란 미명 아래 기업의 활력을 저해하고, 국가경쟁력을 약화시키는 데 여념이 없다. 이 회장은 우리나라가 선진 부국으로 도약하기 위해선 여전히 피와 눈물과 땀을 흘려야 한다고 호소하고 있지만, 정치권은 복지 마약을 파는 데 급급하고 있다. 누가 더 진정한 지도자인지는 국민들이 판별해야 한다.

이 회장의 피와 땀, 열정, 혜안 그리고 성공 신화가 있었기에 한국은 경제 대국으로 도약했다. 국민들은 삼성이 만든 제품들을 향유하며 풍요로운 삶을 구가하고 있다. 삼성이 초일류 기업으로 도약했기에 외국 투자자들이 한국 주식과 채권을 열심히 사고 있다. 이 회장의 리더십이 있었기에 결과적으로 우리는 선진국 수준의 삶을 누리고 있다. 삼성은 한국의 국가 브랜드가 됐다. 삼성전자의 신용등급은 국가신용도보다 높아졌다.

정치권과 일부 서푼짜리 좌파 학자들은 이 회장과 삼성의 일부 문제점을 들어 헐뜯고, 상처 주기에 혈안이 돼 있다. 하지만 삼성 임직원, 고객, 국내외 주주, 협력업체, 더 나아가 많은 국민은 국가와 국가경제를 먼저 생각하는 그의 리더십과 미래 먹을거리 전략이 간절하게 성공하길 바라고 있다. 그래야 우리가 더 잘살 수 있기 때문이다.

멀리 보는 자의 리더십 2
—삼성 이건희 회장

역시 10년, 20년, 30년을 내다보고 수를 둔다. 나라 경제에 필요한 초석을 미리미리 깔아두고, 기반을 다지는 데 이만한 경영자가 없다. 중국의 맹추격과 일본의 선진 기술 사이에 치인 한국 경제가 샌드위치에서 벗어나기 위한 전략과 방략을 제시하고 있다. 끊임없는 도전과 혁신을 주문하는 경영자다. 잘나갈 때 긴장의 끈을 놓지 말고, 주마가편(走馬加鞭)하는 리더다.

삼성이 최근 내놓은 2가지 통 큰 보따리는 삼성만을 위한 것이 아니다. 한국 산업의 미래 먹을거리와 인재 육성을 위한 것이다. 나라 경제의 앞날을 제시하는 방향타와 같다. 한국 정부와 재계가 따라와야 할 큰 그림을 미리 그려 주고 있다.

먼저 주목되는 것은 삼성이 창조경제 구현을 위해 향후 10년간 총 1조 5천억 원을 투자키로 한 점이다. 대학과 중소 및 벤처기업, 연구소 등의 기초과학, 소재 기술과 정보통신기술 융합 연구에 집중 지원된다. 삼성미래기술육성재단까지 설립됐다. 창조경제는 박근혜 대통령의 트레이드마크다. 글로벌 불황과 내수 침체 등으로 깊은 수렁에 빠지고 있는 우리 경제를 회복시키고, 투자와 일자리 창출을 확대하는 특급 처방으로 제시한 경제정책이다.

삼성은 창조경제 기금 조성을 통해 당장은 박근혜 정부의 5년간 창조경제를 뒷받침하면서도, 우리 경제가 서둘러야 할 신성장 동력과 미래 기술 육성 전략도 제시하고 있다. 두 마리 토끼를 잡는 격이다. 삼성이 출연하는 돈은 삼성전자가 부담한다. 향후 5년간에만 무려 7500억 원이 출연될 예정이다. 디자인과 품질로 세계 스마트폰 시장을 장악한 삼성전자가 또 다른 미래 먹을거리를 위해 소중한 씨앗을 뿌리고 있다. 이 자금은 물리·화학·생명과학·수학 등 4대 기초과학, 소재 기술, 정보통신 융합형 기술에 투입될 예정이다. 기초과학 분야 신진 및 핵심 연구자 등에 대한 과감한 지원을 통해 노벨상 수상자를 배출해 보자는 국가적 소망도 담겨 있다. 일본은 기초과학 분야에 대한 꾸준한 지원을 통해 노벨물리학상과 화학상 수상자를 지속적으로 배출하고 있다.

삼성미래기술육성재단이 돋보이는 점은 연구개발 결과물의 소유권을 재단이 아닌 연구자가 갖도록 한다는 점. 삼성에선 순수하게 연구비만 지원한다는 방침이다. 기초과학 육성을 위해 10년간 1조 5000억 원을 전액 소진시키는 것을 목표로 하고 있다. 정부가 재정적 문제로 지원하지 못하는 분야와 리스크가 큰 분야에 대한 적극적인 지원을 하는 데 초점이 맞춰져 있다. 자금을 삼성이 지원한다고 해도, 성과물을 독점하지 않고 연구자나 국가에 돌려주겠다는 결단이다.

삼성이 국가경제의 미래를 위해 내놓은 두 번째 카드는 소프트웨어 인력을 대대적으로 양성하는 방안이다. 향후 5년간 소프트웨어 인력 5

만 명을 육성하겠다는 담대한 전략이다. 소프트웨어 산업과 인력 육성은 아무리 강조해도 지나치지 않다. 한국 경제가 한 단계 업그레이드하기 위해선 가장 서둘러야 할 분야이다. 한국 제조업은 하드웨어 분야에서 강자로 부상했다. 하지만 디자인 등 소프트웨어 분야는 취약하다. 선진국 수준에 비하면 많이 뒤져 있다.

삼성이 애플과의 스마트폰 대전에서 취약점을 절감하는 것은 디자인 분야다. 아이폰은 고 스티브 잡스의 혼이 느껴지면서 '애플빠'를 양산했지만, 갤럭시 시리즈는 아직 삼성의 혼으로 불릴 만한 것이 미흡하다. 한국 경제가 선진 강국으로 도약하는 것은 소프트웨어 수준을 얼마나 향상시키느냐에 달려 있다고 해도 과언이 아니다. 소프트웨어는 산업의 융·복합화가 가속화하면서 제품의 품질과 성능, 가치를 좌우하는 핵심 요소가 됐다.

삼성이 소프트웨어 산업을 육성하려는 것은 핵심 현안을 해결하는 것뿐만 아니라 한국 제조업 전반의 취약점을 해소하는 데 솔선수범하려는 포석이다. 삼성은 실제로 매년 2,000명씩, 5년간 1만 명의 소프트웨어 인력을 채용키로 했다. 이공계 기피 현상으로 위축돼 있는 소프트웨어학과에 대한 젊은이들의 관심도를 대폭 높이고, 관련 분야의 일자리도 늘리겠다는 의지가 담겨 있다.

이건희 회장의 소프트웨어에 대한 관심은 비단 어제 오늘의 일이 아니다. 이 회장은 1993년 신경영 드라이브를 걸면서 품질경영의 핵심 요소로 디자인 등 소프트웨어 분야 경쟁력 향상을 내걸었다. 이 회장은 이때 "기업의 경쟁력 강화를 위해선 품질은 물론 디자인이나 브랜드 소프트웨어 부문의 경쟁력이 우선돼야 한다"는 점을 사장단에게 강조했다. 양떼기 경영에 치중하던 사장단에겐 "아직도 내 말을 못 알아듣는다"며 티스푼을 던지면서까지 깨우치려 했다. 삼성전자 고문이었던 후쿠다가 1993년에 경영진의 디자인 무관심을 비판하는 보고서를 이 회장에게 전달한 것도 디자인 경영을 촉발시킨 계기가 됐다. 후쿠다 보고서는 경영자들이 디자이너를 심부름꾼 정도로 보는 안이한 자세한 자세를 냉철하게 지적한 보고서였다.

이 회장은 1996년 신년사에서 "21세기 기업 경영에서 디자인과 같은 소프트웨어 경쟁력이 최대 승부처"라고 선언했다. 디자인에도 삼성만의 혼을 담아야 한다는 것이다. 디자인에서 삼성의 아이덴티티가 없으면 개발하지 않은 것만 못하다고 했다. 삼성이 최근 내놓은 두 가지 미래 먹을거리 및 인재 육성 전략은 새삼 대기업의 역할을 깨닫게 한다. 삼성만의 이익을 염두에 두지 않고, 한국 경제와 산업의 나아갈 길의 방향도 제시했기 때문이다. 이 회장이나 삼성은 이미 개별 그룹만을 염두에 두고 있지 않다. 한국 경제에 필요한 역할을 자임하고 있다. 우리나라 국민과 산업의 미래 먹을거리와 신수종 개발의 조타수가 되고 있다. 이 회장은 이미 삼성의 오너만으로 그치지 않는다. 그의 말 한마디 한마디는 한국 경제의 앞날을 깊이 고민하는 국가 원로로서의 고민이 고스란히 담겨 있다.

삼성도 고민이 많다. 경제민주화 태풍의 중심에 서 있기 때문이다. 재계 1위인 삼성에 대한 질투와 질시의 시선이 너무 많다. 정부나 정치권, 좌파 시민 단체는 모든 리스크를 안고 세계 1등 기업으로 성장한 삼성에 대해 경제력 집중 심화라는 잣대를 들이대 '국민정서법'으로 다스리려 하고 있다. 오너 경영 특유의 강점인 그룹 경영 해체를 겨냥한 무차별 규제도 늘어나고 있다. 수직 계열화와 경영합리화, 원가절감 등을 위한 내부거래를 부당 일감 몰아주기로 단죄하려 하는 것이 대표적이다. 내부거래는 글로벌 경쟁에서 필수적인 경영전략이다. 삼성·현대차·LG·SK 등 대기업집단이 글로벌 기업으로 성장한 데는 과감한 수직계열화 구축을 통한 원가절감과 경쟁력 향상이 주된 요인으로 작용했다.

공정거래위원회는 그런데도 내부거래를 사악한 행위, 총수 일가의 사익 편취라는 틀로 묶어 무차별 규제하려 하고 있다. 공정위 내 젊은 사무관들을 중심으로 좌파 성향의 탈레반들이 한국 기업의 강점을 죽이려 난동을 부리고 있다. 내부거래를 규제하면 세계 1등 갤럭시 스마트폰이 앞으로 나오기 힘들다. TV·냉장고·에어컨 등도 세계 1등을 유지하기 어려워질 수 있다.

야당에선 금산분리 강화 법안도 추진 중이다. 금융 산업의 지배구조 관련 법을 고쳐 은행에만 적용되는 대주주 적격성심사를 보험·증권 등 제2금융으로 확대하겠다고 벼르고 있다. 민주당 내 박영선 의원, 김기식 의원 등이 금산분리와 대주주 적격성심사 강화 법안에 공을 들이고 있다. 박영선, 김기식 의원이 노리는 것은 사실상 삼성을 삼성전자와 삼성생명으로 분리시키려는 고도의 책략이다. 참여연대와 경제개혁연대가 그동안 목표로 해온 삼성 해체를 우회적으로 달성하려는 교묘한 술책이다. 대주주 적격성심사 강화는 이건희 회장 일가의 삼성생명 경영권을 차단하려는 포석이 담겨 있다.

삼성은 경제민주화의 표적 그룹이 되고 있다. 이런 엄중한 상황에서도 이 회장은 창조경제를 뒷받침하고, 나라 경제와 미래 먹을거리에 대해 심사숙고하고 있다. 국가 지도자로서의 책임감이 아니면 할 수 없는 것들이다. 정치권이나 정부, 노조, 시민 단체가 삼성을 타도 대상, 해체 대상으로 삼는 것은 참으로 우매한 짓이다. 삼성을 괴롭히면 그 결과가 어떻지는 불문가지다. 누가 소를 키울 것인가, 누가 국민소득 2만 달러 경제를 4~5만 달러 경제로 이끌 것인가? 누가 척박한 분야인 기초과학과 소프트웨어에 대한 씨앗을 뿌릴 것인가?

삼성은 우리나라의 소중한 자산이다. 국가경쟁력을 상징하는 국가적 인프라다. 삼성의 브랜드 파워는 이미 세계 10위권에 진입해 있다. 삼성이 애플과의 글로벌 스마트폰 대전에서 앞서 나가도록 국가적, 국민적 지원을 해줘도 시원치 않을 상황이다. 지금처럼 뒤에서 발목이나 뒷다리를 잡으면 국가적 자해 행위이다. 동반 성장이나 상생, 불공정거래 해소 문제는 관련 법에 따라 처리하면 된다. 사실 삼성만큼 협력업체와의 동반 성장과 글로벌 시장 진출에 앞장서는 그룹도 없다. 삼성만큼만 하면 동반 성장 문제는 저절로 해소된다.

경제민주화가 만능은 절대 아니다. 경제민주화가 대기업의 경쟁력을 약화시키는 부작용을 가져오는 것은 피해야 한다. 한국 재계 특유의 오너 경영과 그룹 경영의 장점을 무력화시켜서는 안 된다. 정부나 정치권은 자꾸 우물 안 개구리식의 사고를 하는 게 문제다. 삼성과 현대차 등 대기업들은 안방 기업이 아니다. 세계 기업들과 경쟁하고 있다. 해외에 나가서 격전을 치르는 경제 전사들을 정치권과 정부, 시민 단체들이 괴롭혀서는 안 된다. 덩치가 크다고 해서 무조건 규제하는 것은 하책 중의 하책이다.

삼성은 그룹 매출 300조, 영업이익 30조 원을 돌파했다. 세계 최대 전자 메이커로 성장했다. 중국 등의 후발 주자들은 언제나 1등 기업 삼성을 맹추격하는 데 전력투구하고 있다. 삼성도 영원한 1등 주자가 될 수 없다. 그러기에 삼성과 이 회장은 항상 긴장의 끈을 놓지 않고, 신수종 개발을 위해 분투하고 있다. 이 회장은 신수종 문제를 생각하면 식은땀을 흘린다는 말을 자주 언급한다.

정치권이나 정부 시민 단체는 경제민주화로 삼성을 옥죄는 데 정력을 낭비하지 말아야 한다. 삼성이 글로벌 강자로서 대한민국의 경쟁력을 지속적으로 이어가도록 지원할 것은 없는지 고민해야 한다. 어떻게 하면 삼성을 혼내고 괴롭히고, 규제의 덫을 씌워 경쟁력을 약화시킬까 고민하는 짓은 하지 말아야 한다.

삼성과 이 회장이 변함없이 국가 미래를 위해 솔선수범하고, 국가의 방향을 제시하는 데 앞장서도록 격려해 주면 어떤가? 삼성이 현재의 매출 300조-영업이익 30조 원에서 매출 500조-영업이익 50조 원 그룹으로 진일보하도록 걸림돌을 제거해 주면 어떤가? 삼성의 성과는 비단 이건희 회장과 이재용 부회장 일가로만 그 혜택이 집중되지 않는다. 삼성 주주를 비롯, 수많은 협력업체와 근로자 가족, 금융회사 등으로 퍼진다.

박근혜식 창조경제 실현을 위한 산업정책은 어떻게 가야 하는가? 기업 규모에 관계없이 시장성과와 소비자 선택에 따라 우수한 기업이 더 우대받도록 하는 데 중점을 둬야 한다. 삼성은 각고의 혁신과 품질경영, 마케팅을 통해 글로벌 소비자들에게 선택을 받고, 시장점유율을 높여 왔다. 정부는 시장성과가 우수한 기업인이나 기업에 대해 이에 상응하는 보상이 가도록 시장경제정책을 구사하면 된다.

문화나 정보통신기술 등 융합 분야만 창조경제를 적용할 일이 아니다. 산업의 모든 분야와 기업의 규모에 상관없이 성공하는 기업, 우수한 실적을 내는 기업들에게 인센티브를 주는 창발적 경제제도, 창조경제 시스템을 구축해야 한다. 창조경제의 진화 과정을 보면 중소기업이 대기업으로 도약하는 것과 같다.

박정희 대통령의 산업화 성과는 창조경제의 전형이다. 한강의 기적은 마차 경제를 자동차 경제로 환골탈태시킨 창조경제의 대표적인 사례다. 박정희 대통령은 신상필벌의 원칙 아래 성과가 우수한 기업들을 더 우대하는 경제적 차별화로 모든 기업이 창조경제 실현에 나서도록 독려했다(좌승희, 《발전경제학의 새 패러다임》, 율곡출판사).

박근혜 대통령도 경제민주화가 우수한 성과를 이루거나 소비자들의 선택을 받은 기업들에 대한 규제로 흐르지 않는지 고민해야 한다. 동반 성장과 상생의 이름으로 대기업 규제정책을 양산하고, 반차별화 평등과 형평주의로 매몰되지 않는지 점검해야 한다.

한국 경제가 이제 자동차 경제에서 우주선 경제로 도약하기 위해선 창조경제를 더욱 발전시켜야 한다. 삼성 같은 초일류 기업들이 더욱 나오도록 분위기를 조성해 줘야 한다. 삼성이 크다고 해서 강제적으로 분리하거나 중소기업과의 자본 협력을 막는 것은 지양해야 한다. 창조경제를 통한 경제 회복을 위해선 경제적 차별화 원리를 더욱 중시해야 한다. 삼성처럼 경제적으로 흥하는 기업을 더욱 많이 만들어야 한다. 민주 정치의 평등 이념이나 경제민주화가 흥하는 기업들을 괴롭혀서는 안 된다. 다시금 강조하지만, 박정희식 산업화 성공은 경제적 차별화에서 비롯됐다.

삼성에 대한 국민 정서는 복잡하다. 세계 최고 기업으로 도약한 것에 대한 자부심이 있다. 반면 경제력 집중 심화의 대표적 기업으로 각인되면서 질투와 질시도 받고 있다. 부모들은 한결같이 자식들이 삼성에 입사하길 원한다. 하지만 모든 대기업집단 규제 시 삼성이 먼저 타깃이 되기도 한다.

삼성은 선도 악도 아니다. 국민이나 정치권, 정부는 삼성이 공정 경쟁과 동반 성장을 바탕으로 국민경제에 기여하도록 하면 된다. 공연히 국민정서법의 칼을 들이대 규제하고, 괴롭히는 것은 국가 제조업의 기반을 무너뜨리는 작태나 다름없다. 삼성도 국민정서법의 이중성과 경제민주화 역풍을 감안해 국가경제를 위해 기여하는 데 만전을 기해야 할 것이다.

10년 내 주력사업 사라진다
―이건희 회장 리더십 3

"삼성의 사업들이 10년 안에 모두 사라져 버린다는 위기의식을 공유하고 도전의 발걸음을 멈추지 않았다. 정상에 다가갈수록 맞바람은 더 거셀 것이나 여기서 더 머뭇거릴 수는 없다. 지난 성공은 잊고, 도전하고 또 도전해 새로운 성장의 길을 개척해야 한다."

이건희 삼성 회장이 2013년 신년사에서 강조한 말이다. 이 회장의 강조처럼 삼성 오너와 40만 명의 임직원은 편집중적인 위기의식을 갖고 세계 1등 제품을 만들어 글로벌 시장을 장악하기 위해 분투했다. 끊임없이 혁신적인 제품을 만들어 세계시장을 창출하고, 초일류 브랜드로 자리매김해 왔다. 삼성의 주력 사업들은 사실상 한국을 먹여 살리는 아이템들이다. 미국의 상징인 애플과 운명을 걸고 적벽대전을 치르고 있는 스마트폰 등 모바일, 전자산업의 쌀인 반도체, 모든 전자제품의 창인 액정디스플레이(LCD), 컬러TV, 냉장고, 세탁기 등 가전제품……. 삼성전자가 글로벌 시장점유율 1위를 보이는 주력 사업들이다. 삼성전자는 이

제품들을 포함해 총 14개의 제품군에서 세계 정상을 질주하고 있다.

스마트폰 대전은 비단 삼성과 애플 간의 비즈니스 전쟁이 아니다. 세계 초강대국인 미국과 자원 하나 없고 무역으로 먹고사는 나라 한국이 벌이는 국가적 자존심 싸움이요, 한국에겐 경제의 사활이 걸린 중차대한 전쟁이다. 골리앗과 다윗의 대결이다. 여기서 삼성이 진다면 한국 경제는 암울한 뉴스의 주인공이 될 것이다. 스마트폰은 한국의 최대 주력 사업이면서 수출과 외환보유액, 국가신용도, 코스피 등 주가와도 직결돼 있다. 정부, 정치권, 노조, 시민 단체, 국민 모두 힘을 모아서 삼성이 애플과의 전쟁에서 연전연승을 이어가도록 힘을 보태야 한다.

삼성전자는 2012년 30조 원가량의 영업이익을 냈다. 단군 개국 이래 최대 성과다. 좌파나 노조 등에서 삼성전자가 성과를 독식한다고 증오하고 질투할 게 아니다. 삼성이 연승하면 그 혜택은 이건희 회장 일가와 삼성 그룹뿐만 아니라 국내외 주주들, 금융회사들, 협력업체들, 삼성 공장 주변의 무수한 음식점과 유통업체가 다 같이 나눠먹는다.

삼성이 애플에 완패해서 핀란드 노키아처럼 가쁜 숨을 몰아쉬며 몰락한다면 한국 경제 그 자체가 몰락할 수 있다는 위기감을 느껴야 한다. 스탠더드 앤 푸어스나 무디스, 피치 등 국제신용평가기관들은 삼성이 만약 애플에 밀려 추락한다면 우리나라의 국가신용도도 하향 조정할 것이다. 그렇게 된다면 한국에 들어와 있는 외국인 투자자들의 한국물 매도가 러시를 이룰 것이다. 주가는 폭락하고, 환율은 급등할 것이다. 한국 경제의 대위기이다. 외국인이 한국물을 사들이는 것은 한국 정부나 국민이 예뻐서가 아니다. 삼성전자·현대자동차 등 글로벌 일류 기업들이 승승장구하기에 한국 주식과 채권 등을 사고 싶어 하는 것이다.

한국을 대표하는 삼성과 현대차가 실적이 악화하고, 미래 전망도 어둡다면 외국 투자자들은 썰물처럼 한국을 빠져나갈 것이다. 우리의 외환시장과 증시는 완전 개방돼 있다. 한국 경제가 위기에 몰리면 언제든지 외환위기의 먹구름이 몰려오게 돼 있다. 미국이나 중국, 일본처럼 우리는 환주권(換主權) 국가가 아니며, 우리의 통화도 기축통화가 아니다. 그래서 기업들이 최고의 제품을 만들어서 수출을 하고 외화를 벌어들여야, 국가신용도가 유지되고 해외 투자자들도 한국주식과 채권을 사들인다.

스마트폰 대전은 그래서 삼성만이 아니라 전 국민, 정부, 정치권, 노조가 일심동체가 돼서 지원하고 도와줘야 한다. 삼성이 꼭 애플을 이겨서 세계 정상을 지속적으로 질주하도록 독려하고, 온갖 지원을 아끼지 말아야 한다. 삼성의 경쟁력을 약화시키거나 이건희 회장, 모바일 부문을 이끌고 있는 신종균 사장 등 경영진이 경제민주화와 재벌해체 등 국내 정치적 요인들로 인해 경영에 전념하지 못한다면 국가에는 재앙이다. 이건희 회장 일가가 승자독식한다고 비난하면서 삼성 지배구조에 족쇄를 채우고, 오너 경영을 제한하려 한다면 우매한 짓이다.

문제는 삼성의 주력 사업들이 언제까지 세계 정상을 유지할 것인가 여부다. 미래의 역량, 신수종 사업을 키우고 성공시키지 않으면 삼성의 주력 사업들은 경쟁 기업에 밀려날 수밖에 없다. 핀란드 노키아는 중요한 반면교사가 된다. 노키아는 스마트폰이 나오기까지 세계 휴대폰 시장 점유율 30~40%를 유지하며 세계 최강 공룡의 위상을 자랑했다. 핀란드 경제에서 차지하는 비중도 무려 30%가 넘었다. 그러나 천하의 노키아도 애플이 5년 전 출시한 스마트폰 대응에 실기해 뒤뚱거리더니 이젠 마이너로 전락했다. 노키아 신용등급도 정크본드 수준으로 추락했다. 휴대폰 최강자가 잠깐 조는 사이에 휴대폰 시장은 천지개벽하면서,

수년 만에 숨을 헐떡이며 가쁜 숨을 몰아쉬고 있다.

삼성은 다행히 이건희 회장 등 오너와 경영진의 끊임없는 혁신과 도전을 바탕으로 제조, 마케팅, 디자인 등 세계 최고 수준의 공급망을 갖추고 있다. 하지만 한순간 방심하거나 태만하면 제2의 노키아가 될 수도 있다. 이건희 회장이 지난 성공은 잊고 새롭게 도전해야 한다며 주마가편(走馬加鞭)한 것은, 자만하지 말고 초심으로 돌아가 혁신의 수레바퀴를 중단 없이 돌리자는 메시지다. 세계 최고의 기업들이 득시글대는 글로벌 정글 시장에서 부단한 혁신과 도전, 창의 정신으로 1등 기업의 위상을 다지기 위해 영일이 없는 셈이다.

하지만 삼성의 주력 사업도 앞으로 10년 이내에 사라질 수 있다. 이 회장은 노무현 정부 시절 이를 강조하며 태양전지, 자동차용 전지, 바이오 제약, LED, 의료기기 등을 신수종 사업으로 선정하고 집중 투자 중이다. 현재의 전자·반도체·휴대폰·조선·철강·자동차·화학 등 주력 사업은 길어야 10년, 짧으면 5년 안에 중국 등 후발국의 무서운 추격에 대비해야 한다. 제조업의 역사를 보면 영국에서 시작된 산업화는 미국으로 갔다가 다시금 일본에서 꽃을 피웠다. 일본의 제조업이 시들해지면서 한국이 일본을 추격해서 정상의 자리에 올랐다. 한국도 조만간 중국에 제조업 주도권을 넘겨줄 수밖에 없다. 아직은 첨단 기술 분야에서 중국보다 앞선다고 하지만, 이미 중국은 여러 분야에서 한국과 대등하거나 앞서고 있다. 중국은 외환보유액 3조 달러의 세계에서 가장 많은 달러를 보유한 국가로, 과학기술 분야 연구개발 투자에 아낌없이 돈을 쏟아붓고 있다. 이공계 연구 인력도 매년 수백만 명이 쏟아져 나오면서 중국은 기술 및 과학 강국이 됐다. 특허 출원 건수도 한국을 앞지르기 시작했다.

중국의 휴대폰업체 화웨이, ZTE는 신년 초 미국 라스베이거스에서 열리는 국제전자제품박람회(CES)에서 삼성의 스마트폰에 비해 품질이 뒤지지 않는 첨단 제품을 선보였다. 중국 휴대폰업체들의 중국 내 시장점유율도 비약적인 신장세를 보이고 있다. 현재는 삼성이 중국에서도 1위를 차지하고 있지만, 현지 업체들의 시장점유율은 가파른 상승 곡선을 보일 전망이다. 중국 업체들이 고품질이면서도 저가 스마트폰을 무기로 세계시장에서 삼성과 겨룬다면 삼성도 수년 후에는 힘든 싸움을 벌일 수밖에 없다. 현대차도 현재는 세계 5위 완성차 메이커로 성장했지만, 중국 업체들의 무서운 추격에 바짝 긴장해야 한다.

이건희 회장의 주력 사업 10년 내 경쟁력 약화 경고는 비단 삼성만의 문제가 아니다. 재계 전체가 미래 신성장 발굴과 육성에 심각한 고민을 해야 한다. 정부, 정치권도 강 건너 불구경만 해서는 안 된다. 수수방관할 처지가 아니다. 노조도 지금처럼 라인 전환배치 거부 등 고용의 유연성을 외면하고, 노조의 본질과 상관없는 불법 정치투쟁 등에만 매몰되면 노사가 공멸할 수 있다.

정치권의 책임이 더 크다. 국민의 세비를 받아서 각종 특권을 다 누리면서 경제민주화란 미명 아래 대기업들을 혼내주기 바쁘다. 재벌 지배구조를 손본답시고 순환출자 금지, 출총제 부활, 금산분리 강화 등으로 기업들의 손과 발을 묶으려 하고 있다. 기업의 경영 활동과 창의적이고 도전적인 마인드를 위축시키는 데 열을 올리고 있다. 재벌의 부당·불법·불공정거래, 중소기업에 대한 약탈 거래 등에 대해서는 공정거래법 등 관련 법을 엄격히 적용해서 법치를 확립해야 한다. 또 총수 등 오너 일가의 불법·편법 상속에 대해서는 상속세 포괄주의를 적용해서 과세해야 한다. 하지만 일부의 하자를 갖고 재벌 전체가 그런 양 호들갑을 떨고, 척결해야 할 거악의 상징인 양 희생양을 만드는 것은 우리의 산업 경쟁력, 더 나아가 국가경제를 갉아먹는 자해 행위라 하지 아니할 수 없다.

지금처럼 경제민주화가 창궐해서 대기업을 타도 대상으로 삼아 마녀 사냥에 열을 올린다면 양질의 일자리와 투자 확대, 성장은 누가 책임질 것인가? 경제민주화가 국민 행복을 앞당기는 지름길이라고 생각한다면 큰 문제다. 경제민주화는 기업에 대한 과도한 정부 개입을 부채질해서 과잉 규제를 낳고, 이는 경영 활동의 위축을 초래할 것이다. 경제민주화는 경제후퇴화, 경제 관료화, 경제 국가주의화, 경제 전체주의화 등의 부작용을 가져올 것이다.

재벌의 불법·부당한 경쟁이나 거래, 세금 없는 부의 이전에 대해서는 엄한 법의 잣대를 들이대면 된다. 하지만 기업 총수들이나 경영진들이 신바람 나게 경영할 수 있도록 여건을 조성해 주는 것이 시급하다. 경제민주화만 강조하지 말고, 기업 신바람화, 기업 기 살리기도 병행해야 한다. 규제만 하고, 격려와 독려가 없다면 어느 기업인이 용기백배해서 해외 거대 기업들과 경쟁하겠는가? 대기업에 대한 회초리만 들어선 안 된다. 한국은 대기업들이 휘청거리는 순간 위기를 맞는다. 거대 인구와 탄탄한 내수 시장을 갖고 있는 미국, 일본과 다르다.

박근혜 대통령은 경제민주화 드라이브를 걸기에 앞서 기업 총수들에게 기부터 불어넣어 주어야 한다. 투자 애로사항은 없는지, 신규 채용하는 데 법적 걸림돌은 없는지 꼼꼼하게 살펴야 한다. 박 대통령은 삼성·현대차·LG·SK·롯데 등 30대 그룹들이 해외 공장 중 국내로 유턴할 부문은 없는지도 점검해야 한다. 가능하면 국내에 싼 부지를 제공하고, 각종 인센티브를 줘서 재벌들이 국내에서 양질의 일자리를 만들어 내도록 해야 한다. 인위적인 국내 유턴은 힘들다. 글로벌 시장경쟁력 강화를 위해선 전략 지역에 생산 거점을 확보해야 하기 때문이다. 하지만 미국 오바마 대통령이나 일본 아베 정권은 이미 자국 기업들이 자국에 공장을 지을 때 파격적인 당근을 주고 있다. 박 대통령도 필요하다면 정부, 지자체 등과 협의해서 재벌들이 국내로 회귀하도록 해야 한다. 정부의 일자리 창출에는 한계가 있다. 국민 세금으로 임시직을 만들어 내봤자 지속성이 없다. 노조의 대타협과 양보도 필요하다. 지금처럼 노조가 정치투쟁을 벌이고, 임금 등에서 양보하지 않으면 대기업들이 국내에 추가적인 공장을 지으려 하지 않는다.

현대차는 연간 740만 대의 생산량 중 절반 이상을 해외에서 생산하고 있다. 미국 공장의 경우 한국 공장보다 생산성이 더 높고, 중국 공장의 경우 임금은 국내 근로자들에 비해 비교가 안 되게 싸다. 이러니 어느 대기업이 국내에 공장을 지으려 하겠는가?

박 대통령은 정부 출범전이라도 재벌 총수, 노조 지도자, 정부, 지자체장, 여야 정당 대표 등과 연석회의를 열어서 대기업의 일자리 창출과 국내 공장 유턴 방안을 심도 있게 협의해야 한다. 북유럽의 스웨덴, 덴마크 등처럼 노사정 대타협이나 사회협약을 가동시켜야 한다. 경제민주화로 대기업을 겁박할 게 아니다. 특히 5년, 10년, 20년 후의 한국 산업을 이끌어 가야 할 미래 성장산업에 대한 발굴과 육성을 위해 머리를 맞대야 한다. 국민 행복은 대통령이 말한다고 해서 저절로 이루어지지는 않는다. 나랏돈으로 복지를 대대적으로 벌인다고 국민이 모두 행복해지는 것은 아니다. 필요한 사람들에게 양질의 일자리를 제공해야 진정한 복지요, 참된 의미의 국민 행복 시대가 열리는 것이다. 대기업을 편애하라는 것은 아니다. 경제민주화가 지나치게 대기업 경영을 제한하고, 오너의 경영 의욕을 꺾는 부작용을 가져올 수 있기 때문이다. 한국 대기업들의 그룹 경영은 세계에서 가장 효율적이고, 강력한 기업조직이다. 그룹 경영의 장점을 살려 나가야 한다. 기업이 성장하는 것을 막으려 하는 것은 올바른 해법이 아니다. 부단한 혁신과 창의로 부를 쌓는 것과 기업이 커지는 것은 존중해 줘야 한다. 불공정거래 등의 문제는 현재의 법만 엄격히 지켜도 글로벌 스탠더드 수준으로 개선될 것이다.

대기업과 기업인들이야말로 우리나라의 미래를 담보할 주인공이다. 이들이 법적 테두리 안에서 신바람 나게 일할 수 있도록 여건 조성부터 해야 한다. 기업을 옥죄는 경제민주화만 외쳐서는 게도 구럭도 다 놓친다. 삼성·현대차 등 주요 그룹들이 매출과 영업이익 등 기업 경영 본연의 업무에 전력투구하기보다는 새 정부의 재벌 개혁 방향과 정치권의 대기업 때리기 움직임에 신경을 써야 하는 것은 분명 비정상적이다. 박근혜 대통령은 전경련 회장단과의 회동에서 대기업들은 국민 기업이라고 강조했다. 그는 재벌들이 정리해고를 자제하고, 투자와 일자리 창출에 앞장서 줄 것도 당부했다. 삼성·현대차·LG·SK 등 재벌들이 세계 최고 기업으로 성장한 데는 오너와 경영진, 임직원들의 피와 땀이 중요했지만, 정부의 불균형 지원과 국민의 희생, 애국심이 바탕이 된 것도 부인할 수 없다.

재벌들도 이런 점에서 영리와 사회정의 간의 조화를 중시하고 있다. 정주영 현대, 이병철 삼성 창업주가 강조한 사업 보국 이념도 여전히 삼성과 현대차의 중요한 경영이념이 되고 있다. 사회적책임경영에도 관심과 노력을 기울이고 있다. 일부 재벌들, 특히 유통 내수 기업들에서 나타나는 골목상권 침해 문제는 재계 전체의 문제는 아니다.

경제를 이끌어 가는 대기업들이 박근혜 대통령의 정부에서 왕성한 투자 등으로 좋은 일자리를 많이 창출하고, 성장의 견인차가 될 수 있도록 하는 것은 정부, 노조, 정치권, 시민 단체의 지원과 격려가 절대적으로 필요하다. 칭찬은 고래도 춤추게 한다고 했다. 지금처럼 경제민주화로 재벌들을 압박하면 고래가 춤추기는커녕 심한 스트레스를 받아 바다 밑으로 가라앉을 수도 있다.

이건희 회장과 정몽구 현대차 회장, 구본무 LG 회장, 최태원 SK 회장, 신동빈 롯데 회장, 허창수 GS 회장 등 재계 총수들이 마음껏 투자하고, 청년들을 더 많이 채용할 수 있도록 박수 좀 쳐주자. 그들이 마음껏 해외를 누빌 수 있도록 여건을 조성해 주자.

삼성전자와 애플의 세금 논쟁
―대기업 법인세 얼마나 내는지 아시나요?

삼성전자가 지난해 낸 세금이 얼마인지 아는가?

무려 6조 697억 원이다. 삼성 그룹 계열사들이 낸 법인세는 10조 원가량 된다. 법인세만으로도 웬만한 10위권 그룹의 매출액에 해당한다.

삼성전자와 스마트폰 시장에서 치열한 경쟁을 벌이는 미국 애플을 보자. 애플은 세금에 관한 한 미국 정부와 정치권으로부터 난타를 당하고 있다. 애플은 번 돈의 상당 부분을 조세피난처에 빼돌려 놓아 미국에 내는 세금이 얼마 되지 않는다. 생산 공장도 대부분 중국에 있다. 중국에서 애플 제품을 생산하는 폭스공장의 종업원이 50만 명이 넘는다. 반면 애플이 미국에서 고용한 임직원은 수만 명에 그치고 있다.

팀 쿡 애플 최고경영자(CEO)는 미 의회에 불려가 조세피난처에 번 돈을 파킹해 놓은 것에 대해 집중 추궁을 당하느라 혼쭐이 났다. 팀 쿡 최고경영자는 이에 대해 정당하게 세금을 내고 있으며, 미국 법인세율이 너무 높아 번 돈을 가져올 수 없다고 항변하기도 했다. 삼성전자가 조세피난처에 돈을 예치했다면 난리가 났을 것이다.

삼성전자는 애플에 비하면 엄청난 애국을 하고 있다. 해외에서 번 돈까지도 국내로 들여와 국내 고용창출과 납세 보국(納稅報國)을 하고 있기 때문이다. 사실 삼성전자 매출의 90%는 밖에서 벌어들이고 있다. 삼성전자는 지난해 201조 매출에 29조 원의 영업이익을 냈다. 현대차도 지난해 84조 원의 매출에 8조 4000억 원의 영업이익을 올렸다. 해외 매출 비중도 80%가 넘는다.

삼성전자, 현대차야말로 한국 경제를 이끌어 가는 견인차다. 삼성전자나 현대차 공장이 들어선 외국에서 이 같은 것을 알게 되면 오히려 외교적 문제가 될 수 있을 정도다. 이들 간판 기업은 해외에서 달러를 벌어와 국내 경제를 살찌우고, 나라 재정에도 결정적인 기여를 하고 있다. 사업 보국과 납세 보국, 일자리 보국, 외환 보유 확충을 통한 재정 보국도 충실히 하고 있다. 우리나라를 지탱하는 핵심인 중산층을 두텁게 하는 데도 일등공신이다.

요즘 복지재원을 위한 증세 논란이 민심을 달구고 있다. 그렇잖아도 박근혜 정부는 증세 없는 복지를 구현하겠다며, 2014년 세제개편안을 통해 중산층과 고소득층의 소득세 부담을 확대하는 방안을 내놓았다. 이게 중산층의 속을 바짝 긁어놓았다. 유리알 지갑인 중산층의 부담을 높이는 것에 대해 불만이 높아진 것이다. 조원동 청와대 경제수석은 거위의 털을 아프지 않게 뽑는 것처럼 창조적인 증세 방안을 마련했다고 자랑했다가 집중타를 맞았다. 사퇴론에 시달리기도 했다. 거위 털 뽑기 발언은 프랑스 루이 14세 시절 나온 말이기에, 봉건주의 시대의 세금징수론을 21세기에 원용하는 것은 맞지 않다.

야당에선 중산층에 세금 폭탄을 안겼다며 정치적 선전·선동하기 바

뺐다. 이를 빌미로 장외투쟁의 동력으로 삼기도 했다. 하지만 문재인 대선 후보 시절 보편 복지, 무상복지를 강하게 강조했던 것을 감안하면, 민주당의 세금 폭탄 공세는 자가당착이라 하지 않을 수 없다.

박근혜 대통령이 내건 복지 공약 규모는 135조 원이지만, 민주당은 200조 원가량이었다. 민주당은 무상급식·무상 보육·무상 의료·반값 등록금 등 줄줄이 퍼주기 복지 공약을 제시한 바 있다. 이를 감안하면 민주당의 재정 소요는 300조 원이 넘었을 것으로 추산된다. 이를 감안하면 민주당은 박근혜 정부의 거위 털 뽑기식 증세를 비판할 자격이 전혀 없다. 만약 문재인 후보가 집권했다면 고소득층은 물론 중산층은 그야말로 세금 폭탄에 시달렸을 것이다. 수습 불가능한 민란과 민심 이반이 발생할 소지가 있었던 것이다. 민주당은 고소득층 증세와 함께 대기업이 법인세를 더 많이 내야 한다고 주장하고 있다. 고소득자와 함께 대기업의 법인세율을 올려 무상복지재원으로 걷자는 게 야당의 주장이다.

감성적으론 맞는 말이다. 대기업들은 법인세의 대부분을 부담하고 있기 때문이다. 상위 기업 1%가 법인세의 86%를 내고 있다. 사실상 삼성전자·현대차 등 30대 그룹 계열사들이 대부분 낸다고 봐야 한다. 낼만큼 충분히 내고 있는 것이다. 삼성전자와 현대차가 많이 벌었으니 세금을 더 내라는 것은 공정사회와 정의와 형평에 맞는 것 같다.

하지만 대기업들은 우리

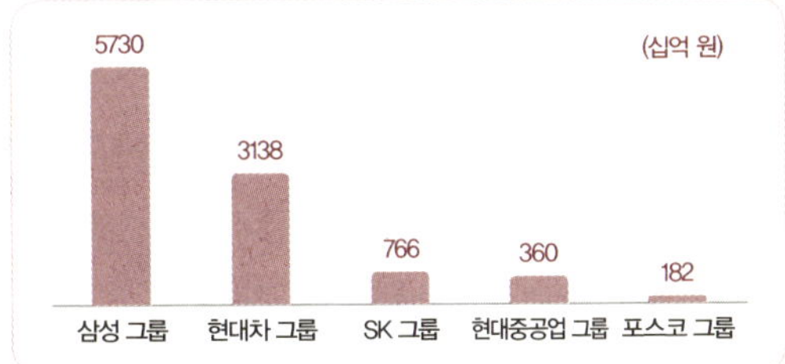

출처: 휴먼앤북스 편집부 취합 자료

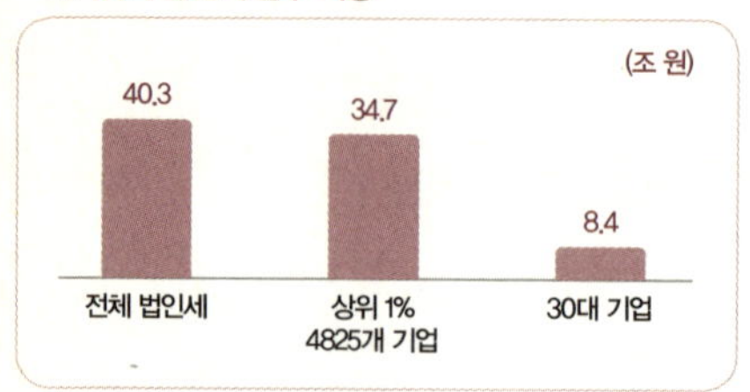

출처: 휴먼앤북스 편집부 취합 자료

경제의 부가가치와 일자리를 창출하는 소중한 집단이다. 북구의 에스토니아 같은 나라는 아예 법인세를 폐지했다. 대만·싱가포르 등 경쟁국은 대부분 기업의 투자를 늘리고, 외국기업의 투자를 확대하기 위해 법인세를 인하하고 있다. 이를 조세 경쟁력이라고 한다. 다른 나라에 비해 법인세율이 높다면 외국기업이 한국에 투자하러 들어올 리 만무하다. 우리나라 기업들도 해외로 나가는 것을 적극 고려할 것이다. 이를 제조업의 해외 탈출이라고 한다.

요즘 우리 국민들의 속을 뒤집어 놓고 있는 아베 일본 총리나 오바마 미국 대통령 등 선진국 지도자들도 투자 유치와 경제 활성화, 제조업 유턴 등을 위해 법인세를 감면하고 있다. 글로벌 기업들이 대상(大商)이다. 세금이 적고, 규제가 적은 나라로 이동하는 것이다. 만약 우리가 법인세를 올리면 글로벌 대상들은 한국을 떠날 것이다.

기업들이 한국을 떠나면 일자리가 줄어들고, 세수도 감소한다. 세수가 감소하면 복지재원도 막막하다. 이미 상반기에 9조 원가량의 세수 펑크가 났다. 올해만 20조 원가량의 세수 차질이 우려되고 있다. 기업들의 실적이 나빠져 법인세 납부가 부진한 것이 주된 요인이다. 경제침체로 국민들의 지갑도 더욱 얇아지고 있다.

기업들은 황금알을 낳는 거위다. 거위는 때리거나 혼내거나 밥을 주지 않으면 알을 낳지 않는다. 그래서 기업에 대한 법인세는 신중히 다뤄야 한다. 대기업은 쥐어짜도 괜찮다는 세금 포퓰리즘으로 접근하면 나라 경제가 망한다.

국민들은 착각하는 게 또 있다. 대기업 법인세의 경우 이건희 삼성 회장, 정몽구 현대차 회장, 구본무 LG 회장, 최태원 SK 회장 등 재벌 총수들이 내는 것으로 생각하고 있다. 하지만 법인세는 국민과 소비자들이 낸다. 대기업들이 소비자들로부터 세금을 거둬서 대신 납부할 뿐이다. 징세 편의를 위해 대기업들이 대신 내는 것이다.

법인세율을 더 올리면 결국 그것은 제품에 전가된다. 이러면 소비자들의 부담이 증가한다. 그래서 법인세는 대기업이, 재벌 총수가 부담하는 것이 아니다. 우리 소비자들이 내는 것이다. 법인세율을 마구 올리자고 하는 정치인들의 무책임한 선전·선동에 속지 말아야 한다.

중요한 것은 삼성전자로 하여금 세금을 더 내라고 윽박지르는 게 아니다. 대기업들이 신성장동력과 주력업종에 투자해서 미래 경쟁력을 강화하도록 해야 한다. 잠깐 졸면 사라지는 글로벌 초경쟁 시대에서 삼성전자는 애플·소니·화웨이·하이얼 등과, 현대·기아차는 도요타·GM·폭스바겐·벤츠 등 세계 골리앗들과의 치열한 경쟁에서 결단코 이겨야 한다. 승리의 월계관을 쓰려면 이들의 세 부담을 올리지 말고, 미래 신성장과 신수종에 투자하도록 해줘야 한다. 지금의 삼성전자가 언제까지 세계 1등 스마트폰업체의 왕관을 쓸지 장담할 수 없다.

중국의 화웨이는 대당 200달러짜리 저가 스마트폰으로 글로벌 시장을 잠식하고 있다. 무섭게 추격하고 있는 셈이다.

삼성전자가 더욱 커져서 투자와 일자리 창출을 더 많이 하고, 결과적으로 글로벌 시장점유율이 높아지면 이익이 더 많아지고, 법인세도 자연스레 더 많이 내서 세정 보국하게 될 것이다.

가장 중요한 것은 반도체와 LCD, 스마트폰을 넘어선 차세대 미래 먹을거리를 개발해야 한다는 점이다. 삼성전자가 이를 찾아내도록 도와줘야 한다. 미래 먹을거리를 위한 재원을 마련하도록 해야 한다. 당연히 번 돈으로 이를 충당한다. 법인세를 더 걷어 가겠다며 미래 투자 재원을 징수하는 것은 하지하책이다.

이 돈으로 투자하면 삼성전자는 미래 먹을거리를 찾게 돼 지속적인 성장이 가능하다. 협력업체, 거래 금융회사, 관련 임직원 등 모두가 더 큰 혜택을 보게 된다. 투자승수를 고려하면 세금을 내는 것보다는 5배에서 10배의 성과를 내게 된다.

현대차도 마찬가지다. 자동차야말로 전·후방산업 연관효과가 가장 큰 사업이다. 현대차에게 법인세를 더 내라고 하는 것보다는 그 재원으로 공장을 확장하거나 설비투자를 하면 모기업과 협력 납품업체 모두에게 더 많은 혜택이 돌아간다. LG전자, SK에너지 등 다른 대기업들도 마찬가지다.

정부나 국민, 정치권이 증오와 질투에 사로잡혀 삼성전자와 현대차를 괴롭히는 것은 그야말로 황금거위를 때려잡는 것이다. 오히려 각종 규제를 혁파하고, 애플과 도요타 등 경쟁 기업과의 건곤일척의 치열한 시장경쟁에서 승리의 월계관을 쓰도록 하는 것이 중요하다. 대기업이야말로 한국의 국가경쟁력과 브랜드를 상징하는 것이기 때문이다. 만약 이 간판 기업들이 위기에 처하면 한국 경제가 휘청거린다. 한국 증권시장에서 외국인들의 비중이 상황에 따라 30~50%가량 된다. 외국 투자자들은 삼성전자와 현대차가 순익이 감소하는 등 불안해지면 금세 해당 주식을 팔아치운다.

이들이 한국 간판 주식을 던지면 주가가 급락하고, 개미들은 코피 흘린다. 달러가 빠져나가면 환율이 출렁거리고, 은행 등 금융회사들의 외화 차입에 난기류가 조성된다. 외국인들은 심지어 이건희 삼성 회장, 정몽구 현대차 회장의 건강까지 체크한다. 건강악화설이 나돌면 이들 기업의 주가가 요동치기도 한다.

정치권은 대기업은 부자라고 프레임을 씌우고 있지만 법인은 부자가 아니다. 정치권이 하도 국민들을 세뇌 공작 시켜서 '법인세 인하=부자 감세'라고 생각하는 경향이 많다. 야당과 좌파 시민 단체의 프레임 공작에 국민들이 말려들고 있는 것이다.

법인은 부자가 아니고, 부가가치를 창출하는 핵심 주체다. 기업이 투자를 해야 일자리가 창출되고, 임직원들도 먹고살고, 협력업체도 생업을 영위한다. 기업들이 성과를 내야 법인세 등 각종 세금을 내서 재정을 튼튼히 한다. 금융회사들도 기업들과의 거래를 통해 수익을 낸다. 기업이야말로 자본주의 시장경제의 꽃인 것이다. 성장을 추동하는 핵심 견인차다.

지금 세계 각국은 법인세를 내려 경제를 살리는 데 경쟁적으로 나서고 있다. 법인세율을 내린다고 해서 부자를 감세해 주는 것이 아니다. 세율을 내리면 투자와 일자리 창출이 늘어나면서 국민 모두가 부자가 되는 셈이다.

부도 위기를 맞은 그리스·스페인 등 남유럽을 보기 바란다. 재정이 거덜 난 남유럽 국가들은 세수 증대를 위해 항만 등을 내다 팔기 바쁘다. 소득세율을 올려서 세수를 충당하려 하고 있다. 하지만 법인세는 절대 손 안 대고 있다. 왜일까? 나라 경제를 살릴 구원투수이기 때문이다.

황금알을 낳는 거위를 괴롭히거나 잡아먹는 것은 자해 행위다. 법인세를 올리겠다는 것은 우리 경제의 경쟁력을 망가뜨리겠다는 것이나 마찬가지다. 조세 경쟁력을 감안해야 한다. 우리의 경쟁국들이 법인세를 내리고 있는 것을 엄중히 인식해야 한다. 삼성전자와 현대차로부터 다

소간 법인세를 더 과세하는 것보다는, 이들로 하여금 투자와 일자리를 더 많이 창출하게 해서 우리 경제를 활력 있게 만들면 훨씬 국민경제와 성장, 일자리, 납세 등 모든 면에서 선순환을 가져올 것이다.

정치권의 '법인세 인하=부자 감세' 프레임의 허구와 선전·선동에 속지 말았으면 한다.

롯데월드타워의 희망

2013년 추석 연휴 직전인 9월 17일. 서울 송파구 잠실 롯데월드타워 공사현장. 총 2만 6,000평의 대규모 대지 위에 40층 이상 높이의 콘크리트 건물이 들어선 것이 한눈에 보였다. 초고층건물 완공을 위한 뼈대 골조공사가 진행 중인 것. 초대형 타워크레인은 좌우로 움직이면서 공사 속도를 높이고 있었다.

이곳에선 총 1,600명의 출역자(건설노동자)들이 세계 최대의 관광 명물이 될 초고층건물과 그 옆에 조성되는 각종 쇼핑 및 문화시설 작업장에서 비지땀을 흘리고 있었다. 근로자들은 부지런한 개미들처럼 정해진 작업표와 공정 프로세스에 따라 빈틈없이 움직이며 레고 같은 초고층 골조작업을 진행하고 있었다. 공사 진척도는 현재 30%. 2013년 말까지는 59층이 완성되고, 2015년에는 고려청자와 전통 한옥의 선을 살린 한국 최고의 명품 '슈퍼타워'가 모습을 드러낼 예정이다. 현재는 7~10일에 한 층씩 높이가 올라가고 있다고 한다. 쇼핑센터는 내년 상반기에 문을 열 예정이다.

롯데월드의 슈퍼타워는 지상 123층, 지하 6층, 높이 555m로 지어진다. 연면적은 80만 7,500㎡(24만 4천 평). 초고층 슈퍼타워와 애비뉴엘 명품관, 전문점, 6성급 호텔, 멀티플렉스, 클래식 전용 콘서트홀, 쇼핑몰이 들어서게 된다. 롯데월드타워는 세계 5위 규모의 복합쇼핑단지로 부상하게 된다. 롯데월드타워는 서울의 랜드마크를 넘어 아시아의 최고 관광 쇼핑 명소로 발돋움하게 될 것이다. 한국의 미래 국부와 양질의 일자리, 투자와 성장을 견인하는 희망의 슈퍼타워가 될 것이라는 점에서 벌써부터 가슴 설렌다.

창업주 신격호 총괄회장은 주말마다 현장을 찾아 세계 최고의 완벽한 초고층빌딩을 지을 것을 당부하고 있다. 미수(米壽)를 넘긴 나이에도 건강한 모습의 신 회장은 공사 관계자들로부터 보고를 받고, 평당 효율성 등을 꼼꼼하게 챙기고 있다. 1988년부터 시작된 20년 이상된 숙원사업이 하나씩 형체를 갖춰 나가는 것에 대해 남다른 감회를 갖고 있다는 게 그룹 관계자들의 전언이다.

신 회장이 롯데월드타워를 건립키로 한 것은 모국에 기념비적인 건물을 남겨 대한민국의 미래 신성장산업 창출에 기여하고자 하는 애국심과 명예욕이 크게 작용했다. 그는 '관광유통서비스산업은 굴뚝 없는 공장으로, 내수산업 활성화에 결정적인 기여를 할 것'이라는 선견지명을 갖고 있었다. 제조업의 일자리 창출 효과가 뚝 떨어지고, 양질의 일자리 문제가 최대 현안이 되고 있는 현재의 경제 여건을 감안하면 그의 초고층타워 건립 구상은 그야말로 미래를 내다보는 혜안이라고 하지 않을 수 없다. 신 회장은 이렇게 말한다.

"우리가 언제까지 고궁만 보여줄 것인가? 세계적인 명성을 가진 세계 최고의 건축물이 있어야 외국 관광객들의 관심을 끌 수 있다."

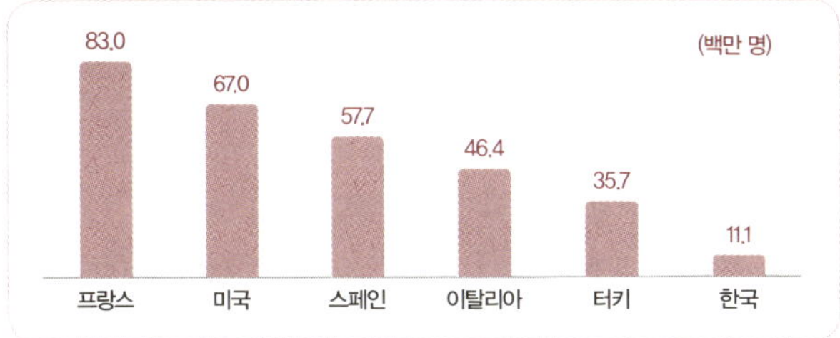

출처: UNWTO, World Tourism Barometer, 'International Tourism Arrivals'(2012)

신 회장의 롯데월드타워 건립은 사업가로서 마지막 열정을 불태우는 사업이다. 미래 10년, 더 나아가 100년을 내다보고 대한민국을 먹여 살릴 신성장산업을 일으키려는 의지가 강하다. 관광보국(觀光報國)이다. 관광산업은 외화가득률이 90%가 넘는 21세기 전략산업이다. 프랑스·체코·스페인·이탈리아 등은 연간 관광객이 1억 명이 넘는다. 우리나라는 2012년 해외 관광객 1000만 명 시대를 연다며 잔칫집 분위기다. 하지만 이들 유럽 선진국에 비하면 우리의 관광산업은 아직 갈 길이 한참 멀다. 신 회장의 관광보국은 국가적 프로젝트를 민간기업이 선도한다는 점에서 큰 의미가 있다.

한국의 산업사를 보면 창업주들은 뚜렷한 족적을 남겼다. 정주영 현대 명예회장은 건설·자동차·조선·중공업 분야에서, 이병철 삼성 창업회장은 제당·비료 등 소위 '3분(粉)산업'에서 번 돈을 바탕으로 반도체·가전 등 전자산업에서 제조업 강국의 기틀을 다졌다. 구인회 LG 창업주도 이병철 회장처럼 전자·화학 분야에서 주춧돌을 놓는 데 큰 기여를 했다.

신 회장은 '굴뚝 없는 산업'에서 기반을 다졌다. 신 회장이 관광 대국에 일조하려는 것은 중국과 일본, 동남아의 관광객들을 한국으로 끌어

들여 막대한 외화를 벌어들이고, 내수산업 활성화를 주도해 신국부를 증진하려는 원로 경제인으로서의 경제철학을 바탕으로 하고 있다. 정주영·이병철·신격호 회장 등 창업주들은 돈벌이보다는 국가경제 발전에 꼭 필요한 사업을 우선적으로 고려하는 사업 보국의 이념이 강했다. 한국 경제의 앞날까지 내다보며 사업의 포석을 다졌다는 점에서 산업화 초기의 위대한 사업가들이었다.

하늘을 향해 올라가고 있는 롯데월드타워는 숱한 신산 고초를 겪었다. 산고의 고통치고는 너무나 컸다. 노태우 정부 시절인 1988년 서울시로부터 불하받은 체비지를 바탕으로 이곳에 초고층타워를 지으려던 롯데의 계획은 역대 정권의 반대와 온갖 특혜 의혹설에 휘말려 차질을 빚었다. 신 회장의 평생 꿈은 가물거리는 듯했다. 서울공항을 관리하는 공군의 반대는 너무나 컸다.

공군은 롯데월드타워가 들어설 경우 대통령과 외국 귀빈이 이용하는 서울공항의 비행기 안전이 우려된다며 강력 반대했다. 유사시 군용비행기의 안전과 안보 위협을 감수하면서까지 민간업체에 초고층타워 건립의 특혜를 줄 수 없다는 게 군 당국의 주장이었다. 공군은 비행기 안전 확보를 위해 건물 높이를 203m로 제한해야 한다고 강경하게 맞섰다. 이 경우 당초 건물 층수는 123층에서 38층으로 쪼그라들게 된다. 이 안대로라면 초고층 프로젝트를 접어야 하는 위기였다.

정치권은 물론 반기업 운동을 주업으로 하는 좌파 시민 단체와 좌파 언론도 경제 논리를 위해 안보 논리가 후퇴해서는 안 된다며 롯데 특혜설을 제기해 여론화했다. 오랜 인내와 시련, 인고의 세월을 거쳐야 했다. 그러나 극적 반전의 계기가 찾아왔다. 미국연방항공청이 롯데의 손을 들어 주면서 분위기가 반전된 것. 미항공 당국은 이·착륙 항로만 약간

조정하면 안전에 문제가 없다는 의견을 제시했다.

이명박 정부의 규제완화 정책도 숙원 사업에 숨통을 텄다. MB 정부는 출범 초기에 투자를 활성화하고 일자리를 늘리겠다며 기업 투자를 옥죄는 대못 뽑기에 나섰다. 재계는 물론 국민들도 박수를 쳤다. MB 정부는 출범하자마자 대형 투자은행 리먼 브러더스 파산 등으로 글로벌 금융위기를 맞아 제2의 외환위기설이 제기되고, 내수 경기도 침체를 겪고 있었다. 대규모 경기 부양을 통한 경제 회복과 일자리 창출에 부심했던 MB 정부로서는 재계의 투자 확대가 절실했다.

이 대통령은 2008년 4월 말 30대 그룹 총수와의 청와대 회의에서 이 문제를 거론했다. 당시 이상희 국방장관이 "제2롯데월드가 건설되면 외국 귀빈을 태운 대형 항공기가 서울공항을 이용할 때 위험할 수 있다"고 했다. 이 대통령은 "1년에 한두 번 오는 귀빈 때문에 반대하는 것은 적절치 못하다. 인천공항이나 김포공항을 이용해도 되는 것 아니냐"며 규제완화에 대한 찬성 입장을 표명했다. 군 통수권자의 전향적 입장이 롯데월드타워 프로젝트를 가시권에 접어들게 하게 했다. 역사적인 첫 삽은 이렇게 해서 떠졌다.

롯데월드타워가 들어서면 그 경제적 파급효과는 상상을 초월한다. 무엇보다 일자리가 수만, 수십만 개 만들어진다. 내수 서비스산업이 활성화되는 결정적인 전기를 마련하게 된다. 우리 경제는 수출 비중이 워낙 높아 대외 교역 환경에 따라 성장과 투자의 부침이 심하다. 대외 교역 비중은 우리 경제의 80% 이상 차지하고 있다. 삼성·현대차·LG·SK·효성 등 주요 그룹들은 글로벌 경쟁력 강화를 위해 생산 기지를 해외에 대거 세우고 있다. 이러다 보니 국내에선 제조업의 일자리 창출이 미흡한 실정이다. 물론 여전히 30대 그룹의 신규 채용은 증가세를 보이고 있으나, 중견기업과 중소기업 등에서의 신규 채용은 활발하지 않다.

국내 경제에서 차지하는 내수산업 비중이 수출에 비해 워낙 낮은 것은 문제다. 국내 경제가 현재의 성장 정체를 극복하고, 다시금 활력 있는 경제로 업그레이드되기 위해선 유통·관광·서비스산업의 선진화와 투자 확대가 절실하다. 이들 산업은 롯데의 전문 업종이다. 청년들에게 일자리를 제공하고, 30대, 40대, 50대 등 연령별로 다양한 일자리를 만들어 낼 수 있는 사업이다. 이 업종들은 제조업에 비해 일자리 창출 효과가 2~5배가량 된다. 그만큼 롯데가 앞으로 한국 경제의 고질적 문제점인 일자리 창출 미흡을 돌파하는 견인차 역할을 할 수 있을 것으로 기대되고 있다. 10억 원 투입 시 일자리 창출 규모를 보면 제조업은 15명에 그치는 반면, 관광·유통산업은 55명이나 된다.

롯데월드타워가 완공되면 일자리 분출에 대한 기대가 현실화될 것이다. 현재 진행 중인 공사를 통해서 이미 엄청난 일자리를 창출하고 있다. 투자비만 2015년까지 총 3조 5000억 원이 소요된다. 천문학적이다. 이를 통해 총 7조 원의 생산 파급효과가 생길 전망이다. 공사장에 동원되는 인력도 연 4백만 명이나 된다.

롯데월드타워가 문을 열면 2만 명이 안정된 일자리를 얻게 된다. 대부분이 20~30대 젊은이라는 점도 커다란 의미가 있다. 박근혜 정부나 여야 정치권은 청년 일자리 창출을 강조하고 있다. 88만 원 세대, 버림받은 세대, 졸업해도 갈 곳이 없는 세대, 20대 태반이 백수인 세대(이태백)들은 롯데월드타워가 완공되면 좋은 직장을 얻을 수 있는 절호의 기회를 갖게 되는 셈이다. 롯데가 이곳에서 거두는 한 해 매출은 1조 원. 이곳에 납품하거나 거래하는 협력업체들도 7조 원의 생산파급 효과를 올리게 된다.

해외 관광객 유치 효과도 엄청나다. 2015년 말에 문을 열 경우 해외에서 150만 명이 몰려올 것으로 추산된다. 현재 운영 중인 롯데월드를 포함할 경우 250만 명으로 대폭 늘어난다. 관광공사에 따르면 해외 관광객 수는 최근 매년 100만 명 이상 증가하고 있다. 2012년에는 1180만 명으로 1000만 명 시대를 열었다. 2015년에는 1500만 명으로 급증할 전망이다. 롯데월드타워에는 이중 10%인 150만 명이 찾아올 것으로 기대하고 있다. 이는 최소한의 수치다. 중국인의 폭발적인 관광객 증가세를 감안하지 않았기 때문이다. 중국은 경제개발의 성과로 부자와 중산층 숫자가 급증하면서 수년 내 해외에 나가는 관광객이 연간 1억 명을 돌파할 것으로 예상되고 있다. 이중 10%만 한국으로 유치하면 한국은 관광대국으로 부상한다. 중국은 돈을 물 쓰듯 하는 부자 상류층이 전체의 10%인 1억 명이나 된다. 여건도 좋다. 중국과 일본 간에 센카쿠(중국명 댜오위다오) 열도를 둘러싸고 첨예한 영토분쟁을 보이면서 중국인들이 일본으로의 발길을 끊고, 한국을 찾고 있기 때문이다. 한국과 롯데로선 예상 밖의 어부지리 이익을 얻을 것으로 보인다.

중국인들의 입국이 급증하는 것을 감안할 경우 세계적인 관광명소로 부상할 롯데월드타워를 찾는 해외 관광객들은 600만 명을 넘을 것으로 기대하고 있다. 관광 수입만 최소 3000억 원을 올리고, 중국인 특수가 터지면 최대 1조 원 이상 달러와 위안화를 쓸어 담을 전망이다. 중국인들의 씀씀이는 유명하다. 일본 관광객들이 롯데면세점에서 구입하는 비용은 1인당 30만 원에 불과하지만, 중국인은 5배 이상인 160만 원을 쓰고 있다. 이는 롯데월드타워가 아시아 최고의 관광명소로 부상하게 만드는 긍정적 요인이다.

청년들에게 꿈과 희망을 주게 될 롯데월드타워에 대해 각종 특혜설 등을 퍼뜨리며 새 정부가 출범하면 곤욕을 치를 기업이라며 입방아를 찧는 사람들이나 정치권 인사들은 어느 나라의 사람인지 궁금하다. 롯데 특혜설에는 MB 정부 들어 롯데월드타워 건립 인허가 외에도, 하이마트 인수 등 유통 부문 덩치 키우기, 제2경인민자고속도로 수주 등이 거론된다. 하이마트 등의 인수합병은 시장에서 경쟁입찰 등을 통해 이루어진 것으로 하등 문제가 될 것이 없다. 롯데건설이 MB 정부 들어 재개발·재건축 부문 등에서 15조 원을 수주한 것을 특혜로 모는 것도 지나친 억측에 불과하다. 롯데건설이 최근 세무조사를 받은 것은 정기 조사이지, 정권 차원의 롯데 그룹 손보기 차원은 아니라는 게 국세청의 해명이다.

하지만 공정위가 롯데의 하이마트 인수를 승인하지 않는 것은 석연찮다. 롯데는 유진그룹이 매물로 내놓은 하이마트에 대해 투명한 공개입찰을 거쳐 우선협상대상자로 선정됐다. 하등 특혜나 정부의 외압이 개입될 여지는 전혀 없이 시장경쟁을 통해 딜이 이루어졌을 뿐이다. 그런데도 공정위가 인수합병 승인을 미루는 것은 기업들의 예측 가능한 경영을 어렵게 하는 예라고 봐야 할 것이다. 기업들의 왕성한 투자 확대가 절실한 상황에서 공정위는 사심 없이 이 문제를 처리해야 할 것이다. 유진도 9월 말까지 매각대금이 들어올 것으로 예상하고 자금계획 등을 수립했는데, 공정위가 지연 플레이를 펼치면서 곤혹스러워하고 있다. 공정위가 정치적 논리로 기업들의 정상적인 경영을 방해한다는 의혹을 사는 행위는 즉각 중단해야 할 것이다.

공정위는 대기업의 골목상권 침해 논란 등에 따른 국민들의 불만을 달래기 위해 롯데를 희생양으로 삼아 표적 조사를 벌이고, 정책결정을 지연하고 있다는 세간의 오해를 불식시켜야 한다. 물론 롯데의 주력 업종이 골목상권과 연관돼 있다는 점에서 경제민주화의 역풍을 받는 사례도 없지 않다. 유통업의 특성상 경쟁력 강화를 위해 대형마트의 확장은 불가피한 일이다. 제과·제빵 사업도 구색 상품 구비와 소비자 편익 증대를 위해 불가피하게 해야 한다. 하지만 이런 사업들이 최근 골목상권 침해 논란의 대상이 되고 있다. 롯데도 이런 점들에 대해 사회적책임경영을 확대하기 위해 고민하고 있으며, 골목상권 침해 문제에 대해 개선 방안을 내놓고 있다. 유통업계 1위이자 재계5위 그룹으로서 동반 성장, 상생, 골목상권 보호에 신경을 쓰지 않을 수 없는 상황이다.

신동빈 회장은 글로벌 그룹 도약을 위한 신뢰경영, 윤리경영, 환경경영에 주력하겠다는 방침을 밝히고 있다. 2018년까지 '아시아(Asia) 톱(Top) 10 글로벌 그룹'을 비전으로 제시한 신 회장은 기업의 사회적 책임을 다해 믿을 수 있고(trust), 창의적이고(originality), 즐거운(pleasure) 경영을 그룹의 핵심 브랜드 전략으로 선포한 바 있다.

롯데는 그룹의 사업 부문을 식품, 유통 관광 및 서비스, 석유화학, 건설 및 제조, 금융 등 6개 부문으로 나눠 글로벌 그룹으로 발돋움하기 위한 중장기 전략을 마련해 공격 경영을 하면서도 국민, 고객, 소비자 등 이해관계자들과의 소통을 강화하는 사회적책임경영에도 적극 나선다는 방침을 갖고 있다. 비정규직의 정규직 전환을 확대했다. 계열사 일감몰아주기를 대폭 축소하였다. 오너 일가의 영화관 매점 사업도 접었다.

투명한 시장 논리에 따라 전개되는 롯데의 공격 경영과 영토 확장에 대해 일부 언론들은 악의적인 기사를 써대고 있다. 골목상권 잠식 문제 등에 대한 정부와 정치권의 규제 움직임을 침소봉대하며 부정적 여론을 조성하려는 것이다. '롯데에 부는 역풍, 혹독한 겨울나기 예상', '롯데,

MB 정부서 고속 성장, 사정당국 특혜 의혹 내사' 등의 부정적 제목 아래 루머성 기사들을 긁어대면서 롯데의 정상적인 기업 활동에 부정적 영향을 주고 있다. 창달에 무지한 일부 비정상적인 언론들이 국민경제의 성장과 투자, 일자리 창출에 전념하는 롯데의 행보에 대해 색안경을 끼고 마구 짖어대고 있는 것이다.

악의적인 보도는 영세 인터넷 매체, 신생 신문, 주간지 등이 주도한다. 대부분 광고 등의 지원을 잘 안 해준다며 근거 없는 유언비어와 부적절한 루머를 퍼뜨리는 등 비이성적인 행태를 벌이고 있다.

롯데 특혜설은 근거가 없다. 숱한 반대와 보류, 논쟁을 거쳐 인허가 절차가 어항의 금붕어처럼 투명하게 진행됐기 때문이다. 건물이 완공돼 그룹 오너들이 돈을 번다고 해도, 그 돈은 결국 국민경제로 이전된다. 오너와 그룹 계열사들이 경영 실적에 따른 배당금과 수익을 얻으면 국가에 각종 세금을 내게 되고, 송파구 등 지방 정부도 천문학적인 재산세 수입의 혜택을 입게 된다.

롯데월드타워는 신 회장 등 오너 일가와 그룹 계열사들이 소유권을 갖고 있지만, 결국은 대한민국의 소중한 내수 관광 인프라다. 국민들의 자부심을 한껏 드높이는 슈퍼타워가 될 것이다. 궁극적으론 5천만 국민 모두 이용하고 즐기고, 일자리를 얻고, 내수 활성화에 결정적인 기여를 하게 될 국가적 자산이 될 수밖에 없다. 기업인과 기업의 정상적인 투자 활동에 대해 색안경을 끼고 보는 것은 기업심을 위축시키고, 국가경제에도 해를 끼칠 뿐이다. 신 회장이 롯데월드타워를 구상하고 밀어붙일 때 그룹 내부의 반대도 컸다. 숱한 규제를 받느니 차라리 도곡동 타워팰리스 같은 주상복합아파트 10개 동을 지은 뒤 분양해서 돈이나 벌자는 반대론이 많았다. 신동빈 회장도 처음엔 예산 투입 대비 기대효과 등을 시뮬레이션해 본 결과, "사업성이 없다"며 설득했을 정도였다. 하지만 창업주는 단호한 결심을 밝혔다. 관광 대국을 겨냥한 랜드마크를 지어야 한다는 사명감을 임직원들에게 주지시켰다. 숙원 사업은 그런 우여곡절을 거쳐 마침내 결실을 맺게 됐다. 사업이 지연되는 동안 택지초과소유부담금을 냈다가 수년 전 소송을 통해 돌려받기도 했다. 종합부동산세도 내야 했다.

이명박 정부와의 특혜설 저변에는 장경작 전 롯데호텔 사장(현 현대아산 사장)이 핵심 인물로 거론되고 있다. 장 사장은 2005년 롯데호텔 사장으로 부임했다가 최근 현대아산으로 자리를 옮겼다. 장 사장의 경우 MB와 고려대 경영학과 동기이지만, 친한 사이는 아니었다는 게 동문들의 전언이다. MB의 단짝 친구들은 천신일 세중나모 회장과 김승유 하나금융 전 회장. 이들은 삼총사로 불릴 정도로 친분이 두터웠다고 한다. 장 사장은 2백여 명의 동문 중의 하나로 대학 시절이나 사회에 나와서도 별다른 친분이 없었다고 한다.

롯데 그룹 관계자는 "이명박 대통령이 당선된 후 장 사장과 인사를 나눈 적이 있었다"면서 "하지만 오랜만에 만나는 듯한 의례적인 인사를 하는 것으로 그쳤다"고 강조했다. 롯데가 장 사장을 통해 MB 정부에 로비를 한 것은 사실이 아니라는 것이다. 오히려 장 사장이 MB가 당선되면서 혜택을 누렸다고 한다.

롯데월드타워의 각종 인허가 문제는 기준 전 롯데물산 사장이 주도했다. 기준 전 사장은 마당발을 과시하면서 국회 국방위원과 국방 관련 장·차관, 예비역 장성 모임인 성우회 회장단을 두루 찾아다니며 설득했다. 2년간 끈질긴 설득 작업을 벌인 것이 결실을 맺었다. 전경련 회장단이 규제완화를 건의한 것도 주효했다. 롯데는 군의 불안감을 해소하기 위해 서울공항의 활주로를 트는 데 따른 비용을 부담하고, 월드타워 주변의 교통 개선을 위해서도 3800억 원을 투입하고 있다. 롯데로선 사실상 준조세지만, 사업의 원활한 추진과 사회적 책무를 다하기 위해 지하철 2호선의 지하광장을 확장하고, 석촌호수의 버스 지하환승센터를 건립하려 한다. 이에 드는 추가 비용도 적지 않다. 교통 개선 대책으로 들어가는 3800억 원은 인천 청라 지구에 들어서는 450m의 초고층 전망대를 짓는 비용보다 더 큰 돈이다.

롯데 월드타워는 '고용 없는 성장'과 제조업의 일자리 창출 미흡 문제를 단숨에 돌파할 초대형 일자리 '화수분'이 될 것으로 확신한다. '일자리 월드타워'가 우뚝 솟는 셈이다. 양질의 일자리를 분수처럼 쏟아낼 랜드마크 프로젝트에 대해 정권의 특혜설을 유포시키는 세력은 대한민국의 일자리와 내수산업 회복을 걷어차는 자해 행위를 하고 있음을 유념해야 한다. 근거 없는 유언비어나 루머를 양산하는 세력은 롯데월드타워 공사현장에 와서 수천 명의 근로자가 흘리는 열기와 땀, 뜨거운 혼을 느껴 보기 바란다.

김문수의 눈물
−일자리 창출 막는 관료사회 변양호 신드롬

마침내 그가 눈물을 흘렸다. 마른침을 삼켰다. 가슴은 시커멓게 타들어 가고, 목은 메어 왔다. 하늘에는 잔뜩 먹장구름이 몰려와 그의 심사를 대변하는 듯했다.

대규모 일자리를 창출하려는 꿈을 접는 순간, 그는 망연자실한 채 허공을 쳐다봤다. 꾸미는 것은 사람이지만, 일을 성사시키는 것은 하늘이라는 생각도 났다. 아무리 선한 목적을 갖고 일을 추진해도 온갖 이유를 들이대며 복지부동하는 관료와 공기업 관계자들의 높은 벽을 절감했다. 철밥통들의 아집은 완고했다.

김문수 경기도 지사. 그의 꿈은 화성 인근에 유니버설스튜디오 단지를 건설하는 것이었다. 하지만 미국의 세계적인 관광위락 놀이업체를 운영하는 유니버설스튜디오를 유치해 대규모 고용을 창출하고, 이곳을 동북아 관광위락명소로 만들고자 했던 선한 동기는 물 건너갔다.

유니버설 유치가 물거품될 즈음인 7월 중순 박근혜 대통령은 관광진

홍대책회의를 열어 관광산업을 신성장 전략산업으로 집중 육성키로 했다. 관광에 대한 54건의 세제 지원과 규제완화를 통해 2017년까지 1600만 명의 관광객을 유치키로 했다.

김 지사는 박 대통령의 관광산업 육성 대책이 장밋빛 꿈으로 그치지 않을까 걱정했다. 국가 지도자가 아무리 선의를 갖고 정책을 추진해도 행정기관과 일선 부처에서 움직이지 않으면 도루묵으로 그치기 때문이다. 관료들의 복지부동과 복지안동은 어찌해 볼 도리가 없다. 민감한 사업에 대해서는 전혀 손을 안 대고, 온갖 핑계거리만 대는 공무원들을 만나면 한숨부터 나온다. 일자리 창출과 전략산업 육성을 저해하는 손톱 밑 가시는 여전히 깊숙이 박혀 있다.

김 지사는 지난 수년간 유니버셜스튜디오 유치를 위해 청와대, 중앙 부처 관계자들과 만나 해법을 마련해 왔다. 사업은 되는 듯하다가 다시금 벽에 부딪쳤다. 그는 마침내 측근들에게 "참으로 심한 자괴감을 느낀다"고 토로했다.

그는 이 사업을 성사시키기 위해 동분서주했다. 이 사업은 도민을 위한 소중한 일자리를 만들어 내고, 내수산업을 활성화시키는 데 결정적인 기여를 할 것이라는 확신이 있었기 때문이었다. 유니버셜스튜디오 프로젝트는 경기도 화성 송산그린시티 내 동측 부지 420㎡에 총 5조 1570억 원을 투입해 2016년에 준공할 예정이었다. 미국이 자랑하는 유니버셜스튜디오를 유치해 한국을 대표하는 글로벌 테마파크로 조성하려는 게 김 지사의 꿈이었다.

사업성도 충분했다. 경기도 서남권인 부천·안산 지역의 인구가 증가하고 있고, 인근 인천까지 포괄하면 400~500만 명에게 볼거리를 제공할 수 있다는 점도 감안했다. 더구나 중국 등 동남아 관광객이 몰려오고 있지만, 변변하게 볼거리가 없는 것도 이 사업 시행의 필요성을 입증해 줬다. 유니버설이 완공됐다면 직접적으로 창출되는 일자리만 3만 명이 넘었을 것이다. 간접적으로 창출되는 고용도 20만 명이 넘었을 것이다. 전후방 연관효과를 감안하면 수십만 명에게 일자리를 제공하는 초대형 신성장 관광산업이 될 뻔했다. 김 지사로선 참으로 안타까운 사업이었다.

유니버설 사업이 물거품이 된 데는 부지 소유자인 수자원공사의 완고한 입장이 결정적인 요인으로 작용했다. 이 사업은 2010년 1월 김 지사의 주선으로 유니버설스튜디오 미국 본사와 롯데 그룹(롯데자산개발), 수자원공사 간에 사업 협약을 체결하면서 시작됐다.

현재 서울 잠실에 123층 규모 초대형 롯데월드타워를 건설 중인 롯데 신동빈 회장은 유니버설스튜디오까지 유치해 명실공히 한국을 관광 대국으로 만들고, 관광 보국을 통해 국가에 기여하려는 꿈을 갖고 있었다. 사업 시행사인 롯데 그룹은 수자원공사가 제공하는 땅값이 너무 비싸다며 인하를 요구했다. 수자원공사가 제시한 부지 매각 가격은 5040억 원. 하지만 롯데는 극심한 부동산 경기 침체와 인근 땅값을 감안해서 3천억 원대로 깎아달라고 요구했다. 수자원공사는 이에 대해 "노(No)"라 답하면서 협상이 꼬이기 시작했다.

롯데의 거듭되는 부지 매각 가격인하 요구에 수자원공사는 꿈쩍도 안 했다. 김 지사와 경기도가 중간에 나서 수자원공사의 탄력적인 입장 전환을 요구했지만, 접점을 찾지 못했다. 김 지사는 답답했다. 난관을 돌파하기 위해 온갖 방안을 강구했다. 이명박 대통령과 만나 사정을 설명하고 선처를 부탁했다. 이 대통령은 당시 정종환 국토해양부장관과 김 지사가 참석한 자리에서 정 장관에게 유니버설스튜디오 사업이 조속히 이뤄지도록 적극 협조하라는 지시까지 내린 바 있다.

하지만 여전히 수자원공사는 마이동풍이었다. 대통령과 주무장관의 지시에도 꿈쩍도 안 했다. 법규상 안 된다는 타령만 했다. 자못 특혜설에 휘말려 곤장을 맞고, 인사상 불이익을 당하지 않을까 염려하는 기색이 역력했다. 공무원들이 가장 무서워하는 게 인허가상의 특혜설에 휘말리는 것이다. 공기업 자체 내 감사, 국회 국정감사 및 청문회도 무섭지만, 감사원 감사는 그야말로 관료들에겐 저승사자다.

노무현 정부 시절 본격화한 감사원의 정책 감사는 공무원과 공기업 관계자들의 복지부동을 부채질했다. 감사원이 본연의 회계감사에서 정책 감사로까지 업무 영역을 넓히면서 공무원들과 공기업 직원들의 운신의 폭은 대폭 줄었다.

관료 사회를 뒤흔든 게 변양호 신드롬이다. 변양호 신드롬은 재경부 금융정책국장을 지낸 변양호 씨가 재임 기간 디폴트 위기에 몰려 있던 외환은행을 론스타에 매각하는 것을 주도했다가, 노무현 정부 시절 감사원 감사를 거쳐 대검 중수부로부터 비리 혐의로 몰려 혹독한 수사를 받아 구속되면서 비롯된 관료들의 복지부동 현상을 말한다. 오죽하면 이명박 대통령이 재임 시절 금융회사 임직원 등에게 정당한 절차를 거쳐서 대출 등을 해준 것에 대해 책임을 묻지 않는 마패까지 지급했을까?

수자원공사는 전향적인 입장을 보이지 않고 시간을 끌었다. 롯데도 더 이상 미련을 접었다. 김 지사는 최후로 국토부와 박 대통령 정부 들이 바뀐 국토교통부 수자원공사 최고책임자를 만나서 돌파구를 찾아보려 했다. 하지만 끝내 관료의 굳센 복지안동의 터널의 뚫지 못했다. 김 지사가 장밋빛 전망을 흘리고 있다며 불만을 표출하기도 했다. 벽에 부딪친 김 지사는 미국과 중국 등의 외자유치를 떠올렸다.

이들 국가는 외국기업이 투자를 한다고 하면 쌍수를 들고 환영하며, 땅값을 거저 주거나 50년간 무상 임대 등의 파격적인 조건을 내걸고 있다. 자국민을 일정 기간 고용하는 것을 전제로 돈도 지급한다. 법인세 감면 등의 세제 혜택은 말할 것도 없다. 삼성전자, 현대차가 미국이나 중국 등에 투자할 때 이 같은 파격적인 혜택을 받았다. 현대차를 보자. 2001년 앨라배마 주에 공장을 지을 때 미국이 제시한 당근을 보면 입이 벌어진다. 앨라배마 주는 공장 부지를 무상으로 제공했다. 법인세 면제 등 직간접적으로 2억 5000만 달러를 지원했다. 초기 채용된 공장 근로자에 대한 교육비도 주정부가 부담했다. 기아차도 2005년 조지아 주에 공장을 지을 때, 부지 및 인프라 제공은 물론, 고용 창출을 위한 현금 지원, 법인세 감면 등으로 총 4억 달러 이상 인센티브를 받았다. 중국과 베트남 등도 외국기업이 투자하면 50년간 부지 무상 임대 등의 파격적인 인센티브를 준다.

우리나라는 아직도 멀었다. 투자 환경이 엉망이다. 물론 법인세 감면 등의 혜택이 일부 있지만, 외국에 비하면 별것 아니다. 공장 부지도 공짜나 무상 임대는 전무하다.

수자원공사가 끝내 부지 매각대금 할인을 거부한 것은 한국 관료와 공기업들의 투자 유치 마인드가 얼마나 한심한지를 보여주는 사례다. 국토부나 수자원공사가 전향적으로 이 사업을 생각했다면 2000억 원 문제로 초대형 테마파크와 일자리 프로젝트가 좌절되는 일이 없었을 것이다. 수자원공사가 인하를 거부했던 2000억 원은 유니버설스튜디오가 준공돼 운영에 들어가면 1년 안에 회수할 수 있는 금액이다. 아시아를 대표하는 유니버설 테마파크가 들어섰다면 동북아 최고의 관광위락단지로 부상하면서 내수 진흥은 물론 중국과 동남아 관광객들로부터 엄청난 달러를 벌어들였을 것이다.

박 대통령이 손톱 밑 가시를 없애주라고 하고, 투자하는 기업에 대해서는 업고 다니라고 해도 현장에선 들은 척도 안 한다. 관료들의 거대한 규제 마인드를 혁파하지 않으면 내수 활성화, 투자는 요원한 일일 것이다. 정부가 관광산업을 신성장 전략산업으로 정했다면 일선 부처나 산하기관에선 적극적인 화답을 해야 할 것이다. 그런데 화답이 없다. 너는 짖어라, 나는 오불관언이다 하는 식이다. 지금 같은 한국적 관료 풍토는 참으로 희망이 없다. 꼬투리 잡히지나 않을까, 골치 아픈 일은 안 하려는 관료들로는 투자 확대와 일자리 창출, 창조경제의 희망이 없다. 관료들의 규제 마인드를 개조하지 않는 한 내수 활성화는 요원한 일이다.

수자원공사가 복지부동하면서 유니버설 본사는 한국에서 철수하고, 대신 중국 베이징에 테마파크를 지을 움직임을 보이고 있다. 또 한 번 거대한 일자리가 날아가는 순간이다.

김 지사는 유니버설 테마파크 유치가 좌절된 후 최근 일본으로 날아가 나고야에 있는 자동차부품업체 덴소사 등으로부터 1000억 원을 유치했다. 일자리를 한 개라도 늘리려는 그의 투자 유치 행보는 계속될 것이다. 일자리 지사를 자임하는 김 지사는 그동안 총 126개 외국기업으로부터 160억 달러어치를 유치했다. 국내에서도 삼성전자 등으로부터 수조 원대의 투자를 유치했다.

유니버설을 유치해 관광 대국으로 가는 길에 화룡점정(畵龍點睛)을 찍으려던 김 지사의 꿈은 저 멀리 날아갔다. 그의 자괴감은 우리 모두의 가슴을 무겁게 한다. 관광산업을 전략산업으로 육성하려는 박근혜 정부의 창조경제 정책에도 심각한 상처를 줬다.

정몽구 회장의 실천

"현대차 그룹이 불우 계층에 대해 전면적인 지원 활동을 추진함으로
써 어려운 사람들이 희망과 꿈을 잃지 않도록 앞장서는 기업이 되어야
한다. 기업의 사회적 책임을 다하기 위해서 다방면으로 사회공헌 활동
프로그램을 만들어 운영하겠다."

정몽구 현대차 회장이 수년전 사회공헌, 사회책임경영의 중요성을 강
조한 말이다. 글로벌 톱5의 자동차 그룹 총수로 글로벌 경영을 진두지휘
하면서도, 우리 사회의 약자와 소외된 사람들을 향한 노블레스 오블리
주를 소리 소문 없이 실천하는 따뜻한 오너이기도 하다.

정 회장이 최대 2000억 원 규모의 사재를 자신이 설립한 재단(현대차
정몽구 재단)에 출연한 것은 단적인 사례다. 자신이 소유한 계열 비상장
광고대행사 이노션 지분 20%인 36만 주 전량을 매각해 재단에 내놓기
로 한 것이다. 정 회장은 사재 쾌척 자체도 조용히 넘어가려 했다. 그룹
홍보팀에도 떠들썩하게 알리지 말라고 당부했을 정도다. 복지에서 성장
으로 이어지는 선순환 복지에 힘을 보태기 위해서라고 한다.

이는 박근혜 대통령이 맞춤형 복지로 국민 행복을 실현하고, 경제 부흥을 위한 성장을 이루는 데도 적극 화답하겠다는 정 회장의 의중이 짙게 담겨 있다. 재계의 리더로서 국가적 과제인 복지 이슈에 최대한 기여해서 기업의 사회적 책임을 다하겠다는 열정과 진심이 드러나 있다.

이노션은 정 회장과 아들 정의선 부회장, 딸 정성이 고문이 주식을 갖고 있는 비상장·대기업집단의 광고 계열사들은 그동안 경제민주화의 표적이 돼 왔다. 계열사들이 일감을 몰아줘 급성장하고, 이 과정에서 총수 일가가 회사 이익을 사적으로 편취한다는 논란이 일었다.

정 회장은 이 같은 논란을 감안해서 아예 지분 전량을 우리 사회에 내놓은 것이다. 아무리 오너라고 하지만, 수천억 원을 일시에 내놓는 것은 쉽지 않다. 하지만 정 회장은 흔쾌히 번 돈을 사회적 소외 계층을 위해 쓰도록 했다.

모 정치인이 지난해 대선 출마를 위해 자신이 소유한 회사의 지분 절반(당시 시가 1200억 원가량)을 내놓으면서 시끌벅적한 퍼포먼스와 이미지 쇼를 했던 것과는 천양지차다. 벼가 익으면 고개를 숙이듯이 정 회장은 한국 자동차산업의 글로벌화에 온몸을 불태우면서도, 우리 사회에서 그늘지고 소외된 이웃들을 향한 따뜻한 마음을 갖고 있었다.

정 회장은 나눔왕이다. 그가 우리 사회에서 어려움을 겪는 이웃들과 청소년들을 위해 내놓은 돈만 무려 8000억 원가량 된다. 2007년부터 글로비스 주식 92만 주(600억 원) 출연부터 시작된 그의 통 큰 쾌척 행진은 2008년 글로비스 49만 주(300억 원), 2009년 글로비스 주식 51만 주(600억 원)로 매년 이어졌다. 2011년에는 글로비스 주식 250만 주(5000억 원)를 출연한데 이어 최근 이노션 주식 36만 주(최대 2000억 원)도 내놓았다. 2011년의 5000억 원은 개인 기준으로 사상 최대 규모의 출연이었다.

그가 지금까지 우리 사회에 조건 없이 내놓은 출연금만 무려 7500억 원에서 8000억 원가량 된다. 물론 글로비스 주식 출연은 비자금 사건 이후 이루어진 것이어서 논란이 일기도 했다. 하지만 그 사건을 계기로 세계 최고의 자동차 메이커로 도약하려는 정 회장은 우리 사회의 어둡고 소외된 이웃들에게 더욱 관심을 갖는 계기가 됐다.

그가 설립한 현대차 정몽구재단에 새삼 주목할 필요가 있다. 이 재단의 주목적은 청년 일자리 창출과 어린이, 소외 계층의 의료와 기초 생활을 지원하는 데 있다. 가장 눈길이 가는 것은 우리 사회의 다음을 이끌어갈 미래 인재 육성이다. 농촌과 산촌, 어촌 지역의 형편이 어려운 어린이들의 방과 후 학습 지원과 체육 활동 지원, 장학금 지원, 대학생을 위한 학자금 지원이 대표적이다.

이 재단은 사회적 소외 세력들이나 저소득층 가정의 학생들에게 꿈과 희망을 주는 프로그램들이 많다. 그는 "소외 계층과 모든 걸 함께 나눠야 한다"는 신념을 갖고 있다. 성장의 과실을 전 국민이 골고루 나눠야 한다는 것이다.

실제로 이 재단이 지원하는 '온드림스쿨'을 보면 재단의 지원 활동이 얼마나 성공적으로 안착되고 있는지를 알 수 있다. '온드림스쿨'은 쉽게 말해서 개천에서도 용이 나오는 역동적인 사회를 만들자는 취지에서 비롯됐다. 우리 사회가 성숙 사회로 진입하면서 신분 이동의 역동성이 줄어들고, 부모의 소득과 학력에 따라 자녀의 학력과 소득도 결정되는 폐쇄된 사회가 되는 것이 커다란 문제가 되고 있다.

'온드림스쿨'은 이 같은 문제점을 개선하는 데 주력하고 있다. 소득 격차로 인해 교육격차의 사다리가 끊어지는 폐단을 막겠다는 것이다. 실제로 경기도 양주시 백석읍에 있는 신지초등학교 등 온드림스쿨 지원을 받는 학교에선 방과 후 예술학교, 체육교실을 운영하고 있다. 이런 프로그램을 통해서 학생들에게 연극 교육 등 취미 생활을 지원하고, 전문 체육 코치를 초빙해 축구부 등 다양한 체육 활동을 꾸리고 있다.

정몽구 재단이 지원하는 온드림스쿨은 전국 88개교에서 160여 개 과정을 운영 중이다. 농산어촌의 개구쟁이들이 재단의 도움을 받아 미래의 용이 되기 위한 꿈을 가꾸고 있는 셈이다. 경제적으로 어려운 시골 부모들의 사교육비를 줄이는 데도 결정적인 기여를 하고 있다.

저소득층 가정의 학생들에게 장학금을 지급하는 것도 풍성하게 이뤄지고 있다. 재단이 올 들어 소년·소녀 가장 등 총 1,400여 명에게 장학금을 지급했다. 지금까지 지급한 학생들만 1만 5,000여 명에 이른다.

정 회장의 나눔과 사재 출연은 재계에 많은 영향을 주고 있다. 정부에서도 그의 사재 출연이 노블레스 오블리주들의 마중물이 되길 기대한다며 환영하고 있다. 그의 출연은 정몽준 의원(현대중공업 대주주), KCC 그룹 등 범현대가 오너들의 사재 출연을 확산시키는 촉매제가 됐다. 그동안 총수들은 위기 돌파용으로 회사 돈을 출연하는 경향이 많았다. 하지만 정 회장은 미국의 빌 게이츠 마이크로소프트 창업자나 워런 버핏 버크서 해서웨이 회장, 손정의 소프트뱅크 회장처럼 개인 돈을 출연하는 것을 본격화한 총수로 평가받고 있다.

정 회장이 우리 사회 최대 이슈인 경제민주화 광풍에 대응한 재계의 화답 카드를 선도하는 측면도 커다란 의미가 있다. 경제민주화는 반시장적인 대기업 때리기와 과잉규제 등의 숱한 부작용을 촉발하고 있음은 부인할 수 없다. 지나친 경제민주화 입법과 규제가 기업의 투자 위축 등의 문제점을 가져오기 때문이다. 하지만 정 회장은 경제민주화의 중요한 현안인 중소기업과의 동반 성장과 상생, 비정규직의 정규직화 확대, 기업의 사회공헌 등에서는 앞장서 왔다.

박근혜 정부 들어 처음으로 광고 및 물류, 시스템통합(SI), 건설 물량 6000억 원을 외부 중소기업 등에 개방한 것이 대표적이다. 광고 및 물류, SI, 건설 등 4대 업종은 공정위로부터 부당 일감 몰아주기와 총수의 사익 편취 사업으로 지목돼 왔다. 현대차의 이들 업종에 대한 과감한 개방은 재계 리더로서 국가경제에 기여하고, 우리 사회의 논란을 해소하려는 정 회장의 결단에서 비롯됐다. 이를 계기로 삼성·LG·SK·롯데 등 주요 그룹들도 이들 사업의 일감을 중소기업에 나눠 주는 개방 방안을 내놓았다.

정 회장은 대외적으론 과묵하다. 매일 새벽 6시까지 양재동 사무실에 출근해 그룹 업무를 챙기는 등 정열적인 총수이지만, 언론 등에는 좀처럼 노출되지 않은 채 말을 아끼는 총수로 정평이 나 있다. 경제민주화 등 경제 현안에 대해서도 다른 그룹 총수처럼 목소리를 높이지도 않는다. 대신 말없이 국가경제와 중소기업, 사회적 소외 계층을 위한 일이라면 과감히 솔선수범한다. 특유의 어눌한 말솜씨가 회자되지만, 그룹 경영을 챙기고 사회책임경영에서는 항상 선두주자다.

그의 나눔 경영, 복지사업은 선친 정주영 회장을 생각나게 한다. 정주영 창업주는 모든 사업을 하면서도 대한민국의 최고 부자가 되겠다는 것을 목표로 하지 않았다. 그는 도공을 예로 들었다. 도자기를 빚는 도공이든, 그림을 그리는 화가든, 이것으로 부자가 되겠다는 목표를 가진 사람은 먹고살기에는 어려움이 없을지도 모르지만 최고의 도자기, 위대한 명화를 남길 수 없다는 것이다. 무념무상의 상태에서 최고의 작품을 만들겠다는 집념으로 혼신을 다해야만 명작이 나온다는 게 정주영 회장의 철학이었다. 그는 노블레스 오블리주의 첫 번째는 "얼마나 많은 돈을 기부하느냐가 아니라, 어떤 마음으로 사업을 하는가"라고 강조했다.

"부자가 되겠다는 생각이 첫 번째인 기업가는 돈에 집착하고, 자신의 것을 나누려고 하지 않는다. 하지만 일이 좋아서, 기업이 성장하고 국가가 부강해지는 모습이 좋아서 사업을 하는 사람들은 돈에 집착하지 않는다. 그러면 자연스럽고 뜻 있고 가치 있는 일에 자신의 돈을 쓰는 방면으로 눈을 돌리게 된다. 이런 기업가는 돈을 버는 일도, 쓰는 일도 기업과 사회를 더욱 풍요롭게 하는 데서 즐거움을 얻는다."(현대경제연구원,《정주영 경영을 말하다》)

정주영 회장이 1977년 비영리 복지재단인 아산사회복지재단을 설립한 것은 그의 청부 철학, 즉 기업가들은 돈 버는 일이나 쓰는 일이 기업과 사회를 더욱 풍요롭게 하는 데에서 즐거움을 얻는다는 것을 반영한 것이다. 아산사회복지재단은 그동안 의료가 취약한 지역인 정읍, 보성, 인제, 보령, 영덕 등에 잇따라 병원을 설립해서 지역 주민들에게 의료 혜택을 제공해 왔다. 정주영은 사업 운영의 바탕을 부국과 보국에 두면서도 사회적 책임을 다하려고 했다.

정몽구 회장도 선친처럼 기업이 성장하고 직원들이 풍요로워지는 모습을 보고 기쁨을 느끼듯이 국가와 사회가 성장하고 어려운 사람들이 희망을 갖게 되는 데서 보람을 찾는 것 같다. 진정한 기부 철학이다. 단지 부자가 되고 싶은 욕심보다는 국가경제와 사회발전에 기여하고, 우리 사회의 가치 있는 분야에 번 돈을 쓰는 것을 아낌없이 실천하고 있기 때문이다.

요즘 대기업과 총수에 대한 국민정서법이 우호적이지는 않다. 가뜩이나 경제민주화 광풍이 불면서 국민정서법은 반기업 분위기로 편향돼 있다. 정부나 정치권, 좌파 시민 단체 등이 반기업 정서를 공연히 부추기고 있는 것도 사실이다.

대기업에 대한 부정적 광풍이 불수록 재계 리더들도 본연의 경영 활동에 매진하면서도 사회책임경영, 사회공헌, 나눔 및 기부 확산 등에 앞장서는 멀티태스킹을 해야 할 필요성이 높아졌다. 불황과 실직 등으로 분노하는 대중의 정서를 해소하는 차원에서도, 대기업 총수들이 우리 사회의 이슈와 환부를 타개하고 해법을 마련하는 데 솔선수범해야 한다. 지속 가능한 경영을 위해서도 어려운 이웃들을 배려해야 한다. 정 회장의 나눔 경영과 사재 출연, 복지사업들은 재계 리더들이 경제민주화 역풍을 어떻게 해야 슬기롭게 헤쳐갈 수 있는지를 잘 보여주고 있다.